建设工程招标采购从业人员职业能力认定辅导教材

建设工程招标采购专业实务

中国土木工程学会建筑市场与招标投标研究分会 编

中国建材工业出版社

图书在版编目（CIP）数据

建设工程招标采购专业实务／中国土木工程学会建筑市场与招标投标研究分会编．--北京：中国建材工业出版社，2023.5

建设工程招标采购从业人员职业能力认定辅导教材

ISBN 978-7-5160-3689-1

Ⅰ.①建… Ⅱ.①中… Ⅲ.①建筑工程－招标－采购管理－岗位培训－教材 Ⅳ.①F284

中国国家版本馆CIP数据核字（2023）第007298号

建设工程招标采购专业实务
JIANSHE GONGCHENG ZHAOBIAO CAIGOU ZHUANYE SHIWU

出版发行：*中国建材工业出版社*
地　　址：北京市海淀区三里河路11号
邮　　编：100831
经　　销：全国各地新华书店
印　　刷：北京印刷集团有限责任公司
开　　本：787mm×1092mm　1/16
印　　张：16
字　　数：370千字
版　　次：2023年5月第1版
印　　次：2023年5月第1次
定　　价：**80.00元**

本社网址：www.jccbs.com，微信公众号：zgjcgycbs
请选用正版图书，采购、销售盗版图书属违法行为
版权专有，盗版必究。本社法律顾问：北京天驰君泰律师事务所，张杰律师
举报信箱：zhangjie@tiantailaw.com　举报电话：(010) 57811389
本书如有印装质量问题，由我社市场营销部负责调换，联系电话：(010) 57811387

《建设工程招标采购从业人员职业能力认定辅导教材》编委会

主　　　　任：安连发
编委会成员：赵桂君　李仁友　李继红　刘　谦
　　　　　　马　燕　徐逢治　韩如波　印捷欧
　　　　　　姜凤霞　洪　琳　邱佩莹　杨宏民
　　　　　　王　莉　张思业　刘跃广　张兴旺
　　　　　　张　岚　杨桂珍　迟玉星　李媛媛
本 书 主 编：郭玉林
本书副主编：王胜辉　吝红育　张志军　莫国华　唐腾飞
　　　　　　（按姓氏笔画为序，排名不分先后）
本书编写人员：马　勇　王子百慧　李金升　吴东升
　　　　　　沈家桓　赵　静　戚振强　韩林颖
　　　　　　解立新
　　　　　　（按姓氏笔画为序，排名不分先后）

主编单位：中国土木工程学会建筑市场与招标投标研究分会
参编单位：上海市建纬律师事务所
　　　　　国信招标集团股份有限公司
　　　　　吉林智晟项目管理有限公司
　　　　　天津广正建设项目咨询股份有限公司
支持单位：北京市建设工程招标投标和造价管理协会
　　　　　天津市建设工程造价和招投标管理协会
　　　　　辽宁省建设工程招标投标协会
　　　　　吉林省建设工程招标投标协会
　　　　　黑龙江建设工程招投标协会
　　　　　内蒙古自治区工程建设协会
　　　　　云南省建设工程招标投标行业协会
　　　　　安徽省建筑工程招标投标协会
　　　　　福建省建筑业协会工程建设项目招标投标分会
　　　　　贵州省建设工程招标投标协会
　　　　　河南省建设工程招标投标协会
　　　　　甘肃省建设工程招标投标协会

湖南省建设工程招标投标协会
河北省建设工程招标投标协会
济南市建设工程招标投标协会
新疆建设工程招标投标协会
广西建筑业联合会招标投标分会
江西省招标投标协会
四川省工程建设招标投标协会
青海省招标投标协会
广东省建设工程交易协会
北京建筑大学
广联达科技股份有限公司
上海东方投资监理有限公司
北京大成律师事务所
安徽安天利信工程管理股份有限公司
忱义工程项目管理有限公司
江西省机电设备招标有限公司
海逸恒安项目管理有限公司
天津市建设工程招标有限公司
北京华建联造价工程师事务所有限公司
中安天际有限公司

序 言

中国土木工程学会建筑市场与招标投标研究分会（以下简称"分会"）自1993年成立以来，始终把提升建设工程招标采购行业管理水平视为己任，围绕建筑市场与招标投标不同时期的工作重心及相关法律法规、部门规章的制订调整，围绕各级建设行政主管部门及市场各方交易主体的工作需求，从不同层面组织开展了很多富有成效的工作，其效果是有目共睹、显而易见的。

当今，我国建筑市场与招标采购行业已进入新常态。这种新常态具有以下明显特点：一是以"互联网＋"为标志，大数据、BIM技术、电子化三大科技手段的应用，促使建设工程领域的发展速度产生了质的飞跃，也为建筑业的改革发展带来革命性、方向性的变化，同时PPP项目等一系列新的资本运作模式也正给我国招标采购方式带来新的挑战与思考；二是行政监管工作正在充分体现简政放权的理念，取消非行政许可事项的同时，进一步简化审批事项，延伸服务内涵；三是全国招标采购交易场所按国务院最新要求，正在进行全面整合，总体目标依然体现了可持续这一经济学核心，其方向是明确的，公共资源及建设工程交易中心从传统意义的监管服务方式开始向信息化、电子化交易服务平台转变；四是随着政府指导价格的放开，企业资质的弱化，招标代理企业面临着如何健康持续发展的新课题。

基于当前市场环境，如何实现建筑市场与招标采购监管新的突破；如何提升工程造价及招标代理的效率和质量；如何在行业具体工作中及时跟进，实现管理机制、工作机制的改革创新，这些都是十分必要且需要认真思考的。为全面提升建设工程招标采购行业管理水平，规范从业人员职业行为，建立和完善招标采购从业人员的专业知识能力结构体系，全面促进建筑市场与招标采购行业改革创新的深入发展，分会决定在2016版的从业人员培训教材基础上进行修订，编写具有前瞻性、系统性、适用性的系列辅导教材，目的就是服务行业，服务广大会员单位，引领行业在正确的轨道上健康发展。

近年来，招标采购领域尤其是建设工程招标采购领域飞速发展，新思想、新方法、新技术层出不穷，这些变革都给招标采购从业人员带来了新的挑战和新的要求。过去简单的事务性操作已经远远不能满足新形势下的招标采购服务要求，新的法律法规及全流程电子化等工程招标采购发展趋势也要求从业人员具备新的技能，掌握新的知识。分会也收到了许多反馈，各省市行业协会及会员单位呼吁分会能够顺应行业诉求，聚焦建设工程招标采购领域，突出专业特色，打造我们建设工程招标采购领域的从业人员职业能力认定机制和体系。分会正是在此背景下经过深思熟虑，决定启动从业人员职业能力认定体系建设，推进辅导教材编写等工作。

本系列辅导教材分为4册，包括建设工程招标采购法律法规、合同管理、项目管理、专业实务。辅导教材紧密结合行业特点，较完整地对新的理论及概念做了归纳，既可以作为建设工程招标采购代理行业从业人员培训专用教材，也可以作为各级建设行政主管部门监管人员、评审专家以及企事业单位招采管理和投标岗位人员的业务指导和参考书。

本系列辅导教材由上海市建纬律师事务所、国信招标集团股份有限公司、吉林智晟项目管理有限公司、天津广正建设项目咨询股份有限公司、"建筑云在线"平台全程参与编写，同时得到了北京市建设工程招标投标和造价管理协会、天津市建设工程造价和招投标管理协会、辽宁省建设工程招标投标协会、吉林省建设工程招标投标协会、黑龙江建设工程招投标协会、内蒙古自治区工程建设协会、云南省建设工程招标投标行业协会、安徽省建筑工程招标投标协会、福建省建筑业协会工程建设项目招标投标分会、贵州省建设工程招标投标协会、河南省建设工程招标投标协会、甘肃省建设工程招标投标协会、湖南省建设工程招标投标协会、河北省建设工程招标投标协会、济南市建设工程招标投标协会、新疆建设工程招标投标协会、广西建筑业联合会招标投标分会、江西省招标投标协会、四川省工程建设招标投标协会、青海省招标投标协会、广东省建设工程交易协会等省市行业协会以及北京建筑大学、广联达科技股份有限公司、上海东方投资监理有限公司、北京大成律师事务所、安徽安天利信工程管理股份有限公司、忱义工程项目管理有限公司、江西省机电设备招标有限公司、海逸恒安项目管理有限公司、天津市建设工程招标有限公司、北京华建联造价工程师事务所有限公司、中安天际有限公司等众多单位的悉心指导和鼎力支持。

在此，我们向参加本系列辅导教材编审的各有关单位及专家深表敬意；同时也由衷地感谢各级建设行政主管部门对辅导教材编写工作给予的支持、指导与帮助。

中国土木工程学会
建筑市场与招标投标研究分会
2023 年 4 月

前　言

2022年7月，在中国土木工程学会建筑市场与招标投标研究分会（以下简称"分会"）的领导下，我们编写了《建设工程招标采购专业实务》这本教材（以下简称"本教材"）。

本教材所讲述的专业实务是指招标采购和招标投标专业中的实际事务。教材中包含了招标采购专业中的基本理论研究和实务理论研究；基本理论研究涉及了行业和专业的原理性问题，实务理论研究包括行业和专业在实际事务工作中的实际操作要求、操作方法、操作程序、应注意的方面等问题，每个章节后面还附有近期的实际案例。

教材由分会委托天津广正建设项目咨询股份有限公司作为参编单位，主编郭玉林负责总体策划、构思并统纂定稿；同时在分会的指导和推荐下，在全国范围内选择了数名本行业既有理论基础又有实操经验的资深专家负责编写各个章节。

为了使本教材在全国范围内适用，我们的编写专家来自于北京、上海、天津、广东、湖北、安徽、陕西、广西等各个省市，编写分工如下，第1章：张志军；第2章：韩林颖；第3章：沈家桓；第4章：莫国华；第5章：王胜辉；第6章：马勇；第7章：赵静；第8章：吴东升；第9章：唐腾飞。书中部分内容参考了吝红育、解立新、李金升参与编写的2016版《全国建筑市场与招标投标行业从业人员培训教材》相关内容。

由于近几年国家和地方本专业的行政法规、规定变动频繁，为了使教材中引用的政策类内容具有时效性，我们还请王子百惠的法律团队负责把关审核，戚振强负责终稿审核，保证了教材的适时性和鲜活性。

教材共分为9章，首先介绍了建设工程招标采购专业的理论，然后对本专业最普遍、最广泛应用的勘察设计、工程监理、工程施工、材料设备的招标采购内容进行分章节的阐述。另外，针对目前国内已经大范围实施的EPC、PPP、全过程工程咨询、电子招标投标的建设工程项目招标采购的具体操作，进行了独立的、分章节的阐述。

本教材的主要编写原则：第一，适用性，能够适用于从事本专业的执业人员、监督人员、管理人员的理论学习和实操指导。第二，时效性，所引用的国家和地方的法律法规和规定是目前现行适用的政策。第三，对理论基础部分进行简述，实务操作部分力求详尽。第四，各章所附案例是近年最新成果，具有可借鉴性。第五，由于教材编制时间紧迫，原则上以2016版《全国建筑市场与招标投标行业从业人员培训教材》为基础框架，在此之上进行补充、增加、修订和完善。

本教材在编制中引用了大量理论和实践方面的参考文献,在此向编者和出版者致敬并致谢。

由于本书编写时间较为紧迫,难免有遗漏和不足,还请读者批评指正。

本书编写组
2023 年 4 月

目 录

第1章 建设工程招标投标概述 ··· 1
    1.1 招标投标概述 ··· 1
    1.2 招标投标程序 ··· 11
    1.3 招标投标活动参加人 ·· 14

第2章 建设工程勘察设计招标采购 ·· 18
    2.1 勘察、设计招标采购概述 ·· 18
    2.2 招标方案 ··· 19
    2.3 资格审查 ··· 25
    2.4 招标文件 ··· 28
    2.5 投标文件 ··· 31
    2.6 开标与评标 ·· 33
    2.7 定标与合同签订 ·· 36
    2.8 勘察、设计项目招标案例 ·· 37

第3章 建设工程监理招标采购 ·· 44
    3.1 建设工程监理招标特征及方式 ·· 44
    3.2 建设工程监理招标主要工作内容 ··· 46
    3.3 建设工程监理开标和评标 ·· 54
    3.4 建设工程监理招标采购案例分析 ··· 60

第4章 建设工程施工招标采购 ·· 63
    4.1 施工招标概述 ··· 63
    4.2 签订代理合同 ··· 64
    4.3 招标前的沟通和信息收集 ·· 65
    4.4 招标文件编制、确认、备案 ··· 67
    4.5 招标公告的发布及招标文件的发放（发售） ···························· 73
    4.6 项目现场踏勘及标前会 ··· 74
    4.7 投标文件编制及投标注意事项 ·· 75
    4.8 施工招标文件的完善 ·· 77
    4.9 开标前的准备工作 ··· 80
    4.10 开标、评标 ·· 81

  4.11 中标候选人公示及定标 ·· 84
  4.12 签订合同期间异常情况处理 ·· 87
  4.13 施工招标采购案例分析 ··· 88

第5章 建设工程材料与设备招标采购 ·· 96
  5.1 建设工程项目货物采购概述 ·· 96
  5.2 策划招标方案 ··· 96
  5.3 资格审查 ··· 102
  5.4 编制招标文件 ··· 108
  5.5 投标文件编制 ··· 121
  5.6 开标、评标与中标 ··· 132
  5.7 机电产品的国际招标 ·· 142
  5.8 货物项目采购案例 ··· 152

第6章 建设工程总承包招标投标 ·· 160
  6.1 工程总承包项目招标概述 ·· 160
  6.2 工程总承包招标方案 ·· 162
  6.3 资格审查 ··· 164
  6.4 招标文件 ··· 168
  6.5 投标文件 ··· 169
  6.6 开标与评标 ··· 169
  6.7 定标与合同签订 ··· 171
  6.8 工程总承包项目招标案例分析 ····································· 173

第7章 建设工程PPP项目招标采购 ··· 176
  7.1 PPP理论与发展 ·· 176
  7.2 PPP项目操作流程 ·· 179
  7.3 项目资格审查 ··· 182
  7.4 招标采购实施过程 ··· 185
  7.5 PPP项目招标采购案例分析 ··· 193

第8章 建设工程全过程工程咨询招标采购 ··· 199
  8.1 建设工程全过程咨询概述 ·· 199
  8.2 招标方案 ··· 200
  8.3 资格审查 ··· 201
  8.4 招标文件 ··· 204
  8.5 投标文件 ··· 206
  8.6 开标与评标 ··· 207
  8.7 定标与合同签订 ··· 209

8.8 建设工程全过程咨询招标案例 ………………………………………… 210

第9章 电子招标投标实务 …………………………………………………… 216

9.1 电子招标投标基本概念 ………………………………………………… 216
9.2 电子招标投标系统 ……………………………………………………… 217
9.3 电子招标投标实务特点 ………………………………………………… 219
9.4 信息共享和行政监督 …………………………………………………… 234
9.5 电子招标采购案例分析 ………………………………………………… 235

参考文献 ……………………………………………………………………… 241

第1章　建设工程招标投标概述

1.1　招标投标概述

招标投标是由交易发起方公布交易标的的特征和部分交易条件,按照依法确定的规则和程序,对多个交易响应方提交的报价及方案进行评审,择优选择交易主体并确定全部交易条件的一种交易方式。

我国招标投标制度伴随着改革开放而得到广泛运用,是建立和规范市场竞争秩序的重要手段。招标投标制度在规范市场主体行为,优化市场资源配置,建设全国统一大市场,保护国家利益、社会公共利益和招标投标活动当事人的合法权益,确保工程、货物、服务项目质量等方面发挥了举足轻重的作用。

1.1.1　招标与采购

采购是指采购主体基于消费、生产或转售等目的,从组织外面有偿获取相应资源的经济活动。根据采购主体的不同,采购可以分为个人采购、企业采购和政府采购等。在采购领域,把所有关系社会公共利益、公众安全的采购合称公共采购。

公共采购与企业采购、个人采购的最大区别是,它受诸多法律法规、政策和标准规范等的限定和控制。在我国公共采购领域,同时并存着《中华人民共和国政府采购法》(以下简称《政府采购法》)、《中华人民共和国招标投标法》(以下简称《招标投标法》)两部主要法律,以及与这两部法律相关的行政法规、司法解释、部门规章、地方性法规、规范性文件等。

1. 招标是一种采购方式

采购有很多种分类方式,通用的分类方式有以下几种:

(1) 按照支付对价的方式划分,可以分为购买、租赁、委托、雇佣等;

(2) 按照选择交易主体的方式划分,可以分为招标、谈判、询比、竞价、比选、直接采购等方式;

(3) 按照采购主体划分,可以分为政府采购、企业采购和个人采购;

(4) 按照交易主体的国别和采购标的物的来源地划分,可以分为国内采购和国际采购;

(5) 按照采购标的物的属性划分,可分为工程采购、货物采购和服务采购。

除此之外,世界银行和亚洲开发银行把采购方式划分为国际竞争性招标、有限国际招标、国内竞争性招标、询价采购、直接签订合同等方式。

按照公共采购领域对采购方式的划分,招标属于众多采购方式中的一种。在我国境内开展的招标活动,应当遵循《招标投标法》的规定。

2. 招标也是一种售让方式

由于招标方式在国内外被广泛地使用在采购标的上，习惯上人们也称招标为"招标采购"。根据我国相关法律的规定，招标这种交易方式，也广泛用于出售或出让标的的活动，如：特许经营权、土地使用权、科研成果和技术专利等的出售或出让。因此，招标投标本质上属于按程序择优选择交易对象的一种交易方式，既可以用于购买标的，也可以用于出售或转让标的。

我国《城镇国有土地使用权出让和转让暂行条例》第十三条规定，土地使用权出让可以采取下列方式：①协议；②招标；③拍卖。该条例规定的招标方式，即属于典型的用于出让、转让标的的活动。此外，自然资源部等颁布的部门规章和规范性文件，也有把招标这种采购方式用于出让标的的规定，《招标拍卖挂牌出让国有建设用地使用权规定》（原国土资源部39号令）第四条规定，工业、商业、旅游、娱乐和商品住宅等经营性用地以及同一宗地有两个以上意向用地者的，应当以招标、拍卖或者挂牌方式出让。《探矿权采矿权招标拍卖挂牌管理办法（试行）》（国土资发〔2003〕197号）第九条规定，符合该办法规定范围内的新设探矿权采矿权，有下列情形之一的，主管部门应当以招标的方式授予：①国家出资的勘查项目；②矿产资源储量规模为大型的能源、金属矿产地；③共伴生组分多、综合利用技术水平要求高的矿产地；④对国民经济具有重要价值的矿区；⑤根据法律法规、国家政策规定可以新设探矿权采矿权的环境敏感地区和未达到国家规定的环境质量标准的地区。

除相关法律文件明确应当采用招标方式的以外，售让标的时采用招标方式还是拍卖方式的界限不是十分明确。学界一般认为，如单一的价格竞争无法全面反映和证明竞争购买者事后是否有足够能力履行完成合同标的，必须通过购买者制定科学、可行的实施方案并充分证明其具备可靠履约能力的，应当采用招标方式选择标的交易对象；反之，如标的价格主要由竞买者的价值期望决定，可变性大，需要多次竞价，且价格是唯一的竞争因素和选择当前购买者的决定性因素，无须考虑购买者的实施方案和履约能力的，则可采用拍卖方式选择标的交易对象。

本教材所称的招标，除有特别说明外，均指在《招标投标法》体系的相关规定下，用于工程建设项目采购活动的一种交易方式。

1.1.2 招标投标的适用和特点

根据《招标投标法》的规定，工程建设项目采用招标方式选择承接单位的，招标人应按照法定程序发出招标公告（投标邀请书）和招标文件，公布工程项目的建设内容和范围、技术标准、投标资格、合同条件；潜在投标人按招标文件的要求编制并密封递交投标文件；招标人依法组建的评标委员会按法律和招标文件规定的评标标准和方法进行评审，推荐中标候选人；招标人依法确定中标人，并与之签订合同。

1. 招标投标的适用前提

如前所述，招标投标是一种交易方式。招标投标机制和其他采购工具一样，有其独特的适用前提。招标投标机制的适用前提主要体现在以下三个方面：

（1）市场诚信体系相对健全。市场经济是信用经济也是法治经济，市场经济等价变换的基本原则既要求市场主体独立、平等竞争，又要求必须建立法治和信用的约束机制。市场主体的诚信守法是招标投标机制建立和发挥作用的基石，招标投标主体依法、守信自律，才能保证招标投标各方依法规范完成交易，实现采购目标。

（2）市场形态处于买方市场。招标方式将"买卖双方之间的博弈"改为"投标人之间的博弈"。只有在市场供给状态整体处于供大于求的买方市场形态下，采购人才有可能运用招标投标交易方式，实现供应商之间竞争的博弈，达到降低交易价格，采购到物美价廉的商品或服务，以提高采购资金的使用效益的结果。反之，市场商品或者服务如果处于供不应求或供应明显不足的形态时，采购人将难以利用招标投标机制发挥竞争优势，仍采用招标方式的，往往难以成功实现交易。

（3）交易双方处于信息不对称状态。在交易活动开始之前，交易双方所掌握的信息应处于不对称状态。一方面，招标人对招标项目的特征和需求比较熟悉，而对市场潜在投标人完成项目的最低价格及其竞争能力缺乏了解；另一方面，投标人对自身能力和优势比较熟悉，而对招标项目的特征和需求却缺乏了解。如在交易活动开始之前，采购人就能从诸如电子商务平台等渠道了解供应商提供的商品信息，掌握商品的技术参数、规格型号、质量、售价以及售后服务等信息，则无须采用招标投标这种程序烦琐、交易成本高、耗时长的交易方式。

需要注意的是：在招标投标活动中，交易各方因为所处的市场竞争地位和相互关系不同，对招标投标交易信息沟通或者信息保密的要求各有不同。

① 招标人与投标人之间，要求趋向于交易信息对称状态。交易信息的对称是市场主体达成交易和成功履约的重要前提。唯有交易双方充分了解对方的相关信息，足以信赖对方具有签约诚意和履约能力，才有可能达成交易。因此，在招标投标中，要求交易双方尽可能向对方充分公开自身与交易相关信息。例如，法律要求依法必招项目的招标人应当通过指定媒体公开发布招标信息，要求招标文件应当详细描述招标项目的需求特征，要求投标人应当如实提交证明自己履约资格能力的相关资料。这也是大力推行电子招标投标，建立全国市场信息集中统一、动态对称和公开共享体系的理论依据和实践意义。

② 投标人与投标人之间，应保持交易信息的保密状态。为实现投标人之间的有效竞争，在投标阶段，要求潜在投标人之间不得沟通信息。如果潜在投标人之间相互协商交易信息，或者达成攻守同盟，将无法形成彼此之间的充分竞争。因此，《招标投标法》禁止投标人之间串通投标，禁止招标人向他人透露已获取招标文件的潜在投标人的名称、数量以及可能影响公平竞争的有关招标投标的其他情况。

③ 招标交易成本小于预期节约费用。理论上，引入招标投标机制可以降低项目成本、提高资金使用效益。但招标投标也是一种交易成本较高的交易方式，当招标人的市场调研、招标方案策划、招标活动的组织等交易成本大于预期可能节约的费用时，招标投标方式就不再是一种经济可行的交易方式。因此，只有工程项目达到一定规模，通过招标投标交易方式降低的项目成本可以弥补招标交易成本支出时，才能体现招标投标机制追求的"物有所值"目标。这也是我国招标投标法设立依法必招项目的规模标准的理论基础。

2. 招标投标的特点

如前所述，招标投标是一种具有严格的法定程序规范的交易方式。招标投标活动具有以下基本特性：

（1）公平竞争。招标人公布项目需求，通过投标人公平竞争，择优选择合同签约主体。

（2）规范交易。招标投标双方通过规范要约和承诺，确立双方权利、义务和责任，规范订立交易合同。

（3）一次机会。招标投标双方不得在确定中标人之前就实质性内容进行协商谈判，不得随意修改招标项目需求、交易规则以及合同价格、质量标准、进度等实质内容，投标要约和中标承诺均只有一次机会。

（4）定制方案。工程项目的需求目标、投标资格能力、需求解决方案与报价、投标文件评价、合同权利义务配置等方案大多具有单一性和复杂性等特点。因此，其响应方案应当采用书面描述，并通过对投标人竞争能力、技术、报价、财务方案等进行书面综合评价比较，才能科学判断和正确选择有能力满足项目需求的中标人。仅仅通过简单价格比较无法判断交易主体及客体是否能够符合项目需求。

（5）复合职业。招标投标是按照法律程序，经过技术、管理、经济等要素的竞争和评价实现项目需求目标的交易活动，要求招标采购从业人员应当具备包含法律、政策、技术、经济和管理等多领域专业知识，属于知识复合型职业。

3. 招标投标应当遵循的原则

根据《招标投标法》的规定，招标投标应当遵循公开、公平、公正和诚实信用的原则。

（1）公开原则。即要求招标投标活动必须保证充分的透明度，招标投标程序、投标人的资格条件、评标标准和方法、评标和中标结果等信息要公开，保证每个投标人能够获得相同信息，公平参与投标竞争并依法维护自身的合法权益。同时招标投标活动的公开透明，也为当事人、行政和社会监督提供了条件。公开是公平、公正的基础和前提。

（2）公平原则。即要求招标人在招标投标各程序环节中一视同仁地给予潜在投标人或者投标人平等竞争的机会，并使其享有同等的权利和义务。例如，招标人不得在资格预审文件和招标文件中含有倾向性内容或者以不合理的条件限制和排斥潜在投标人；不得对潜在投标人或者投标人采取不同的资格审查或者评标标准，依法必须进行招标的项目不得以特定行政区域或者特定行业的业绩、奖项作为评标加分条件或者中标条件等。

公平原则主要体现在两个方面：一方面，机会均等，即潜在投标人具有均等的投标竞争机会；另一方面，各方权利义务平等，即招标人和所有投标人之间权利义务均衡并合理承担民事责任。

（3）公正原则。即要求招标人必须依法设定科学、合理和统一的程序、方法和标准，并严格据此接受和客观评审投标文件，真正择优确定中标人，不倾向、不歧视、不排斥，保证各投标人的合法平等权益。为此，招标投标法及其配套规定对招标、投标、开标、评标、中标、签订合同等作了相关规定，以保证招标投标的程序、方法、标准、权益及其实体结果的公正。例如，评标委员会必须按照招标文件事先确定并公开的评标标准和方法客观评审投标文件和推荐中标候选人，并明确否决投标的法定情形等。

（4）诚实信用原则。即要求招标投标各方当事人在招标投标活动和履行合同中应当以守法、诚实、守信、善意的意识和态度行使权利和履行义务，不得故意隐瞒真相或者弄虚作假，不得串标、围标和恶意竞争，不能言而无信甚至背信弃义，在追求自己合法利益的同时不得损害他人的合法利益和社会利益，依法维护双方利益以及与社会利益的平衡。诚实信用是市场经济的基石和民事活动的基本原则。

1.1.3 强制招标项目的范围和规模标准

《招标投标法》建立了强制招标制度，规定了工程建设项目依法必须进行招标的范围和规模标准。

1. 确定强制招标范围的考量因素

采购人是否必须采用招标交易方式实现需求目标，可以从项目需求的规模标准、技术复杂性、市场竞争性、时间紧迫性以及招标费用的经济性等因素综合考虑决定。《招标投标法》确定的强制招标的项目范围和规模标准主要基于以下因素：

（1）项目的公共属性。项目资金属于全部或者部分国有资金；项目涉及公共利益或公众安全。

（2）招标费用的经济性。如前所述，公共项目是否采用招标方式，还需要考虑招标成本费用，只有当项目达到一定规模，采用招标竞争节约的项目资金有可能超过或弥补组织招标活动的成本费用时，采用招标方式才能实现其经济性。

（3）项目的特殊性。当公共项目由于保密安全、时间紧迫、特定技术需求、交易对象不足等特殊要求和限制情形，无法进行市场招标竞争时，可以不进行招标。

工程建设项目招标范围示意见图 1-1。

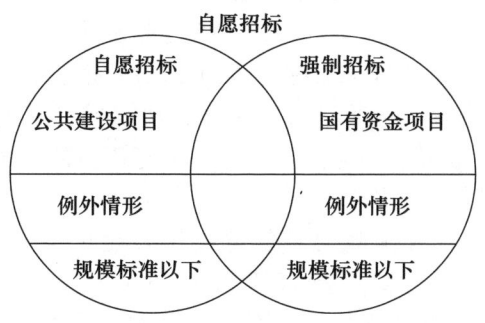

图 1-1 工程建设项目招标范围示意

2. 依法必须招标项目的范围规定

在《招标投标法》中，强制招标的范围着眼于"工程建设项目"。《招标投标法》第三条规定，中华人民共和国境内进行下列工程建设项目包括项目的勘察、设计、施工、监理以及与工程建设有关的重要设备、材料等的采购，必须进行招标。

《中华人民共和国招标投标法实施条例》（以下简称《招标投标法实施条例》第二条就"工程建设项目"的定义做了详细解释。条例规定，工程建设项目是指工程以及与工程建设有关的货物、服务。工程，是指建设工程包括建筑物和构筑物的新建、改建、扩建及其相关的装修、拆除、修缮等；与工程建设有关的货物，是指构成工程不可分割的组成部分，且为实现工程基本功能所必需的设备、材料等；与工程建设有关的服务，是指为完成工程所需的勘察、设计、监理等服务。

基于项目性质和资金来源两个方面，《招标投标法》将必须进行招标的工程建设项目范围界定为以下三类。

（1）基础设施、公用事业等关系社会公共利益、公众安全的项目。从项目性质上看，基础设施和公用事业项目大多关系社会公共利益和公众安全，为了保证项目质量，保护公民的生命财产安全，法律规定该类工程项目，无论建设项目的投资资金属于民营资金还是国有资金，均应当采用招标方式实施采购。

根据《必须招标的基础设施和公用事业项目范围规定》（发改法规规〔2018〕843号）等相关规定，大型基础设施、公用事业等关系社会公共利益、公众安全的项目必须招标，具体范围包括：①煤炭、石油、天然气、电力、新能源等能源基础设施项目；②铁路、公路、管道、水运，以及公共航空和 A1 级通用机场等交通运输基础设施项目；③电信枢纽、通信信息网络等通信基础设施项目；④防洪、灌溉、排涝、引（供）水等水利基础设施项目；⑤城市轨道交通等城建项目。

（2）全部或部分使用国有资金或国家融资的项目，根据国家发改委《必须招标的工程项目规定》（发改委 16 号令）等相关规定，该类项目的具体范围包括：①使用预算资金 200 万元人民币以上，并且该资金占投资额 10% 以上的项目；②使用国有企事业单位资金，并且该资金占控股或者主导地位的项目。这里"预算资金"，是指《中华人民共和国预算法》规定的预算资金，包括一般公共预算资金、政府性基金预算资金、国有资本经营预算资金、社会保险基金预算资金。这里的"占控股或者主导地位"，参照《中华人民共和国公司法》第二百一十六条关于控股股东和实际控制人的理解执行，即"其出资额占有限责任公司资本总额百分之五十以上或者其持有的股份占股份有限公司股本总额百分之五十以上的股东；出资额或者持有股份的比例虽然不足百分之五十，但依其出资额或者持有的股份所享有的表决权已足以对股东会、股东大会的决议产生重大影响的股东"；国有企业事业单位通过投资关系、协议或者其他安排，能够实际支配项目建设的，也属于占控股或者主导地位。项目中国有资金的比例，应当按照项目资金来源中所有国有资金之和计算。

（3）使用国际组织或者外国政府贷款等援助资金的项目。根据国家发展改革委《必须招标的工程项目规定》（发改委 16 号令）的相关规定，该类项目的具体范围包括：①使用世界银行、亚洲开发银行等国际组织贷款、援助资金的项目；②使用外国政府及其机构贷款、援助资金的项目。

《政府采购法》第四条规定，政府采购工程进行招标投标的，适用招标投标法。此处的"政府采购工程"，包括工程和与工程建设有关的货物、服务。

3. 依法必须招标的规模标准

《招标投标法》第三条规定了依法必须招标的范围，但这并不意味着在此范围内的所有项目都必须强制进行招标。对于法律规定范围内的招标项目，必须达到一定的限额才需要进行强制招标，法律并不要求限额以下的项目必须进行招标。所谓招标限额，是指必须进行招标的项目需要达到的规模、标准或者价值。如果采购项目的单项合同价值低于招标限额，即使该项目在种类上属于法律规定的必须招标项目的范围，但由于其低于强制招标的限额标准而无须招标。

根据《必须招标的工程项目规定》（发改委16号令）等相关规定，属于依法必须进行招标项目范围内的工程项目，其勘察、设计、施工、监理以及与工程建设有关的重要设备、材料等的采购达到下列标准之一的，必须招标：①施工单项合同估算价在400万元人民币以上；②重要设备、材料等货物的采购，单项合同估算价在200万元人民币以上；③勘察、设计、监理等服务的采购，单项合同估算价在100万元人民币以上。

需要注意的是，同一项目中可以合并进行的勘察、设计、施工、监理以及与工程建设有关的重要设备、材料等的采购，合同估算价合计达到上述规定标准的，必须招标。在执行上述规模标准时，任何单位和个人不得将依法必须进行招标的项目化整为零或以其他任何方式规避招标。

4. 依法必须招标的特殊情形

对于客观上不可能或不适宜进行招标项目的特殊情形，需要采取特殊的采购方式进行采购。

（1）《招标投标法》第六十六条规定，涉及国家安全及国家秘密的项目、抢险救灾或者属于利用扶贫资金实行以工代赈、需要使用农民工等特殊情况，不适宜进行招标的项目，按照国家有关规定可以不进行招标。

涉及国家安全的项目，是指国防、尖端科技、军事装备等涉及国家安全，会对国家安全造成重大影响的项目。所谓的国家秘密，是指关系国家安全和利益，依照法定程序确定，在一定时间内只限一定范围的人知悉的事项。由于涉及国家秘密，法律对这些项目保密性的要求与招标程序对公开性的要求之间存在着一定冲突。

抢险救灾项目，是指因应对突发的自然灾害和公共卫生事件等特殊情况，需要在短期内采取迅速、果断的行动，以尽快排除险情、救济灾民的工程项目，该类项目不适宜采用程序烦琐、耗时冗长的招标方式组织采购，否则将给国家和人民群众生命财产安全带来巨大损失。

国家扶贫资金，是指中央为解决农村贫困人口温饱问题、支持贫困地区社会经济发展而安排专项资金，包括支援经济不发达地区发展资金、农业建设专项补助资金、新增财政扶贫资金、以工代赈资金和扶贫专项贷款等。所谓以工代赈，是指政府投资建设公共基础设施工程，受赈济者参加工程建设获得劳务报酬，以此取代直接赈济的一项扶持政策。因此，利用扶贫资金实行以工代赈的工程项目，实施单位应组织工程所在地的农民参加工程建设，并支付劳务报酬，不适宜通过招标方式选择承包单位。但按国家有关规定必须具备相关资质才能承包施工的桥梁、隧道等工程，可以通过招标选择具有相应资质的施工承包单位，将组织工程所在地农民为工程施工提供劳务并支付报酬作为招标的基本条件。

（2）《招标投标法实施条例》在《招标投标法》规定的可以不招标的法定情形外，补充了以下五种可以不进行招标的情形：①需要采用不可替代的专利或者专有技术；②采购人依法能够自行建设、生产或者提供；③已通过招标方式选定的特许经营项目投资人依法能够自行建设生产或者提供；④需要向原中标人采购工程、货物或者服务，否则将影响施工或者功能配套要求；⑤国家规定的其他特殊情形。

需要注意的是，符合可以不进行招标的法定情形的工程项目，如属于依法必须履行审批、核准的项目，应当在项目审批、核准时，报项目投资主管部门审批、核准后，方可不进行招标。

5. 依法强制招标项目的标准及相关规定

根据我国招标投标法律的有关规定，招标项目可以分为强制招标项目和自愿招标项目。强制招标项目，即依法必须进行招标的项目；如果不属于强制招标项目，采购人采用招标方式实施采购的，称为自愿招标项目。

不论强制招标项目，还是自愿招标项目，只要采购人选择了招标方式，均应当遵守《招标投标法》的基本原则以及相关规定。强制招标项目和自愿招标项目的区分，体现了《招标投标法》体系对不同属性的项目实行差别化管理的独特立法特点。根据《招标投标法》及其实施条例的规定，有部分法条只适用于依法必须进行招标的项目（通常简称为"专属规定"）。

《招标投标法》体系的专属规定主要有如下几点。

（1）招标投标活动不受地区或者部门的限制。

（2）招标人自行办理招标事宜的，应当向有关行政监督部门备案。

（3）依据国家有关规定需要向项目审批、核准部门办理招标范围、招标方式、招标组织形式审批、核准。

（4）应当在国家和地方政府指定的报刊、信息网络媒介发布招标公告和评标结果公示。

（5）国有资金占控股或者主导地位的依法必须进行招标的项目，招标人应当按照招标投标法及其实施条例关于评标委员会及其成员的规定，组建资格审查委员会审查资格预审申请文件。

（6）招标人不得非法限定潜在投标人或者投标人的所有制形式或者组织形式；不得以特定行政区域或者特定行业的业绩、奖项作为评标加分条件或者中标条件。

（7）提交资格预审申请文件的时间应当自资格预审文件停止发售之日起不得少于5日。

（8）编制资格预审文件和招标文件应当使用国务院发展改革部门会同有关行政监督部门制定的标准文本。

（9）招标人不得通过化整为零缩小标段（包）或者采用其他方式规避招标。

（10）自招标文件发出之日起至投标人提交投标文件截止之日，最短不得少于20日。

（11）招标人应当重新招标的规定。资格预审文件、招标文件的内容违反法律、行政法规的强制性规定和公开、公平、公正及诚实信用原则，影响资格预审结果或者潜在投标人投标的，应当修改资格预审文件或者招标文件并重新招标；所有投标被否决的，应当依法重新招标；招标投标活动违反《招标投标法》有关规定，对中标结果造成实质性影响，且不能采取补救措施予以纠正的，招标、投标、中标无效，应当依法重新招标或者评标。

（12）评标委员会由招标人的代表和有关技术、经济等方面的专家组成，成员人数为五人以上单数，其中技术、经济等方面的专家不得少于成员总数的三分之二；评标委员会的专家成员应当从依法建立的评标专家库中随机抽取确定，特殊情形可以由招标人直接确定。

（13）招标人应当自收到评标报告之日起 3 日内公示中标候选人，公示期不得少于 3 日。

（14）投标人或者其他利害关系人对招标项目的评标结果有异议的，应当在中标候选人公示期间提出。招标人应当自收到异议之日起 3 日内作出答复。

（15）国有资金占控股或者主导地位的依法必须进行招标的项目，招标人应当确定排名第一的中标候选人为中标人。

（16）招标人应当自确定中标人之日起 15 日内，向有关行政监督部门报送招标投标情况的书面报告。

《招标投标法》同时规定，使用国际组织或者外国政府贷款、援助资金的项目招标，在不损害我国利益和社会公共利益的前提下，项目贷款方、资金提供方对招标投标的具体条件和程序有不同规定的，可以适用其规定。

1.1.4 招标方式和招标组织形式

招标在实践中有多种分类方法：按照市场竞争的开放程度，分为公开招标与邀请招标；按照市场竞争开放的地域范围，可以分为国内招标和国际招标；按照招标组织实施方式，可以分为集中招标和分散招标；按照招标组织形式，分为自行招标和委托招标；按照交易信息的载体形式，可以分为纸质招标和电子招标；按照招标项目需求形成的方式，可以分为一阶段招标和两阶段招标。

1. 公开招标与邀请招标

按照竞争开放的程度，招标可分为公开招标与邀请招标两种方式。招标人应依据法律规定条件，结合招标项目需求的技术、管理特点以及市场竞争供应的状态，选择合适的招标方式。

（1）公开招标。属于无限制性竞争招标，按照公开的地域范围又可以分为国内公开招标和国际公开招标。公开招标是招标人通过依法指定的媒介发布招标公告的方式邀请所有不特定的潜在投标人参加投标，并按照法律规定程序和招标文件规定的评标标准和方法确定中标人的一种竞争交易方式。

公开招标方式充分体现了市场机制在公开信息、规范程序、公平竞争、客观评价、公正选择以及优胜劣汰等方面的本质要求。公开招标因为投标人较多、竞争充分，且不容易串标、围标，有利于招标人从广泛的竞争者中择优选择合适的中标人并获得最佳的竞争效益。依法必须公开招标的项目，因存在需求条件和市场供应的限制而无法实施公开招标，且符合法律规定条件情形的，经招标项目有关监督管理部门审批、核准或认定后，可以采用邀请招标方式。

依法必须公开招标项目主要有三类：

① 国家重点项目和省、自治区、直辖市人民政府确定的地方重点项目。

② 国有资金占控股或者主导地位的依法必须进行招标的项目。

③《招标投标法》及其实施条例以外的其他法律法规等规定的必须进行公开招标的项目。如《土地复垦条例》第二十六条规定，政府投资进行复垦的，有关国土资源主管部门应当依照招标投标法律法规的规定，通过公开招标的方式确定土地复垦项目的施工

单位。

(2) 邀请招标。属于有限竞争性招标，也称选择性招标。邀请招标是招标人以投标邀请书的方式，直接邀请特定的潜在投标人参加投标，并按照法律程序和招标文件规定的评标标准和方法确定中标人的一种交易方式。邀请招标应当向 3 个以上具备招标项目资格能力要求的特定的潜在投标人发出投标邀请书。邀请招标能够按照项目需求特点和市场供应状态，有针对性地从已知、了解的潜在投标人中，选择具有与招标项目需求匹配的资格能力、价值目标以及对项目重视程度均相近的投标人参与投标竞争，有利于投标人之间均衡竞争，并通过科学的评标标准和方法实现招标需求目标，招标工作量和招标费用相对较小。

与公开招标相比，邀请招标的投标人数量相对较少，竞争开放度相对较低；受招标人在选择邀请对象前已知投标人信息的局限性，有可能会损失应有的竞争效果，得不到最合适的投标人和获得最佳竞争效益。实践中，也有些招标人利用邀请招标之名行虚假招标之实。因此，根据有关规定，符合下列情形之一的工程项目，经有关监督管理部门审批、核准或认定后，方可采用邀请招标方式：

① 涉及国家安全、国家秘密或者抢险救灾，适宜招标但不宜公开招标的；

② 项目技术复杂或有特殊要求，或者受自然地域环境限制，只有少量潜在投标人可供选择的；

③ 采用公开招标方式的费用占项目合同金额的比例过大的；

④ 国务院发展计划部门确定的国家重点项目和省、自治区、直辖市人民政府确定的地方重点项目不适宜公开招标的，经国务院发展计划部门或者省、自治区、直辖市人民政府批准，可以进行邀请招标。

非依法必须公开招标的项目，招标人可自主决定采用公开招标还是邀请招标。

2. 集中招标与分散招标

按照招标活动的组织实施方式，可以分为集中招标和分散招标。

(1) 集中招标。是指将一定时限内不同需求主体重复和分散的同类工程、货物或服务需求进行整合归并，形成集中批量招标采购的规模优势，实现需求标的及服务更高性价比的采购组织形式。集中招标可以降低采购交易频次及其采购交易成本，提高采购效率。目前国内大型企业集团和政府采购普遍使用集中招标采购方式。实践中，大多数大型国企指定相应机构整合归并各使用单位重复分散需求的同类货物或服务的采购计划，交由企业内设的集中采购机构组织批量集中招标，并由各需求单位按照招标结果分别与中标人签订采购合同。

(2) 分散招标。分散招标是由企业下属各单位或政府下属各部门为满足各自需求自行实施采购的组织形式。分散招标有利于需求与采购各环节高效、灵活地协调配合，但不利于形成采购规模优势并获得较高性价比的采购成果。

3. 纸质招标与电子招标

按照交易依托的信息载体形式，招标可以分为纸质招标和电子招标。

(1) 纸质招标。纸质招标即招标投标各方以纸质文件为信息载体，完成招标、投标、开标、评标和定标的交易活动。

（2）电子招标。电子招标是指以数据电文形式为载体，依托电子招标投标系统完成的全部或者部分招标活动。数据电文形式完成的招标投标程序与纸质形式的招标投标程序具有同等法律效力。

推行电子招标可以降低招标投标交易成本，节省社会资源，提高交易活动的透明性，有效发挥社会公众的监督作用，促进市场主体的诚信自律，助推统一开放、透明规范、公平公正、经济高效的现代招标投标市场建设。

4. 一阶段招标和两阶段招标

按照采购需求形成的方式，招标可以分为一阶段招标和两阶段招标。

（1）一阶段招标。一阶段招标是指招标人在一次招标流程中完成编制发售招标文件、编制提交投标文件、开标、评标、定标等招标投标全部程序环节的招标方式。

（2）两阶段招标。招标人无法准确拟定和提出项目范围、技术标准、报价规则或者商务条件的项目，故需要采用两阶段招标。第一阶段，招标人发布招标公告，向有意向的潜在投标人发出技术标准或商务条件方案的征集文件。潜在投标人按照招标公告和征集文件的要求，编制提交技术或商务条件建议方案。招标人从潜在投标人提交的技术或者商务条件建议方案中，评选和优化形成招标项目的采购需求书，并据此编制招标文件。第二阶段，招标人向在第一阶段提交建议方案的潜在投标人发出招标文件，潜在投标人按照招标文件的要求编制提交投标文件。

需要注意的是，两阶段招标是通过两个阶段完成一次招标投标，而不是完成了两次招标投标。其中，第一阶段属于采购需求书的调研阶段，包括征集方案、提交建议方案、编制招标文件等。在此阶段，双方围绕采购需求方案的优化进行充分的协商和交流，补充、完善有关资料。该交流可以一次完成，也可以多次完成，不受招标投标有关程序规定的约束。根据沟通、交流后优化的建议方案编制的招标文件，应当满足项目需求并保证第二阶段有足够的潜在投标人参与竞争，不应借此故意限制或者排斥潜在投标人。

需要注意的是，世界银行、亚洲开发银行采购指南规定的两阶段招标与《招标投标法实施条例》规定的两阶段招标存在差异。其主要操作差别是，投标人在第一阶段提交投标文件后，各自按照招标人评审提出的要求修改投标技术建议方案，招标人没有合成统一的技术方案，第二阶段按各自修改的技术方案编制投标报价。在技术方案评审合格的前提下，选择最低评标价中标。

世界银行、亚洲开发银行采购指南规定的两阶段招标比较适用需求技术或商务合同条件比较简单，或者招标人可以提出需求技术或商务条件方案并允许投标人有选择性偏差响应的项目。我国两阶段招标的规定比较适用需求技术、商务条件比较复杂且招标人无法提出解决方案的项目。

1.2　招标投标程序

《招标投标法》第十九条规定，招标人应当根据招标项目的特点和需要编制招标文件。因此，组织招标活动的起点，应该从研究招标项目的需求特征开始。

1.2.1 研究招标需求

招标需求，通常包括采购标的以及其需要满足的技术、商务要求。采购标的包括采购标的的名称、数量等方面的信息；技术要求是指对采购标的的功能和质量要求，包括性能、材料、结构、外观、安全，或者服务内容和标准等；商务要求是指取得采购标的的时间、地点、财务和服务要求，包括交付时间和地点（实施期限和范围），付款条件（进度和方式），包装和运输，售后服务，保险等。

招标人可通过开展需求调查的方式确定采购需求。招标人开展需求调查时，可使用咨询、论证、问卷调查等方式了解相关产业发展、市场供给、同类项目历史成交信息，可能涉及的运行维护、升级更新等后续采购，以及其他相关情况。招标人可在招标采购内控管理制度中，明确应当开展需求调查的项目范围。

1.2.2 编制招标方案

招标方案是指招标人通过分析和掌握招标项目的技术、经济、管理的特征，以及招标项目的功能、规模、质量、价格、进度、服务等需求目标，依据有关法律法规、技术标准，结合市场竞争状况，针对一次招标组织实施工作的总体策划。

招标方案包括合理确定招标组织形式、依法确定项目招标内容范围和选择招标方式等，是科学、规范、有效地组织实施招标采购工作的必要基础和主要依据。

1.2.3 拟订招标计划

招标人应结合招标项目的招标需求特点拟订招标计划。招标计划通常应包括招标活动的时间安排，招标方式和招标组织形式，标段（包件）划分，投标人资格条件，评标办法，合同类型，合同主要条款，履约验收方案和风险管控措施等内容。

招标人在编制招标计划时，应充分考虑招标活动所需时间和可能影响招标活动进行的因素，合理安排招标活动的实施时间。

1.2.4 组织资格预审

为保证潜在投标人能够公平获取公开招标项目的投标竞争机会，并确保投标人满足招标项目的资格条件，避免招标人和投标人的资源浪费，招标人可以对潜在投标人组织资格预审。

资格预审是招标人根据招标方案，编制发布资格预审公告，向不特定的潜在投标人发出资格预审文件，潜在投标人据此编制提交资格预审申请文件，招标人或者由其依法组建的资格审查委员会按照资格预审文件确定的资格审查方法、资格审查因素和标准，对申请人资格能力进行评审，确定通过资格预审的申请人。未通过资格预审的申请人，不具有投标资格。

1.2.5 编制发出招标文件

招标人应根据招标项目需求的技术经济特点和招标方案确定招标要素、市场竞争状况，结合法律法规和标准文本编制招标文件。依法必须进行招标项目的招标文件，应当使用国家发展改革部门会同有关行政监督部门制定的标准文本。

招标人应当在发布招标公告时，通过电子交易平台一并上传招标文件，供潜在投标人下载。

1.2.6 组织踏勘现场

招标人可以根据招标项目的特点和招标文件的规定，集体组织潜在投标人实地踏勘了解项目现场的地形地质、项目周边交通环境等并介绍有关情况。潜在投标人应自行负责根据现场踏勘作出的分析判断和投标决策。

工程设计、监理、施工和工程总承包以及特许经营等项目招标一般需要组织踏勘现场。

1.2.7 召开投标预备会

投标预备会是招标人为了澄清、解答潜在投标人在阅读招标文件或现场踏勘后提出的疑问，按照招标文件规定时间组织的投标答疑会。所有的澄清、解答均应当以书面方式发给所有获取招标文件的潜在投标人，并属于招标文件的组成部分。招标人同时可以利用投标预备会对招标文件中有关重点、难点等内容主动作出说明。

招标人可根据招标项目的实际需要，自行决定是否组织投标预备会。

1.2.8 编制提交投标文件

潜在投标人对招标文件存有疑问的，可以按照招标文件规定的时间以书面提出澄清要求，招标人应当及时书面答复澄清。潜在投标人或其他利害人对招标文件的内容有异议的，应当在投标截止时间10天前向招标人提出。

潜在投标人应依据招标文件要求的格式和内容，编制、签署、装订、密封、标识投标文件，按照规定的时间、地点、方式提交或上传投标文件，并根据招标文件的要求提交投标保证金。

投标截止时间之前，投标人可以撤回、补充或者修改已提交的投标文件。投标人撤回已提交的投标文件，应当以书面形式通知招标人。

1.2.9 组建评标委员会

招标人通常应在开标前依法组建评标委员会。依法必须进行招标项目的评标委员会由招标人代表和技术、经济专家共5人以上的单数组成，其中技术、经济专家不得少于成员总数的2/3。依法必须进行招标项目的评标专家，应从政府组建的综合评标专家库以随机抽取方式确定；技术复杂、专业性强或者国家有特殊要求，采取随机抽取方式确定的专家难以保证胜任评标工作的招标项目，可以由招标人直接确定。

1.2.10 开标与评标

招标人应按招标文件规定的时间、地点组织开标，邀请所有投标人代表参加开标会议，并如实记录开标情况。除招标文件特别规定或相关法律法规另有规定外，投标人不参加开标会议不影响其投标文件的有效性。

投标人少于 3 个的,招标人不得开标。依法必须进行招标的项目,招标人应分析失败原因并采取相应措施,按照有关法律法规要求重新招标。重新招标后投标人仍不足 3 个的,按国家有关规定需要履行审批、核准手续的依法必须进行招标的项目,报项目审批、核准部门审批、核准后可以不再进行招标。

评标由招标人依法组建的评标委员会负责。评标委员会应当在充分熟悉、掌握招标项目的需求特点,认真阅读研究招标文件及其相关技术资料,依据招标文件规定的评标方法、评标因素和标准、合同条款、技术规范等,对投标文件进行技术经济分析、比较和评审,向招标人提交书面评标报告并推荐中标候选人。

1.2.11 定标和签约

依法必须进行招标项目的招标人应当自收到评标报告之日起 3 日内,在招标公告和公示信息指定发布媒体公示中标候选人,公示期不得少于 3 日。中标候选人不止 1 个的,应将所有中标候选人一并公示。

投标人或其他利害关系人对依法必须进行招标项目的评标结果有异议的,应当在中标候选人公示期间提出。招标人应当自收到异议之日起 3 日内作出答复;作出答复前,应当暂停招标投标活动。

中标候选人的经营、财务状况发生较大变化或者存在违法行为,招标人认为可能影响其履约能力的,应当在发出中标通知书前由原评标委员会按照招标文件规定的标准和方法审查确认。

招标人按照评标委员会提交的评标报告和推荐的中标候选人以及公示结果,根据法律法规和招标文件的规定确定中标人。

招标人确定中标人后,向中标人发出中标通知书,同时将中标结果通知所有未中标的投标人。依法必须招标的项目,招标人在确定中标人的 15 日内,应向有关行政监督部门提交招标投标情况书面报告。

招标人和中标人应当自中标通知书发出之日起 30 日内,按照中标通知书、招标文件和中标人的投标文件签订合同。

1.3 招标投标活动参加人

招标投标参加人包括招标投标活动当事人和其他参加人。

招标投标活动的当事人是指招标投标活动中享有权利和承担义务的各类主体,包括招标人、投标人和招标代理机构等。其他参加人包括评标委员会和评标专家、行政监督机构、交易中心以及与招投标活动有关的第三人等。

1.3.1 招标人

《招标投标法》规定,招标人是依照本法规定提出招标项目、进行招标的法人或者其他组织。

根据法律规定,招标人可以分为两类:一是法人,二是其他组织。自然人不属于招标人范畴。

法人，是指具有民事权利能力和民事行为能力，依法独立享有民事权利和承担民事义务的组织，包括营利法人、非营利法人和特别法人。

其他组织，民法典称之为非法人组织。是指合法成立、有一定组织机构和财产，不具备法人资格的组织，但能够依法以自己的名义从事民事活动的组织，包括个人独资企业、合伙企业、不具有法人资格的专业服务机构等。

法人或者其他组织依照《招标投标法》的有关规定提出招标项目开展招标活动后，即成为招标人。

1.3.2 投标人

《招标投标法》规定，投标人是指响应招标、参加投标竞争的法人或者其他组织。依法必须进行招标的科研项目允许个人参加投标的，投标的个人适用《招标投标法》中有关投标人的规定。

根据法律规定，投标人可分为三类：一是法人；二是其他组织；三是自然人。法人、其他组织和自然人响应招标，参与投标竞争后，成为投标人。法人和其他组织要成为合格投标人，还必须满足两个条件：

1. 满足国家对不同专业领域投标资格条件的有关规定，如《工程建设项目施工招标投标办法》（2013修订）第二十条规定了投标人参加工程建设项目施工投标应当具备5个条件；

2. 满足招标人根据项目技术管理要求对投标人的资质、业绩、能力、财务状况等提出的特定要求。

1.3.3 招标代理机构

1. 《招标投标法》规定，招标代理机构是依法设立、从事招标代理业务并提供相关服务的社会中介组织。招标代理机构应当具备下列条件。

（1）有从事招标代理业务的营业场所和相应资金；

（2）有能够编制招标文件和组织评标的相应专业力量。

2. 招标代理机构作为社会中介组织，不得与行政机关和其他国家机关存在隶属关系或其他利益关系，也不得无权代理、越权代理和违法代理，不得接受同一招标项目的投标咨询服务。

3. 招标代理机构在承接工程建设项目招标代理服务时，应当和招标人签订委托招标代理书面合同，明确委托招标代理服务的专业内容范围、权限、义务、费用和责任。招标代理服务的业务范围可以包括以下全部或部分内容。

（1）策划和制订招标方案或协助办理相关核准手续，包括编制发售资格预审公告和资格预审文件、协助招标人组织资格评审，编制发售招标文件；

（2）组织潜在投标人踏勘现场和答疑、发澄清文件、组织开标；

（3）配合招标人组建评标委员会、协助评标委员会完成评标与评标报告、协助评标委员会推荐中标候选人并办理中标候选人公示；

（4）协助招标人定标、发出中标通知书并办理中标结果公告、协助招标人签订中标合同；

(5) 协助招标人向招标投标监督部门办理有关招标投标情况报告;

(6) 处理投标人和其他利害关系人提出的异议,配合监督部门调查违法行为;

(7) 招标人委托的其他咨询服务工作。

4. 国家发展改革委《关于进一步放开建设项目专业服务价格的通知》(发改价格〔2015〕299号)规定,工程建设项目招标代理服务收费放开竞争,实行市场调节价。招标代理机构和招标人可在招标代理服务合同中,依据委托服务内容范围、质量、专业难度、服务成本和市场供求状况等方面因素,明确服务费用的计算办法与标准、收取方式与时间等相关内容。招标代理服务费一般由招标人支付,也可在代理合同中约定由中标人支付。招标代理服务费由中标人支付的,应在招标文件中规定由中标人支付的招标代理服务费的收费标准和支付办法,以便于投标人在确定投标报价时一并考虑这方面的费用。

1.3.4 评标委员会和评标专家

1. 评标由招标人依法组建的评标委员会负责。依法必须进行招标的项目,评标委员会中的评标专家,应从政府组建的综合评标专家库中随机抽取。根据《招标投标法》等相关法律规定,评标专家应当具备以下资格条件。

(1) 从事相关领域工作满八年并具有高级职称或同等专业水平;

(2) 熟悉有关招标投标的法律法规,并具有与招标项目相关的实践经验;

(3) 能够认真、公正、诚实、廉洁地履行职责;

(4) 身体健康,能够承担评标工作。

2. 评标专家享有以下权利。

(1) 接受招标人依法选聘,担任招标项目评标委员会成员;

(2) 熟悉招标文件的有关技术、经济、管理特征和需求,依法对投标文件进行客观评审,独立提出评审意见,不受任何单位和个人的不正当干预;

(3) 获取相应的评标劳务报酬;

(4) 法律、法规规定的其他权利。

3. 评标专家负有如下义务。

(1) 接受建立专家库机构的资格审查和培训、考核,如实申报个人有关信息资料;

(2) 遇到不得担任招标项目评标委员会成员的情况应当主动回避;

(3) 对招标人负责,维护招投标的双方合法利益,认真、客观、公正地对投标文件进行分析、评审、比较;

(4) 遵守评标工作程序和纪律规定,不得私自接触投标人,不得收受他人的任何好处,不得透露投标文件评审的有关情况;

(5) 自觉依法监督、抵制、反映和核查招标、投标、代理、评标活动中的虚假、违法和不规范行为,接受和配合有关行政监督部门的监督、检查;

(6) 评标时间不能满足评标需要时,应当提出延长评标时间;

(7) 法律、法规规定的其他义务。

1.3.5 行政监督部门

《招标投标法》第七条规定,招标投标活动及其当事人应当接受依法实施的监督。

《招标投标法实施条例》进一步明确，国务院发展改革部门指导和协调全国招标投标工作，对国家重大建设项目的工程招标投标活动实施监督检查。国务院工业和信息化、住房和城乡建设、交通运输、铁道、水利、商务等部门，按照规定的职责分工对有关招标投标活动实施监督。

根据《招标投标法实施条例》的规定，县级以上地方人民政府发展改革部门指导和协调本行政区域的招标投标工作。县级以上地方人民政府有关部门按照规定的职责分工，对招标投标活动实施监督，依法查处招标投标活动中的违法行为。县级以上地方人民政府对其所属部门有关招标投标活动的监督职责分工另有规定的，从其规定。

财政部门依法对实行招标投标的政府采购工程建设项目的政府采购政策执行情况实施监督。

监察机关依法对于招标投标活动有关的监察对象实施监察。

1.3.6 公共资源交易中心

公共资源交易中心是各地设立的为建设工程招标投标活动提供服务的自收自支事业单位，不是政府监督机构。政府有关部门及其管理机构可以在公共资源交易中心设立服务"窗口"，对建设工程招标投标活动依法实施监督。

国务院办公厅《关于印发整合建立统一的公共资源交易平台工作方案的通知》（国办发〔2015〕63号）要求，2016年6月底前，地方各级政府基本完成公共资源交易平台整合工作。整合分散设立的工程建设项目招标投标、土地使用权和矿业权出让、国有产权交易、政府采购等交易平台，在统一的平台体系上实现信息和资源共享，依法推进公共资源交易高效规范运行。积极有序推进其他公共资源交易纳入统一平台体系。

该文件规定，统一的公共资源交易平台由政府推动建立，坚持公共服务职能定位，实施统一的制度规则、共享的信息系统、规范透明的运行机制，为市场主体、社会公众、行政监管部门等提供综合服务。

2016年，国家发展改革委会同工业和信息化部、财政部、住房城乡建设部等14个部门联合发布《公共资源交易平台管理暂行办法》（国家发展和改革委员会令第39号），该办法第八条明确规定，依法必须招标的工程建设项目招标投标、国有土地使用权和矿业权出让、国有产权交易、政府采购等应当纳入公共资源交易平台。根据相关法律文件规定，各地公共资源交易中心应依法整合纳入本级政府统一设立的公共资源交易平台。

第 2 章 建设工程勘察设计招标采购

2.1 勘察、设计招标采购概述

2.1.1 概述

1. 工程勘察设计概念

（1）工程勘察：是指对工程建设地点的地形、地质、水文、道路条件等进行测绘、勘探测试、查明、分析、评价建设场地的地质地理环境特征和岩土工程条件，编制建设工程勘察文件，为工程设计提供基本资料。

（2）工程设计：是指在批准的场地范围内对拟建工程进行详细规划、布局、设计，以保证实现项目投资的各项经济、技术指标，提供具体详细实施设计文件。

2. 工程勘察设计招标目的

勘察设计是工程建设过程中的关键环节，建设工程进入实施阶段的主要工作就是工程勘察设计招标。勘察设计质量的优劣，对工程建设目标（质量目标、成本目标、进度目标）能否顺利实现起着至关重要的作用。

招标人委托勘察任务的目的是：为项目选址和进行设计工作取得现场的实际依据资料；设计招标的目的是：通过设计竞争，择优确定综合指标最好的方案和设计单位，以达到拟建项目能够采用先进的技术和工艺，降低工程造价，缩短建设周期和提高经济效益。

3. 工程勘察设计招标的特点

（1）工程勘察招标的特点

如果勘察工作仅委托勘察任务并且没有科研要求，委托工作大多属于用常规方法实施的内容（地形图测绘，岩土、水文勘察），可以在招标文件中给出任务的数量指标，如地质勘探的孔位、探眼数量、总钻探进尺长度等。

勘察任务可以单独委托给具有相应资质的勘察单位实施，也可以将其包括在设计招标任务中，采用勘察设计总承包。也就是说，由具有相应能力的设计单位完成或由其选择承担勘察任务的专业勘察分包单位承包。采用勘察设计总承包招标，在合同履行过程中招标人和监理可以减少合同实施过程中可能遇到的各种协调义务，而且能使勘察工作直接根据设计需要进行，满足设计对勘察资料精度、内容和进度的要求，必要时还可以进行补充勘察工作。

（2）工程设计招标的特点

投标人将招标人对项目的设想变为可实施的方案。

招标人在设计招标文件中对投标人所提出的要求比较模糊、各种指标不是很明确具体，只是简单介绍建设项目的实施条件、预期达到的技术经济指标、投资限额、进度要求等。投标人要根据招标条件、现场踏勘资料和相关文件资料，将建设项目的设想变为可实施的初步方案，然后在投标文件中分别报出各自对项目的构思方案、实施计划和设计费用报价。招标人通过开标、评标程序对各方案进行比较，综合评定择优确定中标方案和中标人。

4. 工程勘察设计招标的内容

（1）工程勘察招标的内容

由于工程建设项目的性质、规模、复杂程度以及建设地点的不同，设计前所需的勘察工作也各不相同，主要有下列 8 大类别：自然条件观测、地形图测绘、资源探测、岩土工程勘察、地震安全性评价、工程水文地质勘察、环境评价和环境基底观测、模型试验和科研等。

依据总体方案平面图及设计单位需要的某些技术方面要求，进行勘察纲要的设计及实施。

（2）工程设计招标的工作内容

一般工程项目的设计分为总体规划设计、方案设计（含概念设计）、初步设计和施工图设计等几个阶段进行，对技术复杂而又缺乏经验的项目，在必要时还要增加技术设计阶段。

工程设计招标一般多采用总体规划设计、方案设计（含概念设计）、技术设计招标或施工图设计招标。为了保证设计指导思想连续地贯穿于设计的各个阶段，一般由方案设计（含概念设计）中标的设计单位承担初步设计或施工图设计任务。招标人应依据工程项目的具体特点决定发包的工作范围，可以采用设计全过程总发包的一次性招标，也可以选择分单项或分专业的发包招标。

5. 工程勘察设计招标应具备的条件

按照国家颁布的有关法律、法规，勘察设计招标项目应具备如下条件。

（1）具有经过审批机关批准的项目建议书或可行性研究报告或投资计划。

（2）具有国家规划部门划定的项目建设地点、平面布置图和用地红线图。

（3）具有开展设计必需的可靠的基础资料，包括：建设场地勘测的工程地质、水文地质初步勘测资料或有参考价值的场地附近的工程地质、水文地质详细勘测资料；水、电、燃气、供热、环保、通信、市政道路等方面的基础资料；符合要求的勘测地形图等。

（4）勘察设计所需资金已经落实。

（5）有设计要求的说明等。

上述（2）（3）（5）不作为发布招标公告或投标邀请函的强制要件。

2.2　招标方案

招标方案是一次招标组织实施工作的总体策划，应包括以下基本内容：项目概况、特征与需求分析、招标的内容范围、实施条件、项目质量、进度、价格等需求要素及其目标、招标组织形式和招标方式、合同结构与标段（包）划分、投标人资格条件、招标程序及时间计划、专业力量安排、工作责任分解、招标工作目标与保证措施、可能发生的风险和解决预案等。

2.2.1 工程勘察项目的需求特征

1. 建设工程勘察概念

按照工程建设项目的生命周期四阶段理论，从提出项目概念至质量保修期结束，可以分为前期阶段、准备阶段、实施阶段、运营阶段四个阶段。勘察设计工作属于第二阶段内容，既是第一阶段项目决策的成果体现，又是后一阶段实施的重要依据，其作业水平和工作质量决定了工程建设项目的质量和成效。

建设工程勘察指依据建设工程要求和发包人的委托，收集已有资料、现场踏勘、制订勘察纲要，进行测绘、勘探、取样、试验、测试、检测、监测，编制建设工程勘察文件，查明、分析、评价建设场地的地质地理环境特征和岩土工程条件，为可行性研究、选址、设计、施工等活动提供基础资料和科学依据。

2. 建设工程勘察内容

建设工程勘察内容依据工作性质可以分为通用工程勘察内容和专业工程勘察内容两类。通用工程勘察内容包括：工程测量、岩土工程勘察、岩土工程设计与检测监测、水文地质勘察、工程水文气象勘察、工程物探、室内试验等。专业工程勘察内容则包括不同的建设工程行业，如煤炭、水利水电、电力、长输管道、铁路、公路、通信、海洋工程等。

建设工程勘察内容依据工作地点可以分为外业工作内容和内业工作内容。外业工作内容指应在工程现场实施的各项作业，如工程测量、地质测绘、岩土工程勘探、原位测试、现场踏勘、现场取样、现场检验、现场检测、现场监测等。内业工作内容指应在室内实施的各项作业，如收集已有资料、室内试验、室内检验、室内检测、技术分析、编制勘察纲要、编制工程勘察文件等。

3. 建设工程勘察阶段划分

工程建设行业不同，相应的岩土工程勘察阶段亦略有不同。《岩土工程勘察规范》（GB 50021—2001）规定，房屋建筑与构筑物（建筑物）、地下洞室、废弃物处理工程可以分为可行性研究勘察、初步勘察、详细勘察和施工勘察等4个阶段；长距离输油、输气管道工程可以分为选线勘察、初步勘察和详细勘察等3个阶段，核电站工程则可分为初步可行性研究勘察、可行性研究勘察、初步设计勘察、施工图设计勘察和工程建造勘察等5个勘察阶段。

可行性研究勘察应当符合场址方案选择的要求，并对场地的稳定性和适宜性作出评价；初步勘察应当符合初步设计的要求，并对场地内拟建建筑物地段的稳定性作出评价；详细勘察应当符合施工图设计的要求，按照单体建筑物或建筑群提出岩土工程资料和设计、施工所需的岩土参数，并对建筑地基作出岩土工程评价和相关建议；施工勘察则在基坑开挖后，对与勘察资料不符的岩土条件或须查明的异常情况进行勘察。

4. 建设工程勘察特点

建设工程勘察作为建设工程行业的准备阶段，为工程设计、施工等提供基础条件和原始资料，其招标工作需要较早启动。工程勘察鉴于其工作性质，既有服务类项目的基本特点，又有施工类项目的部分特点。工程勘察招标具有服务类项目的基本特点，即标的物是中标人提供的无形服务，而非工程或者货物等有形物体。由于服务无形，难以按照标准产品进行量化生产，所以每项服务均有其自身特性，具有不可复制性。

工程勘察的外业勘探工作比重较大，需要组织数量不等的工人和机械设备在工程现场钻孔取样、物探、开挖探井等，具有施工类项目的特点，涉及工程质量、安全生产、施工文明、环境保护等要素。

5. 工程勘察的影响作用

工程勘察的费用虽小，但对整个工程项目的质量、工期和投资具有重要影响。如果所提供的设计参数、岩土条件或者勘察成果稍有差池，极有可能引起设计、施工质量安全事故和经济损失。

2.2.2 工程设计项目的需求特征

1. 建设工程设计概念

建设工程设计指依据建设工程要求和发包人委托内容，运用工程技术理论及技术经济方法，为工程建设项目功能布局、组合、造型、结构、构造、生产工艺流程、材料设备选型、周围环境的相互关系等进行分析研究，编制方案设计、初步设计文件、施工图设计文件、非标准设备设计文件、施工图预算文件、竣工图文件等，为建设项目实施提供依据。

2. 建设工程设计内容

根据工程建设行业不同，建设工程设计分为建筑、市政、公路、铁路、港口与航道行业、民航、水利、电力、煤炭、冶金建材、化工石化医药、电子通信广电、机械军工、轻纺农林商物粮共计14个行业。

建设工程设计内容包括建设工程项目的主体工程和配套工程，包括厂（矿）区内的自备电站、道路、专用铁路、通信、各种管网管线和配套的建筑物等全部配套工程，以及与主体工程、配套工程相关的工艺、土木、建筑、环境保护、水土保持、消防、安全、卫生、节能、防雷、抗震、照明工程等。

以建筑行业为例，建筑工程设计内容包括建筑物设计、构筑物设计、室外工程设计、民用建筑修建的地下工程设计及住宅小区、工厂前区、工厂生活区、小区规划设计及单体设计等，以及所包含的相关专业设计内容，如总平面布置、竖向设计、各类管网管线设计、景观设计、室内外环境设计、建筑装饰、道路、消防、智能安保、通信、防雷、人防、供配电、照明、废水治理、空调设施、抗震加固等设计。

3. 建设工程设计阶段划分

（1）设计阶段分类。建设工程设计按照工程进展分阶段实施，依据《建设工程勘察设计管理条例》的相关规定，工程设计阶段一般分为方案设计、初步设计和施工图设计三个阶段。大型基础设施、复杂工业项目等工程在方案设计之前通常进行可行性研究，必要时进行预可行性研究，并在初步设计和施工图设计之间增加扩大初步设计或者招标设计阶段。

由于行业不同和惯例差异，工程设计的阶段划分不同，大部分行业的设计阶段起始于总体设计或者方案设计，终结于施工图设计。某些行业如煤炭、电力行业，将其设计阶段向前延伸，规定预可行性研究报告、可行性研究报告归入设计阶段；某些行业如海洋行业，则将设计阶段向后延伸，规定设计阶段包括生产设计、完工设计等后期工作。

不同行业对于设计阶段的划分差异较大，例如水利行业工程设计分为三个阶段，即预可行性研究、可行性研究、招标设计和施工图设计，其招标设计阶段相当于建筑行业的初步设计阶段；机械行业设计分为三个阶段，即方案设计、技术设计和施工图设计；铁道行业设计则分为两个阶段，即初步设计和施工图设计。

(2) 设计阶段划分表。根据工程建设行业不同，建设工程设计共分为 14 个行业，每个行业的设计阶段各不相同，具体划分情况参见表 2-1。

表 2-1　建设工程设计阶段划分表

序号	行业	预可行性研究报告	可行性研究报告	总体设计	方案设计	初步设计	技术设计	招标设计	施工图设计
1	建筑				★	★			★
2	市政				★	★			★
3	公路				★	★			★
4	铁路					★			★
5	港口与航道行业				★	★			★
6	民航		★			★			★
7	水利		★			★	★		★
8	电力	★	★			★			★
9	煤炭	★	★			★			★
10	冶金建材		★			★	★		★
11	化工石化医药		★	★		★			★
12	电子通信广电		★			★	★		★
13	机械军工		★		★	★			★
14	轻纺农林商物粮				★	★			★

关于建设工程设计阶段划分表（表 2-1）的标注说明：

① 化工、石油、冶金行业：一般分为初步设计（或基础设计）和施工图设计两个阶段；对于技术比较复杂又缺乏设计经验的项目，增加技术设计阶段。

② 电力行业中发电工程设计阶段划分为初步可行性研究、可行性研究、初步设计、施工图设计阶段，330kV 送变电、220kV 枢纽变电、跨网省的变电工程设计阶段分为可行性研究、初步设计、施工图设计阶段，220kV 送变电分为初步设计、施工图设计阶段。

③ 军工行业如航天器设计通常分为可行性研究、方案设计、初样设计和正样设计

阶段。初样设计类似于初步设计阶段，正样设计类似于施工图设计阶段。

④ 机械行业设计一般分为计划阶段、方案设计、技术设计、技术文件编制等阶段。技术文件编制类似于施工图设计阶段。

⑤ 公路行业一般采用两阶段设计，即初步设计和施工图设计。对于技术简单、方案明确的小型建设项目，可采用一阶段施工图设计；技术复杂、基础资料缺乏和不足的建设项目或建设项目中的特大桥、长隧道、大型地质灾害治理等，必要时采用三阶段设计，即初步设计、技术设计和施工图设计。

⑥ 民航行业建设程序一般包括：新建机场选址、项目建议书、可行性研究、总体规划、初步设计、施工图设计、建设实施、验收及竣工财务决算等，其中设计阶段包括初步设计、施工图设计等阶段。

⑦ 建筑行业设计一般划分为方案设计、初步设计和施工图设计三个阶段。技术要求简单的民用建筑工程经有关建设主管部门同意，设计委托合同可以约定方案设计审批后直接进入施工图设计，即简化成两阶段设计。

(3) 设计阶段概念。依据《建设工程勘察设计管理条例》和工程设计各类规范标准，从其工作内容、工作要求和成果深度而言，各个设计阶段的概念如下：

方案设计阶段是将可行性研究中提出的意见和问题，经与发包人协商认可后进行完善，提出建设项目的具体方案设计，并应满足编制初步设计文件和控制概算的需要。

初步设计阶段是工程建设项目的宏观设计，包括总体设计、布局设计、主要的工艺流程、设备的选型和安装设计、土建工程量、投资概算等，应当满足编制施工招标文件、主要设备材料订货和编制施工图设计文件的需要。

施工图设计阶段是根据批准的初步设计，绘制出正确、完整和尽可能详细的建筑、安装图纸，包括部分工程的详图，零部件结构明细表、验收标准、方法，施工图预算等，应当满足设备材料采购、非标准设备制作和施工的需要，并应注明建设工程合理使用年限。

除了上述设计阶段划分方式之外，部分行业例如化工行业、石油行业等也可将工程设计阶段划分为概念设计、基础设计、详细设计等阶段，军工行业分为方案设计、初样设计和正样设计阶段，海洋行业则可分为初步设计、详细设计、生产设计和完工设计等阶段。

与建筑行业的各个设计阶段相比，从设计内容和设计深度而言，概念设计类似于建筑行业的方案设计，基础设计、初样设计类似于建筑行业的初步设计，详细设计、正样设计类似于建筑行业的施工图设计，生产设计类似于建筑行业的施工深化设计，完工设计则类似于建筑行业的竣工图设计等。

(4) 各个阶段的设计要求。依据《民用建筑设计统一标准》（GB 50352—2019）、《建筑工程设计文件编制深度规定》（建质函〔2016〕247号）、《建筑工程方案设计招标投标管理办法》（建市〔2008〕63号）等规定，工程设计各个阶段的设计要求如下：

① 方案设计阶段。根据设计条件和设计深度的不同，方案设计可以分为概念性方案设计和实施性方案设计。其中，概念性方案设计是项目可行性研究的组成部分，为研究确定工程建设项目功能布局、规模、标准、建筑艺术造型、交通、环境、总体规划、投资估算指标等技术方案和满足城市规划要求所需的设计程序；实施性方案设计是依据

项目可行性研究报告确定的技术方案框架范围，为确定和细化工程建设项目功能布局、规划、结构造型、材料设备、制作建筑模型、技术经济指标等主要功能特征和实施技术特征的设计程序。

方案设计文件一般包括设计说明书（含各专业设计说明及投资估算的内容）、总平面图、建筑设计图纸，以及设计合同约定的透视图、鸟瞰图、模型等。

方案设计文件的内容和深度应该满足办理工程建设项目审批、规划、土地、环保等有关手续和编制初步设计文件的需要。

② 初步设计阶段。初步设计根据项目可行性研究报告、设计合同、工程勘察报告等通过系统、深入的研究论证，决定和细化工程建设项目功能、规模、标准和实施技术方案的设计程序，包括总体规划、功能布局（生产工艺流程）、平面和竖向布置、建筑、结构、交通、绿化、消防、人防、抗震、给排水、电气、暖通、节能环保等专项主要设计和主要材料设备标准规格，以及工程设计概算与技术经济指标。

初步设计阶段的设计文件包括设计说明书，含设计总说明、各专业设计说明，有关专业的设计图纸，主要设备或材料表，工程概算书，有关专业计算书等。

初步设计阶段的内容和深度应当满足编制施工招标文件、主要设备材料订货和编制施工图设计文件的需要。复杂、大型工程在初步设计之前应根据设计需要进行特殊试验与设计，如风洞试验、振动台试验、地基工程试验、超限设计的性能分析等，以取得特殊的技术参数用以支持和完善工程初步设计。

③ 施工图设计阶段。施工设计图纸是指导工程施工，为工程施工提供操作依据的详细技术文件。施工图设计阶段的设计文件包括合同要求所涉及的所有专业设计图纸，含图纸目录、说明，必要的设备、材料表，合同要求的工程预算书，各专业计算书。专业设计图纸一般包括总平面、建筑、结构、建筑电气、给水排水、采暖通风与空气调节、热能动力、预算等。

施工图设计阶段的内容和深度应当满足设备材料采购、非标准设备制作和施工的需要，并应注明建设工程合理使用年限。如果施工图设计工作由两个以上设计人分别承担，相互关联处的接口设计深度应当满足各设计人的相互衔接设计需要。

4. 建设工程设计指标

建设工程各个行业的设计功能、规模标准等技术经济指标各不相同。以建筑工程为例，说明体现建筑工程特点的各项技术经济指标。

（1）设计功能定位要求。工程建设项目设计功能定位是指按照项目发包人的需求，结合城市规划、环境管理等有关规定对项目功能用途、使用要求、总平面布置、竖向设计、交通组织、景观绿化、环境保护、建筑立面造型、建筑控制高度等提出的定性和定量的设计要求。

（2）规模和设计标准。反映工程建设规模的指标有：总建筑面积、总投资、容纳人数、住宅建筑的套型、套数及每套的建筑面积、使用面积，宾馆建筑中的客房数和床位数，医院建筑中的门诊人次和病床数等规模指标；反映设计标准的指标包括工程等级、结构的设计使用年限、耐火等级、装修标准等。

（3）技术经济性指标。技术经济性指标有：总用地面积，总建筑面积及各分项建筑面积（包括地上和地下），建筑基底总面积，绿地总面积，容积率，建筑密度，绿地率，停车泊位数(室内外和地上、地下),主要建筑或核心建筑的层数、层高和总高度等指标。工程建设项目的技术经济性指标应该符合行业或区域的设计规范和标准。

(4)造价指标。反映工程建设项目造价的指标有:工程建设项目投资估算、概算、预算,建筑工程单位面积造价指标,单位功能造价指标等。

5. 建设工程设计特点

建设工程设计作为建设工程行业的准备阶段,为发包人提供专业的设计服务,具有服务类项目的典型特点。同工程勘察一样,工程设计标的物是中标人提供的无形服务,而非工程或者货物等有形物体。设计人根据发包人委托提供相应的设计服务,从工作内容、设计要求、服务方式、实施周期等方面而言,每一工程建设项目的设计服务均不相同,具有不可复制性。

6. 工程设计的影响作用

国内外研究分析证明,工程设计费虽然一般只占工程总投资的3%～10%,但对工程建设项目的功能定位、规模标准、质量、造价等具有决定性作用,对工程造价实际影响程度最高能够达到75%。

工程设计的不同阶段对于工程质量、造价的影响程度不一。工程设计初期,对整个工程建设项目的功能定位、规模标准、质量、工期和投资具有决定性作用。随着工程设计的逐步深入和细化,工程设计方案优化调整的可能性减小,对工程建设目标的影响也会随之减弱。施工图设计开始之后,工程设计再行调整方案将对设计和施工造成消极影响,严重者甚至造成工程返工或者停工,产生重大工程损失。

为了提高投资效益,建设工程设计应当实行限额设计方法。限额设计以批准的可行性研究报告和投资估算为限额,控制方案设计和初步设计;以批准的初步设计及工程概算为限额,优化施工图设计。

各设计阶段、设计专业应在保证工程建设项目使用功能定位、质量和安全的前提下,按照相应的投资限额严格控制设计水准,利用价值工程优化设计方案,促进新技术、新工艺、新设备、新材料的运用,控制或降低工程投资数额,从而提高投资效益。因此,建设工程设计招标文件通常列出工程投资限额,作为投标人和中标人优化工程设计的目标依据。

7. 知识产权

知识产权指人们对其智力劳动成果所依法享有的专有权利,限于一定的时间跨度之内。工程设计属于知识密集的智力服务,其知识产权一般归设计人所有,但发包人有权使用,双方亦可约定权属;权属如归发包人所有,双方应当签署知识产权转让协议,并按约定支付相应的转让费用。

2.3 资格审查

本章节所述资格审查系指资格预审,资格后审内容将在后面的章节中作详细讲解。

资格审查是指招标人对资格预审申请人或投标人的企业资格、专业资质、专业人员、财务状况、技术能力、管理能力、业绩、信誉等方面评估审查,以判定其是否具有参与项目投标和履行合同的资格及能力的活动。资格审查既是招标人的权利，也是招标项目的重要程序，它对于保障招标人和投标人的利益具有重要作用。

公开招标一般是由招标单位通过国家规定报刊、网站或其他媒介发布勘察设计招标的"资格预审公告"或"勘察设计招标公告"，要求投标申请单位按公告中的规定递交资格预审申请文件。资格预审评审后，招标单位以书面形式（如信函、传真、电子邮件等）将各投标单位的资审结果单独通知该投标申请单位，并向所有资审合格单位发出投标邀请函。

2.3.1 资格预审内容

为了通过资格预审并为以后的投标、中标创造条件，投标申请人应按要求向招标人提供符合条件的资料，证明本单位具备合格性，有充分的能力和条件有效地履行合同。为此，所有申请参加资格预审的投标人必须提交下述资料。

（1）工程勘察设计证书、工商营业执照等的复印件。

（2）申请单位的简况。包括：单位名称、地址、上级主管部门；设计单位成立时间、注册资金、职工总数、各类技术人员的数量、主要管理和技术人员的职称、年龄、专业等；用于勘察的仪器、设备情况；设计单位营业情况总体概述。

（3）近五年（或按资审文件规定年限）已投产或使用的设计项目的情况。包括工程名称、建设地点、建设单位、工程规模、投产或使用的时间、项目生产或使用的概括说明。

（4）近五年（或按资审文件规定的年限）完成的类似设计项目以及正在进行的设计项目情况。包括工程名称、建设地点、建设单位、工程规模、设计阶段或设计已完成后的施工进度进展情况等。

（5）近三年（或按资审文件规定年限）设计质量事故及处理结果。

（6）近三年（或按资审文件规定年限）公司的财务状况。包括：资产总额及其中固定资产与流动资产额，负债总额及其中长期负债与流动负债额，年均营业额、公司的损益表，下一年度财务预算表等。

（7）近三年介入的诉讼及仲裁情况。

2.3.2 工程勘察投标资格

1. 工程勘察资质的设定

根据《建设工程勘察设计管理条例》相关规定，国家对从事建设工程勘察活动的单位，实行资质管理制度。建设工程勘察单位应当在其资质等级许可的范围内承揽建设工程勘察业务。

根据住房城乡建设部于2013年1月印发的《工程勘察资质标准》（建市〔2013〕9号），《建设工程企业资质管理制度改革方案》（建市〔2020〕94号）和《国务院关于深化"证照分离"改革进一步激发市场主体发展活力的通知》（国发〔2021〕7号）规定，工程勘察资质保留综合资质；将4类专业资质及劳务资质整合为岩土工程、工程测量、勘探测试等3类专业资质。综合资质不分等级，专业资质等级压减为甲、乙两级。

2. 项目负责人资格

项目负责人一般应当具有相应专业的学历、一定年限的工作经历和中高级职称，具有一项或者数项类似项目的工作业绩等。为了保证项目负责人具有工程勘察成果文件的签字资格，招标人可以规定项目负责人应当具有工程勘察类的注册工程师执业资格，如注册土木工程师（岩土）等。依据《建设工程勘察设计管理条例》相关规定，国家对从事建设工程勘察活动的专业技术人员实行执业资格注册管理制度。建设工程勘察注册执业人员和其他专业人员只能受聘于一个单位；未受聘于建设工程勘察单位的，不得从事建设工程的勘察活动。

3. 投标人信用

为全面贯彻落实九部门联合印发的《关于在招标投标活动中对失信被执行人实施联合惩戒的通知》（法〔2016〕285号）和《住房城乡建设部办公厅关于印发失信被执行人信用监督、警示和惩戒机制建设分工方案的通知》，经"信用中国"网站或各级信用信息共享平台查询投标人是否为失信被执行人，并采取必要方式做好失信被执行人信息查询记录和证据留存。

4. 投标人限制情形

与招标人存在利害关系可能影响招标公正性的法人、其他组织或者个人，不得参加投标。单位负责人为同一人或者存在控股、管理关系的不同单位，不得参加同一标段投标或者未划分标段的同一招标项目投标（联合体内各成员之间不受本条限制）。

2.3.3 工程设计投标资格

1. 工程设计资质的设定

根据《建设工程勘察设计管理条例》相关规定，国家对从事建设工程设计活动的单位实行资质管理制度。建设工程设计单位应当在其资质等级许可的范围内承揽建设工程设计业务。

根据《工程设计资质标准》（建市〔2007〕86号），《建设工程企业资质管理制度改革方案》（建市〔2020〕94号）和《国务院关于深化"证照分离"改革进一步激发市场主体发展活力的通知》（国发〔2021〕7号）规定，保留综合资质；将21类行业资质整合为14类行业资质；将151类专业资质、8类专项资质、3类事务所资质整合为70类专业和事务所资质。综合资质、事务所资质不分等级；行业资质、专业资质等级原则上压减为甲、乙两级（部分资质只设甲级）。

工程设计综合资质可以承接各行业、各等级的建设工程设计业务，其规模不受限制。

工程设计行业资质可以承接相应行业相应等级（含以下等级）的工程设计业务，以及本行业范围内同级别的相应专业、专项（设计施工一体化资质除外）工程设计业务。工程设计专业资质可以承接本专业相应等级（含以下等级）的专业工程设计业务，以及同级别的相应专项工程设计业务（设计施工一体化资质除外）。工程设计专项资质可以承接本专项相应等级的专项工程设计业务。

外国企业在境内从事工程设计时，按照相关规定可以自身名义进行方案设计，但在进行初步设计、施工图设计时，应当与中方设计企业合作并在中方设计资质范围内进行中外合作设计。外国企业参加工程设计投标时，应当提供所在国政府主管部门或者有关行业组织核发的设计许可证明、与中方设计企业合作设计的意向书等。

2. 项目负责人资格

依据《建设工程勘察设计管理条例》相关规定，国家对从事建设工程设计活动的专业技术人员实行执业资格注册管理制度。建设工程设计注册执业人员和其他专业人员只能受聘于一个设计单位；未受聘于建设工程设计单位的，不得从事建设工程的设计活动。项目负责人一般应当具有注册建筑师、注册结构工程师或其他相应专业注册工程师等执业资格；对于设备类为主的设计项目，项目负责人应当具有注册公用设备工程师等执业资格。

3. 投标人信用

为全面贯彻落实九部门联合印发的《关于在招标投标活动中对失信被执行人实施联合惩戒的通知》（法〔2016〕285号）和《住房城乡建设部办公厅关于印发失信被执行人信用监督、警示和惩戒机制建设分工方案的通知》，经"信用中国"网站或各级信用信息共享平台查询投标人是否为失信被执行人，并采取必要方式做好失信被执行人信息查询记录和证据留存。

4. 投标人限制情形

与招标人存在利害关系可能影响招标公正性的法人、其他组织或者个人，不得参加投标。单位负责人为同一人或者存在控股、管理关系的不同单位，不得参加同一标段投标或者未划分标段的同一招标项目投标（联合体内各成员之间不受本条限制）。

2.4 招标文件

招标文件是招标人向潜在投标人发出并告知项目需求、招标投标活动规则和合同条件等信息的要约邀请文件，是项目招标投标活动的主要依据，对招标投标活动各方均具有法律约束力。

2.4.1 工程勘察招标文件编制

1. 招标文件的主要内容

建设工程勘察招标文件一般包括招标公告或投标邀请书、投标人须知、评标方法、合同条款及格式、发包人要求、投标文件格式和实物工作量清单等。

招标人自行决定是否编制实物工作量清单。如果勘察项目技术简单、要求规范、采用固定总价计价，招标人可不提供实物工作量清单；反之，招标人应提供实物工作量清单，以便投标人按照统一的标准竞争报价。

2. 招标公告或投标邀请书

招标公告或投标邀请书的内容与工程施工招标项目基本相同。投标人的资格条件包括投标人应具有的勘察资质、项目负责人资格、投标人信用、投标人限制情形。

3. 投标人须知

投标人须知的内容与工程施工招标项目基本相同。不同之处是增加了前一阶段的勘察成果、勘察人员要求、项目工作周期节点等详细内容。

4. 评标方法

勘察招标的评标一般采用综合评估法。评标因素包括投标人的业绩、信誉、勘察设计人员能力、勘察纲要等。

5. 合同条款及格式

工程勘察合同现行示范文本为《建设工程勘察合同（示范文本）》(GF—2016—0203)，适用于岩土工程勘察、水文地质勘察（含凿井）工程测量、工程物探、岩土工程设计、监理、监测等勘察业务。

工程勘察的合同示范文本由合同协议书、通用合同条款和专用合同条款组成。另外，根据项目管理需要，将中标通知书、履约担保、廉政责任书、安全生产责任书等作为合同的组成部分。

工程勘察由于外业勘探比重较大，为了保证作业安全，招标人可以要求勘察人签订安全生产责任书，并应采取切实有效的安全预防措施开展工程勘察。安全生产责任书一般约定，如果由于勘察人的原因造成场地周边设施损坏、行人遭受安全侵害等，应由勘察人承担责任及相应费用。

6. 发包人要求

发包人要求应尽可能清晰准确，对于可以进行定量评估的工作，发包人要求不仅应明确规定其功能、用途、质量、环境、安全，并且要规定偏差的范围和计算方法，以及检验、试验、试运行的具体要求。对于勘察人负责提供的有关服务，在发包人要求中应一并明确规定。

发包人要求通常包括但不限于以下内容：勘察要求、适用规范标准、成果文件要求、发包人财产清单（包含发包人提供的设备、设施，发包人提供的资料，发包人财产使用要求及退还要求）、发包人提供的便利条件、勘察人需要自备的工作条件、发包人的其他要求等。

7. 投标文件格式

投标文件格式包括资格审查部分、资信标部分、技术标部分、商务标部分。商务部分与其他招标项目基本相同。

资格审查部分主要是投标人资质、项目负责人资格、投标人信用、投标人限制情形等。

资信标部分主要是基本情况表、近年财务状况表、近年完成的类似项目情况表、正在勘察和新承接的项目情况表、近年发生的诉讼及仲裁情况、拟委任的主要人员汇总表、主要人员简历表、拟投入本项目的主要勘察设备表等。

技术标部分主要是建设工程勘察纲要，包括适用的强制性标准、初步勘察方案、详细勘察方案、外业勘探方案、质量体系及保证措施、安全保证措施、进度保证措施、勘察服务措施、勘察成果文件组成、勘察工作周期、勘察服务承诺和建议书、勘察分包意向书等。

商务标部分主要是投标函及其附录、勘察费用报价表、实物工作量报价单。

8. 实物工作量清单

实物工作量清单由招标人或者设计单位根据图纸和工程勘察规范标准编制；投标人按照实物工作量清单进行报价。

2.4.2 工程设计招标文件编制

1. 招标文件的主要内容

工程设计招标文件一般包括招标公告或投标邀请书、投标人须知、评标方法、合同条款及格式、发包人要求、投标文件格式等。

2. 招标公告或投标邀请书

招标公告或投标邀请书的内容与工程施工招标项目基本相同。投标人的资格条件包括投标人应具有的设计资质、项目负责人资格、投标人信用、投标人限制情形等。

工程方案设计招标一般对投标人进行经济补偿。工程建设招标无论是否给予投标人补偿，招标人均应在招标公告或投标邀请书中明示；如果给予补偿，招标人则应明示投标经济补偿给予的范围和相应金额。

3. 投标人须知

投标人须知的内容与工程施工招标项目基本相同。工程设计项目特有的内容有：设计承包模式、投标补偿费用、效果图要求、设计方案知识产权、建设工程设计责任保险和投标文件编制时间等。

4. 评标方法

设计招标的评标一般采取综合评估法。评标要素包括投标人的业绩、信誉、设计人员能力、设计方案等。

综合评估法是设计招标最为常见的评标方法。综合评估法适用于评审因素具体明确、变动因素较小的招标项目，一定程度上能够约束评标委员会的自由裁量权，但其缺陷是过于机械，通过层层打分获得最高分数的投标方案，实际结果可能不是最理想的方案。

评标方法和标准应当反映招标人对投标人及其某些设计要素、设计能力、设计水平的关注程度。一般而言，评审因素包括技术因素、商务因素和经济因素三个方面，技术因素（包括投标人的技术能力和项目设计方案的生产工艺、功能、人文、环境、投资额等因素）或投标人商务因素是设计招标的评审重点，所占分值权重较高，但设计费用本身的经济因素不是施工图设计招标的评审重点，所占分值相对较低，一般宜控制在20%以内。对于方案设计招标而言，评审重点一般为技术因素，可以忽略设计费用的经济因素，对于施工图设计招标而言，评审重点则为技术因素和商务因素并重。

5. 合同条款及格式

工程设计合同现行示范文本为《建设工程设计合同示范文本（房屋建筑工程）》（GF—2015—0209）、《建设工程设计合同示范文本（专业建设工程）》（GF—2015—

0210),适用于房屋建筑工程、专业建设工程等各项设计业务。

工程设计的合同示范文本由合同协议书、通用合同条款和专用合同条款组成。另外,根据项目管理需要,将中标通知书、履约担保、廉政责任书、安全生产责任书等作为合同的组成部分。

6. 发包人要求

发包人要求应尽可能清晰准确,对于可以进行定量评估的工作,发包人要求不仅应明确规定其功能、用途、质量、环境、安全,并且要规定偏差的范围和计算方法,以及检验、试验、试运行的具体要求。对于设计人负责提供的有关服务,在发包人要求中应一并明确规定。

发包人要求通常包括但不限于以下内容:设计要求、适用规范标准、成果文件要求、发包人财产清单、发包人提供的设备设施、发包人提供的资料、发包人财产使用要求及退还要求、发包人提供的便利条件、设计人需要自备的工作条件、发包人的其他要求等。

7. 投标文件格式

投标文件格式包括资格审查部分、资信标部分、技术标部分、商务标部分。商务部分与其他招标项目基本相同,不再赘述。

资格审查部分主要是投标人资质、项目负责人资格、投标人信用、投标人限制情形等。

资信标部分主要是基本情况表、近年财务状况表、近年完成的类似项目情况表、正在设计和新承接的项目情况表、近年发生的诉讼及仲裁情况、拟委任的主要人员汇总表、主要人员简历表等。

技术标部分主要是项目设计总体说明、各项专业设计说明(包括工艺说明)、主要经济技术指标表、工程投资估算书、分项投资估算表、技术论证书、设备选型建议、方案设计图纸、展板、多媒体文件、模型、设计工作周期、设计服务承诺和建议书、设计分包或咨询顾问意向书、投标设计方案版权声明等。

商务标部分主要是投标函及其附录、设计费用报价表和分项报价表。

8. 基础资料

建设工程设计招标文件应当提供编制投标文件所需的各项基础性资料,由招标人收集完成,一般包括附件、附图如下:

(1)已批准的工程可行性研究报告或项目建议书;

(2)可供参考的工程地质、水文地质、工程测量等建设场地勘察成果报告;

(3)供水、供电、供气、供热、环保、市政道路等方面的基础资料;

(4)城市规划行政管理部门确定的规划控制条件;

(5)区位关系图、用地红线图、用地周边规划图、用地区域周边道路图、交通规划图、用地周边市政规划图等。

2.5 投标文件

投标是与招标相对应的概念,是指投标人应招标人的邀请,按照招标文件的要求提交投标文件参与投标竞争的行为。

投标文件是投标人根据招标文件的要求编制的响应性文件，一般由资格审查文件、资信标文件、技术标文件和商务标文件四部分组成。投标文件是投标人向招标人发出的要约文件，也是评标委员会对投标人和投标方案进行评审的依据。

2.5.1 工程勘察项目投标文件的组成

通常按照招标文件提供的格式编制投标文件，一般包括下列内容：

第一部分 资格审查文件

 1. 企业营业执照

 2. 企业资质证书

 3. 项目负责人证件

 4. 投标人信用证明材料

 5. 联合体协议书（如果有）

 6. 投标人法人资格证明授权委托人证明文件（含身份证明文件）

 7. 投标保证金缴纳情况证明文件

第二部分 资信标文件

 1. 投标人基本情况表

 2. 近年财务状况表

 3. 近年完成的类似项目情况表

 4. 正在勘察和新承接的项目情况表

 5. 近年发生的诉讼及仲裁情况

 6. 拟委任的主要人员汇总表及人员简历

 7. 拟投入本项目的主要勘察设备表

第三部分 技术标文件

勘察纲要包括（但不限于）下列内容：

 1. 勘察工程概况

 2. 勘察范围、勘察内容

 3. 勘察依据、勘察工作目标

 4. 勘察机构设置（框图）、岗位职责

 5. 勘察说明和勘察方案

 6. 拟投入的勘察人员、勘察设备

 7. 勘察质量、进度、保密等保证措施

 8. 勘察安全保证措施

 9. 勘察工作重点、难点分析

 10. 对本工程勘察的合理化建议

第四部分 商务标文件

 1. 投标函及其附录

 2. 勘察费用清单

2.5.2 工程设计项目投标文件的组成

通常按照招标文件提供的格式编制投标文件，一般包括下列内容。

第一部分 资格审查文件
1. 企业营业执照
2. 企业资质证书
3. 项目负责人证件
4. 投标人信用证明材料
5. 联合体协议书（如果有）
6. 投标人法人资格证明授权委托人证明文件（含身份证明文件）
7. 投标保证金缴纳情况证明文件

第二部分 资信标文件
1. 投标人基本情况表
2. 近年财务状况表
3. 近年完成的类似项目情况表
4. 正在设计和新承接的项目情况表
5. 近年发生的诉讼及仲裁情况
6. 拟委任的主要人员汇总表及人员简历

第三部分 技术标文件
设计方案包括（但不限于）下列内容：
1. 设计工程概况
2. 设计范围、设计内容
3. 设计依据、设计工作目标
4. 设计机构设置（框图）、岗位职责
5. 设计说明和设计方案
6. 拟投入的设计人员
7. 设计质量、进度、保密等保证措施
8. 设计安全保证措施
9. 设计工作重点、难点分析
10. 对本工程设计的合理化建议

第四部分 商务标文件
1. 投标函及其附录
2. 具有标价的勘察费用清单

2.6 开标与评标

开标是招投标活动中的一项重要程序。招标人应当在投标截止时间的同一时间和招标文件规定的开标地点组织公开开标会议，公布投标人名称、投标价格以及招标文件规定的其他唱标内容，并将相关情况记录在案，使招标投标当事人了解、确认并监督各投标文件的关键信息。开标是招标投标活动中公开原则的重要体现。

评标由招标人依法组建的评标委员会负责，评标委员会应当按照招标文件确定的评标标准和方法对投标文件进行评审。

2.6.1 工程勘察项目的初步评审

工程勘察招标项目的初步评审内容分为形式评审、资格性评审和响应性评审。

1. 形式评审

包括投标人名称、投标函及投标函附录签字盖章、投标文件格式、联合投标人、备选投标方案。

2. 资格性评审

包括资格审查标准，要素包括：营业执照、资质要求、财务要求、业绩要求、信誉要求、项目负责人、其他主要人员、勘察设备、其他要求、联合体投标人、不存在禁止投标的情形。

3. 响应性评审

投标报价、投标内容、勘察服务期限、投标有效期、投标保证金、权利义务、勘察纲要等。

工程勘察招标项目初步评审过程中，任何一项评审不合格的应作否决投标处理。

2.6.2 工程设计项目的初步评审

工程设计招标项目的初步评审内容分为形式评审和响应性评审，具体审查内容详见表2-2。

表2-2 工程设计项目初步评审内容一览表

评审方式	评审因素	评审标准
形式评审	投标人名称	与营业执照、资质证书一致
	投标函签字盖章	投标函应有单位盖章或法定代表人或法定代表人授权的代理人签字或盖章
	投标文件格式	投标文件应按投标人规定的格式填写
	投标文件内容	内容应齐全，关键字迹应清晰、易于辨认
	报价唯一	不得提交两份或多份内容不同的投标文件，对同一招标项目只能有一个报价
	……	……
响应性评审	投标内容	与招标范围一致
	设计工期	符合"投标人须知"规定
	设计质量	符合"投标人须知"规定
	投标有效期	符合"投标人须知"规定
	投标保证金	符合"投标人须知"规定
	……	……

工程设计招标项目初步评审过程中,任何一项评审不合格的应作否决投标处理。

2.6.3 工程勘察项目的详细评审

工程勘察项目的详细评审因素包括技术部分、资信部分、商务报价部分三个方面。

1. 技术部分

一般包括勘察依据、勘察方案、外业勘探措施、质量保证措施、安全保证措施、进度保证措施、勘察服务承诺、勘察工作周期、成果文件清单等内容。

2. 资信部分

一般包括类似项目勘察业绩、勘察团队组成、人员资格资历、质量管理体系、投入技术装备等内容。

3. 商务报价部分

一般是指工程勘察费的报价竞争。工程勘察费实行市场调节价,投标人不宜采用恶意低价等竞争策略抢占市场,应依据企业自身成本参考相关规定合理报价,以利于中标后勘察合同的顺利履行。

工程勘察项目在技术、资信、商务报价部分评审完成后,将三部分的标准得分按照招标文件规定的权重折算成为加权得分,即为该投标人的综合得分。

2.6.4 工程设计项目的详细评审

工程设计项目的详细评审因素包括技术部分、资信部分、商务报价部分三个方面。

1. 技术部分

一般包括项目规划设计指标、总平面布局、工艺流程及功能分区、建筑创意造型、交通和结构、主要技术经济指标、机电设计、技术先进实用性、环保和节能、可实施性和可持续发展、设计服务承诺、设计工作周期等内容。

2. 资信部分

一般包括类似项目设计业绩、设计团队组成、人员资格资历、质量管理体系等内容。

对于施工图设计招标而言,商务因素应当重点评审,原因如下:由于方案设计和初步设计工作已经完成,施工图设计的工作内容主要为绘制正确、完整和尽可能详细的建筑、安装图纸,包括部分工程的详图、零部件结构明细表、验收标准、方法、施工图预算等,对于设计人员要求较高,需要重点评审团队组成、人员资格等。

3. 商务报价部分

一般是指工程设计费的报价竞争。工程设计费实行市场调节价,价格放开竞争。但投标人不宜采用恶意低价等竞争策略抢占市场,应依据企业自身成本参考相关规定合理报价,以利于中标后设计合同的顺利履行。

工程设计项目在技术、资信、商务报价部分评审完成后,将三部分的标准得分按照招标文件规定的权重折算成为加权得分,即为该投标人的综合得分。

2.7 定标与合同签订

2.7.1 定标

中标候选人公示。依法必须进行招标项目的招标人应当自收到评标报告之日起 3 日内在指定的招标公告发布媒体公示中标候选人，公示期不得少于 3 日。中标候选人不止 1 个的，应将所有中标候选人一并公示。投标人或者其他利害关系人对依法必须进行招标项目的评标结果有异议的，应当在中标候选人公示期间提出。招标人应当自收到异议之日起 3 日内作出答复；作出答复前，应当暂停招标投标活动。

2.7.2 合同签订

招标人和中标人应当自中标通知书发出之日起 30 日内，按照中标通知书、招标文件和中标人的投标文件签订合同。签订合同时，中标人应按招标文件要求向招标人提交履约保证金，并依法进行合同备案。

1. 工程勘察合同

工程勘察合同文件一般由下列文件组成：
(1) 工程勘察合同协议书
(2) 中标通知书
(3) 投标函及投标函附录
(4) 工程勘察合同条款
(5) 工程勘察任务书
(6) 工程勘察费用报价书
(7) 其他合同文件

上述合同文件应能互相补充和解释，如有不明确或不一致之处，以约定的优先次序为准。

2. 工程设计合同

工程设计合同文件一般由下列文件组成：
(1) 工程设计合同协议书
(2) 中标通知书
(3) 投标函及投标函附录
(4) 工程设计合同条款
(5) 工程设计管理办法
(6) 工程设计任务书
(7) 工程设计费用报价书
(8) 其他合同文件

上述合同文件应能互相补充和解释，如有不明确或不一致之处，以约定的优先次序为准。

2.8 勘察、设计项目招标案例

2.8.1 工程勘察项目招标采购案例分析一

1. 项目概况

××地块工程已由××市××区行政审批局以××号批准建设，招标人为××房地产开发有限公司，建设资金为××万元，资金来源为企业自筹：××万元，银行贷款：××万元，资金已到位，建设规模为51525.95m²。项目已具备招标条件，××咨询公司受××房地产开发有限公司的委托，现对该项目的勘察进行公开招标择优选定承包人。

××地块工程，建设规模为51525.95m²，总建筑面积51525.95m²，其中地上建筑面积35325.95m²，地下建筑面积16200m²。共13栋建筑，其中10栋住宅楼，3栋配建，总投资额35000万元。

招标方式采用公开招标、资格后审的方式，要求投标人具备工程勘察综合资质甲级或者工程勘察岩土工程专业乙级及以上资质。本项目不接受联合体投标。

招标组织形式为委托招标。招标人选择了××咨询公司作为本项目的招标代理单位。××市招标监督管理站作为本项目的监督单位，招标人在招标文件中公布了监督单位的联系方式。本项目监督采用事中事后监管方式。

2. 招标公告

招标人于2022年×月×日在"中国招标投标公共服务平台""××市公共资源交易网"上刊登了招标公告。

其中招标公告中规定招标文件及相关招标资料每套售价500元人民币。

3. 招标文件要点

招标文件按照《工程建设项目勘察设计招标投标办法》（八部委2号令）的相关规定，并参照《2017版标准勘察招标文件》编写了以下主要内容：投标人须知、评标方法、合同条款及格式、发包人要求、投标文件格式等。

资格审查采用资格后审，其审查标准见表2-3。

表2-3 审查标准

营业执照	在有效期内
资质要求	工程勘察综合资质甲级或者工程勘察岩土工程专业乙级及以上资质
人员要求	项目负责人1名，应具有注册岩土工程师资格证书，注册证书在有效期内且注册在本单位
其他资质要求	为全面贯彻落实《关于在招标投标活动中对失信被执行人实施联合惩戒的通知》（法〔2016〕285号）和《住房城乡建设部办公厅关于印发失信被执行人信用监督、警示和惩戒机制建设分工方案的通知》的要求，根据"信用中国"网站的查询信息，对列入失信被执行人名单的投标人，拒绝其参与投标活动

评标工作按照招标文件中的评标标准和方法，采用综合评估法，对所有投标人的投标文件进行综合评审和比较，提出中标、废标或重新招标等评标意见，编写评标报告。

(1) 评标工作按以下程序进行。

① 资格审查；

② 符合性审查；

③ 澄清（如果需要）；

④ 评审打分；

⑤ 综合评价，提出评标意见；

⑥ 编写评标报告。

(2) 投标文件通过初步评审（符合性审查）的主要条件如下。

① 投标文件按照招标文件规定的格式内容填写、齐全，字迹和各种证件复印件清晰可辨；

② 投标文件中法定代表人或法定代表人授权代理人的签字齐全；

③ 按照招标文件的规定提供了授权代理人授权书；

④ 按招标文件规定提供了合格的投标担保（如果有投标担保）；

⑤ 以联合体形式投标的，应提交联合体协议书正本，联合体各方均未再以自己名义单独或参加其他联合体投标，独立参与投标的，投标人未同时参加联合体投标；

⑥ 投标报价超过招标控制价的（如果有招标控制价）；

⑦ 投标文件载明的工期与招标文件要求不符；

⑧ 投标文件没有对招标文件的实质性要求和条件作出响应，或者对招标文件的偏差超出招标文件规定的偏差范围或最高项数。

(3) 本招标项目的评分取值为百分制。评标委员会对投标文件的评审打分的主要内容和分值如下。

① 资信评分（包括但不限于企业业绩，人员业绩，企业奖项）20 分；

② 技术评分（包括但不限于综合方案，工作计划和质量管理措施，技术设备投入，后续服务）70 分；

③ 商务评分（报价）10 分。

(4) 报价得分以评标基准值为依据进行评分。有效投标报价是指通过资格审查和初步评审（符合性审查）的投标人的实际报价。评标基准值等于有效投标报价的算术平均值。

投标报价等于评标基准值时，得满分 10 分，每高于评标基准值的 1% 减 0.2 分，每低于评标基准值的 1% 减 0.1 分。

4. 开标

依据招标文件规定，招标人于 2022 年 7 月 22 日上午 9：30 召开了××地块工程勘察开标大会。购买招标文件的 4 家投标人均在招标文件规定的时间内按时递交了 4 份投标文件。

招标人在接收上述材料时，如实记录下投标文件的送达时间和密封情况。开标时，由投标人代表检查投标文件的密封情况，招标人在开标现场宣读了投标人名称、投标价格和投标担保的递交情况。投标人代表对宣读内容进行确认，投标人代表未到场的则视为认同宣读内容。

5. 评标

该项目的评标工作由招标人依法组建的评标委员会负责。评标委员会由××市公共资源专家库随机抽选5名专家和2名招标人代表共7人组成。评标委员会推选××为评标专家组组长，负责主持本次招标的评标工作。本项目采用综合评估法进行评标。

评标委员会于2022年7月22日上午9：30至7月22日12：00封闭进行了本项目的评标工作。

评标工作开始前，评标委员会全体成员听取了招标人代表对本工程概况和有关本次招标开标情况的介绍。××市公共资源工作人员宣读了评标纪律，随后评标委员会阅读了本项目招标文件，并按照招标文件中的评标标准和方法审查了各投标人递交的投标文件。

评标委员会对参与××地块工程勘察投标的4家投标人所递交的投标文件首先进行了资格审查和符合性审查。4家投标人的投标文件均通过了资格审查和符合性审查。评标工作进入技术、资信评审阶段。

评标委员会对投标人的综合方案，工作计划和质量管理措施，技术设备投入，后续服务，企业业绩，人员业绩，企业奖项等进行了评审，并按照评标标准和方法规定各自进行打分。评标委员会在技术、资信评审结束后，对商务报价进行打分。

评标委员会依据评标办法规定在有效投标中按技术、资信、商务总分由高至低推荐前三名为中标候选人。招标人按评标委员会推荐的顺序确定第一中标候选人为中标人，并将评标结果在××市公共资源交易网予以公示。在公示3个工作日结束后，招标人向中标人发出了中标通知书。

6. 招标整体评价

（1）招标体会

招标人吸引更多的投标人参与投标，因此不仅选择在国家指定的"三报一网"中的中国招标投标公共服务平台网站上发布公告，还在项目所在地省级电子招标投标公共服务平台上发布公告。可以提升招标项目的影响力，从而吸引更多的潜在投标人参与投标。

（2）值得注意的事项

招标人在组织现场踏勘及投标预备会时进行了签到，根据《招标投标法》第二十二条的规定，招标人不得向他人透露已获取招标文件的潜在投标人的名称、数量以及可能影响公平竞争的有关招标投标的其他情况。招标人不得强制要求所有潜在投标人必须参加现场踏勘及预备会，凡参加的潜在投标人必须分别单独填写签到表，同时在回答潜在投标人提出的问题时只宣读提出的问题内容而不宣读提出问题的单位，这样就可以避免投标人从招标人处了解其他投标人的情况。会后招标人将回答的问题以书面形式分别发送给所有潜在投标人，并要求所有潜在投标人以书面形式进行接收回复。

2.8.2　工程设计项目招标采购案例分析二

1. 项目概况

××花园项目已由××市××区行政审批局以××号批准建设，招标人为××房地产开发有限公司，建设资金为××万元，资金来源为企业自筹：××万元，银行贷款：××万元，资金已到位，建设规模为51525.95m²。项目已具备招标条件，××咨询公司受××房地产开发有限公司的委托，现对该项目的勘察进行公开招标择优选定承包人。

××花园，建设规模为130300m²，项目占地面积56814.2m²，总建筑面积130300m²，其中：地上面积91300m²，地下面积39000m²。主要建设住宅83850m²，经营性公建4650m²，非经营性公建2800m²等，总投资额120000万元。

招标范围：项目总建筑面积130300m²，其中地上面积91300m²；地下面积39000m²。主要建设住宅83850m²，经营性公建4650m²，非经营性公建2800m²等。本次招标范围包括红线范围内所有地上地下建筑工程、人防工程及室外配套工程全部内容（包括但不限于建筑、结构、给排水、采暖、电气、通风空调、消防、安防、通信、景观绿化、道路等达到入住条件的全部专业）。中标单位须完成方案设计、初步设计、施工图设计及后续配合服务工作，本设计招标项目投资额886.04万元。

招标采用公开招标、资格后审的方式，要求投标人具备工程勘察综合资质甲级或者工程勘察岩土工程专业乙级及以上资质。本项目不接受联合体投标。

招标组织形式为委托招标。招标人选择了××招标公司作为本项目的招标代理单位。××市招标监督管理站作为本项目的监督单位，招标人在招标文件中公布了监督单位的联系方式。本项目监督采用事中事后监管方式。

2. 招标公告

招标人于2022年×月×日在"中国招标投标公共服务平台""××市公共资源交易网"上刊登了招标公告。

其中招标公告中规定招标文件及相关招标资料每套售价500元人民币。

3. 招标文件要点

招标文件按照《工程建设项目勘察设计招标投标办法》（八部委2号令）的相关规定，并参照《2017版标准设计招标文件》编写了以下主要内容：投标人须知、评标方法、合同条款及格式、发包人要求、投标文件格式等。

资格审查采用资格后审，其审查标准见表2-4。

表2-4 审查标准

营业执照	在有效期内
资质要求	工程设计综合资质甲级，或工程设计建筑行业甲级，或工程设计建筑行业建筑工程专业甲级资质
人员要求	项目负责人应具有一级注册建筑师资格，且证书在有效期内，且为本单位职工；项目结构专业负责人应具有一级注册结构师资格，且在有效期内，且为本单位职工
其他资质要求	为全面贯彻落实《关于在招标投标活动中对失信被执行人实施联合惩戒的通知》（法〔2016〕285号）和《住房城乡建设部办公厅关于印发失信被执行人信用监督、警示和惩戒机制建设分工方案的通知》的要求，根据"信用中国"网站的查询信息，对列入失信被执行人名单的投标人，拒绝其参与投标活动

评标工作按照招标文件中的评标标准和方法，采用综合评估法，对所有投标人的投标文件进行综合评审和比较，提出中标、废标或重新招标等评标意见，编写评标报告。

（1）评标工作按以下程序进行。

① 资格审查；

② 符合性审查；

③ 澄清（如果需要）；

④ 评审打分；

⑤ 综合评价，提出评标意见；

⑥ 编写评标报告。

（2）投标文件通过初步评审（符合性审查）的主要条件如下。

① 投标文件按照招标文件规定的格式内容填写、齐全，字迹和各种证件复印件清晰可辨；

② 投标文件中法定代表人或法定代表人授权代理人的签字齐全；

③ 按照招标文件的规定提供了授权代理人授权书；

④ 按招标文件规定提供了合格的投标担保（如果有投标担保）；

⑤ 以联合体形式投标的，应提交联合体协议书正本，联合体各方均未再以自己名义单独或参加其他联合体投标，独立参与投标的，投标人未同时参加联合体投标；

⑥ 投标报价超过招标控制价的（如果有招标控制价）；

⑦ 投标文件载明的工期与招标文件要求不符；

⑧ 投标文件没有对招标文件的实质性要求和条件作出响应，或者对招标文件的偏差超出招标文件规定的偏差范围或最高项数。

（3）本招标项目的评分取值为百分制。评标委员会对投标文件的评审打分的主要内容和分值如下。

① 资信评分（包括但不限于企业业绩，人员业绩，企业奖项）20 分；

② 技术评分（包括但不限于总平面设计，外观效果，建筑方案，结构方案，电气、暖通、给排水、消防、智能化、BIM 设计，工作计划和质量管理措施，后续服务）60 分；

③ 商务评分（报价）20 分。

（4）报价得分以评标基准值为依据进行评分。有效投标报价是指通过资格审查和初步评审（符合性审查）的投标人的实际报价。评标基准值等于有效投标报价的算术平均值。

投标报价等于评标基准值时，得满分 20 分，每高于评标基准值的 1% 减 1 分，每低于评标基准值的 1% 减 0.5 分。

4. 开标

依据招标文件规定，招标人于 2021 年 7 月 13 日上午 9：30 召开了××花园设计开标大会。购买招标文件的 4 家投标人均在招标文件规定的时间内按时递交了 4 份投标文件。

招标人在接收上述材料时，如实记录下投标文件的送达时间和密封情况。开标时，由投标人代表检查投标文件的密封情况，招标人在开标现场宣读了投标人名称、投标价格和投标担保的递交情况。投标人代表对宣读内容进行确认，投标人代表未到场的则视为认同宣读内容。

5. 评标

该项目的评标工作由招标人依法组建的评标委员会负责。评标委员会由××市公共资源专家库随机抽选5名专家和2名招标人代表共7人组成。评标委员会推选××为评标专家组组长，负责主持本次招标的评标工作。本项目采用综合评估法进行评标。

评标委员会于2021年7月13日上午9：30至7月13日14：00封闭进行了本项目的评标工作。

评标工作开始前，评标委员会全体成员听取了招标人代表对本工程概况和有关本次招标开标情况的介绍。××市公共资源工作人员宣读了评标纪律，随后评标委员会阅读了本项目招标文件，并按照招标文件中的评标标准和方法审查了各投标人递交的投标文件。

评标委员会对参与××花园设计投标的4家投标人所递交的投标文件首先进行了资格审查和符合性审查。在资格审查过程中，投标人C的法人授权委托书的委托内容为：参加××花园施工总承包投标活动。其委托内容与投标内容不符，评标委员会全体成员经合议，该投标人的资格后审符合招标文件的第二章第二节中第二项的否决性条款，则该单位的资格后审不合格。其余3家投标人的投标文件均通过了资格审查和符合性审查。评标工作进入技术、资信评审阶段。

评标委员会对投标人的综合方案，工作计划和质量管理措施，技术设备投入，后续服务，企业业绩，人员业绩，企业奖项等进行了评审，并按照评标标准和方法规定各自进行打分。评标委员会在技术、资信评审结束后，对商务报价进行打分。

评标委员会依据评标办法规定在有效投标中按技术、资信、商务总分由高至低推荐前三名为中标候选人。招标人按评标委员会推荐的顺序确定第一中标候选人为中标人，并将评标结果在××市公共资源交易网予以公示。在公示3个工作日结束后，招标人向中标人发出了中标通知书。

6. 招标整体评价

（1）招标体会

招标文件编制时已对投标人可能出现的不符合资格审查内容的情况进行了充分考虑，并在招标文件中做出了规定，例如对于投标人C出现的错误情况招标文件中规定如下："资格后审阶段，下列实质性资格审查条件不具备之一者，评审结果视为不合格，将不能通过资格后审。若法定授权委托人参加开标的，须提供法定代表人资格证明、法定代表人授权委托书与被授权人身份证明。"投标人在投标文件中所附授权委托书对应的项目名称与本项目不符，故按招标文件规定作无效标处理。

（2）值得注意的事项

《国务院办公厅转发国家发展改革委关于深化公共资源交易平台整合共享指导意见的通知》（国办函〔2019〕41号）文件提出：取消没有法律法规依据的投标报名、招标文件审查、原件核对等事项以及能够采用告知承诺制和事中事后监管解决的前置审批或审核环节。《国家发展改革委等部门关于严格执行招标投标法规制度进一步规范招标投标主体行为的若干意见》（发改法规规〔2022〕1117号），再次强调：严禁设置投标报名等没有法律法规依据的前置环节。任何单位不得设定没有法律、行政法规依据的招标文件审查等前置审批或审核环节。根据上述文件规定，发布招标公告的同时发售招标文件，且不得少于五个工作日。

第3章 建设工程监理招标采购

3.1 建设工程监理招标特征及方式

3.1.1 建设工程监理的定义

"建设工程监理"是指由具有法定资质条件的工程监理单位，根据建设单位的委托，依照法律、行政法规及有关的技术标准、设计文件和建设工程承包合同，对承包单位在施工质量、安全、建设工期和建设资金使用等方面，代表建设单位对工程施工实施监督的专门活动。

作为投资方的建设单位为了取得好的投资效益，保证工程质量，合理控制工期，需要对项目实施的过程进行必要的监督和管理；但由于大部分建设单位并不擅长工程建设的组织管理和技术监督，而由具有工程建设方面的专业知识和实践经验的人员组成的专业化的工程监理单位来接受建设单位的委托，代表建设单位对工程的施工质量、安全、工期和投资使用情况进行监督和管理成为必然；这对于维护建设单位的利益，协调建设单位与工程承包单位的关系，保证工程质量，达到如期竣工，有效控制工程费用，发挥最大的投资效益具有很大的优越性。

建设工程监理制度在国际上已有较长的发展历史，发达国家已经形成了一套完整的工程监理制度，可以说建设工程监理制度已成为建筑领域中的一项国际惯例。

随着改革开放进程的发展，我国从1988年开始推行对建设工程实行监理制度。实践已经证明，实施建设工程监理制度，不仅有利于保证工程质量、节省工程投资、合理控制工期，而且还有利于帮助和支持施工单位采用新技术、新材料、新工艺。

3.1.2 建设工程监理的特征

1. 服务性

建设工程是一项复杂的专业技术工作，需要各方面的技术支撑和有效配合，才能确保项目的工程质量与安全；工程建设过程中，必须全面发挥监管的作用，需要工程监理单位的监理工程师的有效监管，才能为工程建设提供充分保障。

监理工程师需要充分发挥在工程建设方面的丰富知识、技能和经验，为建设工程提供有效服务，使建设单位能够达到预期的效果。

2. 独立性

建设工程需要多方共同配合，工程监理活动具有它的独立性。

在工程项目建设实施的过程中，工程监理单位作为独立的第三方，受法律法规的约束独立行使第三方的职能和职责。

3. 公正性

建设工程整体过程需要工程监理单位全程跟踪。进行工程监理活动时,工程监理单位需要选派本单位的监理工程师,常驻或派驻施工现场,履行监理合同各项内容和义务,为建设单位提供咨询服务;并以第三方的身份公正、公平处理工程建设过程中发生的各类情形,以公正态度对待委托方和被监理方,特别是当建设单位与被监理方发生利益冲突时,监理单位应公平、公正地解决问题。

4. 科学性

工程监理单位需要对本单位从事工程监理工作的人员进行分类管理,确保其专业素质符合工程监理项目工作的需要;工程监理人员必须具备与承接项目相适应的工程建设经验和专业技术能力。

3.1.3 建设工程监理招标的特征

工程监理招标的标的是"工程监理服务",与工程项目建设中其他各类招标的最大区别表现为工程监理单位不承担物质生产任务;工程监理单位是受招标人委托对工程建设过程提供监督、管理、协调、工程咨询等咨询服务工作;鉴于标的特殊性,招标人选择中标人的基本原则应是"基于能力的选择"。

《招标投标法》第三条明确规定了实行工程监理的建设项目达到特定条件的,工程监理项目"必须进行招标"。

工程监理招标投标是将工程监理咨询服务作为一种高智能型中介服务的商品,来进行竞争和交易的一种方式,它具有以下特征。

1. 招标宗旨

工程监理服务是工程监理单位的高智能投入,服务工作不仅必须执行行业的管理程序和方法,还取决于参加工程监理工作人员的业务专长、经验、判断能力、创新想象力以及预测风险意识,因此采用招投标程序选择监理单位时,鼓励的是能力竞争,而不是价格竞争,对监理单位的资质、类似项目经验和能力应该给予足够重视。

2. 报价高低在选择中居于次要地位

对于工程施工、物资供应等类型,通过招标选择中标人的主要原则是在技术上达到标准的前提下,更多考虑价格的竞争;而工程监理单位通过招标的选择应该把能力放在第一位。

因为当竞争价格过低时,监理单位为了自身的经济利益,在项目实施过程中减少监理人员数量或派驻业务水平低、成本低的人员,导致对工程项目的监管不力;而且,监理单位提供高质量的服务,往往能使建设单位获得节约工程投资和提前投产的实际效益,因此在建设工程监理招标过程中,应当使服务质量与价格之间关系实现平衡,做到优质优价。

3. 智力服务

建设工程监理服务与勘察设计、施工承包、货物采购的区别在于,工程监理单位不直接产出新的物质功效或信息功效，而是受建设单位委托对工程建设活动依法依规进行监督、管理、协调、咨询等服务；工程监理招标的大体需求是选择具有相应资格和能力的监理单位及其专业监理工作人员。监理工作是智力服务，监理服务效果主要取决于监理工作人员的专业知识、经验、职业道德素质和工程管理能力。因此，监理招标应当引导监理单位注重综合能力的竞争，而不是价格竞争。

3.1.4 建设工程监理招标方式

建设工程监理招标可分为公开招标和邀请招标两种方式。建设单位应根据法律法规、工程项目特点等因素确定合理的招标方式，并按规定程序向招投标监督管理部门办理相关招投标手续，接受相应的监督管理。

1. 公开招标

公开招标是指招标人以招标公告的方式邀请不特定工程监理单位参加投标，向其发布监理招标文件，按照招标文件规定的评标方法、标准，从符合投标资格要求的投标人中优选中标人，并与中标人签订建设工程监理合同的过程。国有资金占控股或者主导地位等依法必须进行工程监理招标的项目，应当采用公开招标方式委托监理任务。

公开招标属于非限制性竞争招标，其优点是能够充分体现招标信息公开性、招标程序规范性、投标竞争公开性，有助于打破垄断，实现公开竞争。

公开招标可使建设单位有较大的选择范围，可在众多投标人中选择经验丰富、信誉良好、价格合理的工程监理单位，能够大大降低串标、围标、抬标和其他不正当交易的可能性。

公开招标的缺点是：准备招标、资格预审和评标的工作量大、时间长、费用高。

2. 邀请招标

邀请招标是指招标人以投标邀请书方式邀请特定工程监理单位参加投标，向其发布招标文件，按照招标文件规定的评标方法和选择标准，从符合投标资格要求的投标人中择优选择中标人，并与中标人签订建设工程监理合同的过程。

邀请招标属于有限竞争性招标，也称为选择性招标。采用邀请招标方式，建设单位不需要发布招标公告，也不进行资格预审（但可组织必要的资格审查），使招标程序得到简化。这样，既可节约招标费用，又可缩短招标时间。邀请招标虽然能够邀请到有经验和资信可靠的工程监理单位投标，但由于限制了竞争范围，选择投标人的范围和投标人竞争的空间有限，可能会失去技术和报价方面有竞争力的投标人，失去理想中标人，达不到预期竞争的效果。

3.2 建设工程监理招标主要工作内容

3.2.1 建设工程监理招标应具备的条件

1. 必须实行监理建设工程的范围规定

《建设工程监理范围和规模标准规定》（建设部令第 86 号）第二条至第七条规定了

五类必须实行监理的建设工程范围。

1）国家重点建设工程

国家重点建设工程，是指依据《国家重点建设项目管理办法》所确定的对国民经济和社会发展有重大影响的骨干项目。

2）大中型公用事业工程

大中型公用事业工程，是指项目总投资额在 3000 万元以上的下列工程项目：

（1）供水、供电、供气、供热等市政工程项目；

（2）科技、教育、文化等项目；

（3）体育、旅游、商业等项目；

（4）卫生、社会福利等项目；

（5）其他公用事业项目。

3）成片开发建设的住宅小区工程

成片开发建设的住宅小区工程，建筑面积在 5 万平方米以上的住宅建设工程必须实行监理；5 万平方米以下的住宅建设工程，可以实行监理，具体范围和规模标准，由省、自治区、直辖市人民政府建设行政主管部门规定。为了保证住宅质量，对高层住宅及地基、结构复杂的多层住宅应当实行监理。

4）利用外国政府或者国际组织贷款、援助资金的工程

利用外国政府或者国际组织贷款、援助资金的工程范围包括：

（1）使用世界银行、亚洲开发银行等国际组织贷款资金的项目；

（2）使用外国政府及其机构贷款资金的项目；

（3）使用国际组织或者国外政府援助资金的项目。

5）国家规定必须实行监理的其他工程

（1）项目总投资额在 3000 万元以上关系社会公共利益、公共安全的下列基础设施项目：

① 煤炭、石油、化工、天然气、电力、新能源等项目；

② 铁路、公路、管道、水运、民航以及其他交通运输业等项目；

③ 邮政、电信枢纽、通信、信息网络等项目；

④ 防洪、灌溉、排涝、发电、引供水、滩涂治理、水资源保护、水土保持等水利建设项目；

⑤ 道路、桥梁、地铁和轻轨交通、污水排放及处理、垃圾处理、地下管道、公共停车场等城市基础设施项目；

⑥ 生态环境保护项目；

⑦ 其他基础设施项目。

（2）学校、影剧院、体育场馆项目。

2. 建设工程监理招标应具备的前置条件

（1）通用规定

《招标投标法》规定"招标项目按照国家有关规定需要履行项目审批手续的，应当先履行审批手续，取得批准。招标人应当有进行招标项目的相应资金或者资金来源已经落实，并应当在招标文件中如实载明"；《招标投标法实施条例》进一步规定"按照国家

有关规定需要履行项目审批、核准手续的依法必须进行招标的项目,其招标范围、招标方式、招标组织形式应当报项目审批、核准部门审批、核准。项目审批、核准部门应当及时将审批、核准确定的招标范围、招标方式、招标组织形式通报有关行政监督部门"。

(2) 行业特殊规定

① 公路工程施工监理

《公路工程建设项目招标投标管理办法》(交通运输部令 2015 年第 24 号)规定"公路工程建设项目履行项目审批或者核准手续后,方可开展勘察设计招标;初步设计文件批准后,方可开展施工监理、设计施工总承包招标"。

② 水利工程建设项目监理

《水利工程建设项目招标投标管理规定》(水利部令 2001 年第 14 号)对水利工程建设项目施工监理招标具备的条件作出特殊要求,水利工程建设项目监理招标应当具备以下条件:初步设计已经批准;监理所需资金已落实;项目已列入年度计划。

③ 水运工程建设项目

《水运工程建设项目招标投标管理办法》(交通运输部令 2012 年第 11 号,后根据交通运输部令 2021 年第 14 号进行修订)规定"按照国家有关规定需要履行项目立项审批、核准手续的水运工程建设项目,在取得批准后方可开展勘察、设计招标。水运工程建设项目通过初步设计审批后,方可开展监理、施工、设备、材料等招标"。

3.2.2 建设工程监理招投标程序

建设工程监理招投标程序主要包括:委托招标代理机构、招标、投标、开标、评标、定标、合同签订。

3.2.3 招标公告和投标邀请书

1. 通用规定

《招标投标法》规定"招标人采用公开招标方式的,应当发布招标公告。依法必须进行招标的项目的招标公告,应当通过国家指定的报刊、信息网络或者其他媒介发布。""招标人采用邀请招标方式的,应当向三个以上具备承担招标项目的能力、资信良好的特定的法人或者其他组织发出投标邀请书"。投标邀请书也应当载明招标人的名称和地址、招标项目的性质、数量、实施地点和时间以及获取招标文件的办法等事项。

《招标投标法》规定"招标人不得向他人透露已获取招标文件的潜在投标人的名称、数量以及可能影响公平竞争的有关招标投标的其他情况。"《招标投标法实施条例》规定"招标人应当按照资格预审公告、招标公告或者投标邀请书规定的时间、地点发售资格预审文件或者招标文件。资格预审文件或者招标文件的发售期不得少于 5 日"。

2. 行业特殊规定

《水利工程建设项目招标投标管理规定》规定"采用公开招标方式的项目,招标人应当在国家发展计划委员会指定的媒介发布招标公告,其中大型水利工程建设项目以及国家重点项目、中央项目、地方重点项目同时还应当在《中国水利报》发布招标公告,在发布水利工程招标信息(招标公告或投标邀请书)时可同步发售资格预审文件(或招标文件）。招标人应当对招标公告的真实性负责。招标公告不得限制潜在投标人的数量"。

《水运工程建设项目招标投标管理办法》规定"资格预审公告和招标公告除按照规定在指定的媒体发布外，招标人可以同时在交通运输行业主流媒体或者建设等相关单位的门户网站发布。资格预审公告和招标公告的发布应当充分公开，任何单位和个人不得非法干涉、限制发布地点、发布范围或发布方式。在网络上发布的资格预审公告和招标公告，至少应当持续到资格预审文件和招标文件发售截止时间为止。招标人应当按资格预审公告、招标公告或者投标邀请书规定的时间、地点发售资格预审文件或者招标文件。资格预审文件或者招标文件的发售期不得少于5日。资格预审文件或者招标文件售出后，不予退还。自资格预审文件停止发售之日起至提交资格预审申请文件截止之日止，不得少于5日"。

3.2.4 建设工程监理投标人资格审查

1. 通用规定

《招标投标法实施条例》规定，招标人采用资格预审办法对潜在投标人进行资格审查的，应当发布资格预审公告、编制资格预审文件。招标人应当合理确定提交资格预审申请文件的时间。依法必须进行招标的项目提交资格预审申请文件的时间，自资格预审文件停止发售之日起不得少于5日。招标人应当按照资格预审公告、招标公告或者投标邀请书规定的时间、地点发售资格预审文件或者招标文件。资格预审文件或者招标文件的发售期不得少于5日。

《招标投标法实施条例》规定，资格预审应当按照资格预审文件载明的标准和方法进行。国有资金占控股或者主导地位的依法必须进行招标的项目，招标人应当组建资格审查委员会审查资格预审申请文件。资格审查委员会及其成员应当遵守招标投标法和本条例有关评标委员会及其成员的规定。资格预审结束后，招标人应当及时向资格预审申请人发出资格预审结果通知书。未通过资格预审的申请人不具有投标资格。通过资格预审的申请人少于3个的，应当重新招标。

《招标投标法实施条例》规定，招标人可以对已发出的资格预审文件进行必要的澄清或者修改。澄清或者修改的内容可能影响资格预审申请文件编制的，招标人应当在提交资格预审申请文件截止时间至少3日前，以书面形式通知所有获取资格预审文件的潜在投标人；不足3日的，招标人应当顺延提交资格预审申请文件的截止时间。

《招标投标法》规定，招标人采用资格后审办法对投标人进行资格审查的，应当在开标后由评标委员会按照招标文件规定的标准和方法对投标人的资格进行审查。

2. 行业特殊规定

《公路工程建设项目招标投标管理办法》规定，公路工程建设项目采用公开招标方式的，原则上采用资格后审办法对投标人进行资格审查。

资格预审审查办法原则上采用合格制。资格预审审查办法采用合格制的，符合资格预审文件规定审查标准的申请人均应当通过资格预审。资格预审审查工作结束后，资格审查委员会应当编制资格审查报告。资格审查委员会所有成员应当在资格审查报告上逐页签字。

《水运工程建设项目招标投标管理办法》规定"资格预审审查方法分为合格制和有限数量制。一般情况下应当采用合格制，凡符合资格预审文件规定资格条件的资格预审申请人，均通过资格预审。潜在投标人过多的，可采用有限数量制，但该数额不得少于7个；符合资格条件的申请人不足该数额的，均视为通过资格预审。通过资格预审的申请人少于3个的，应当重新招标"。

3.2.5 建设工程监理招标文件的编制

招标人应当根据招标项目的特点和需要编制招标文件。招标文件应当包括招标项目的技术要求、对投标人资格审查的标准、投标报价要求和评标标准等所有实质性要求和条件以及拟签订合同的主要条款。国家对招标项目的技术、标准有规定的，招标人应当按照其规定在招标文件中提出相应要求。招标项目需要划分标段、确定监理服务期的，招标人应当合理划分标段、确定监理服务期，并在招标文件中载明。

建设工程监理招标文件应根据《中华人民共和国标准监理招标文件》（2017版）、《公路工程标准施工监理招标文件》（2018年版）、《公路工程标准施工监理招标资格预审文件》（2018年版）、《水利工程施工监理招标文件示范文本》等主管部门制定发布的其他示范文本进行编制。

1. 建设工程监理招标文件的组成

（1）招标公告（或投标邀请书）；
（2）投标人须知；
（3）评标办法；
（4）合同条款及格式；
（5）委托人要求；
（6）投标文件格式。

2. 建设工程监理招标文件的编制要点

（1）投标保证金

《招标投标法实施条例》《国务院办公厅转发国家发展改革委关于深化公共资源交易平台整合共享指导意见的通知》（国办函〔2019〕41号）、《住房城乡建设部等部门关于加快推进房屋建筑和市政基础设施工程实行工程担保制度的指导意见》（建市〔2019〕68号）等相关规定均对投标保证金作出要求。

① 投标保证金形式

银行转账、银行电汇、银行保函、担保机构担保、保证保险、电子保函。

② 投标保证金数额

《招标投标法实施条例》规定，招标人在招标文件中要求投标人提交投标保证金的，投标保证金不得超过招标项目估算价的2%。投标保证金有效期应当与投标有效期一致。招标人最迟应当在书面合同签订后5日内向中标人和未中标的投标人退还投标保证金及银行同期存款利息。

《水利工程建设项目招标投标管理规定》要求，招标文件中应当明确投标保证金金额，一般可按以下标准控制：

① 合同估算价 10000 万元人民币以上，投标保证金金额不超过合同估算价的千分之五；

② 合同估算价 3000 万元至 10000 万元人民币之间，投标保证金金额不超过合同估算价的千分之六；

③ 合同估算价 3000 万元人民币以下，投标保证金金额不超过合同估算价的千分之七，但最低不得少于 1 万元人民币。

(2) 联合体投标

《招标投标法》规定"两个以上法人或者其他组织可以组成一个联合体，以一个投标人的身份共同投标。联合体各方均应当具备承担招标项目的相应能力；国家有关规定或者招标文件对投标人资格条件有规定的，联合体各方均应当具备规定的相应资格条件。由同一专业的单位组成的联合体，按照资质等级较低的单位确定资质等级。联合体各方应当签订共同投标协议，明确约定各方拟承担的工作和责任，并将共同投标协议连同投标文件一并提交招标人"。

联合体中标的，联合体各方应当共同与招标人签订合同，就中标项目向招标人承担连带责任。招标人不得强制投标人组成联合体共同投标，不得限制投标人之间的竞争。

联合体各方在同一招标项目中以自己名义单独投标或者参加其他联合体投标的，相关投标均无效。

《水利工程建设项目招标投标管理规定》要求，两个或两个以上单位联合投标的，应当按资质等级较低的单位确定联合体资质（资格）等级。招标人不得强制投标人组成联合体共同投标。

(3) 通用规定

《招标投标法》规定"招标人应当根据招标项目的特点和需要编制招标文件。招标文件应当包括招标项目的技术要求、对投标人资格审查的标准、投标报价要求和评标标准等所有实质性要求和条件以及拟签订合同的主要条款。国家对招标项目的技术、标准有规定的，招标人应当按照其规定在招标文件中提出相应要求"。另外，《招标投标法》还规定，"招标文件不得要求或者标明特定的生产供应者以及含有倾向或者排斥潜在投标人的其他内容"。

《招标投标法》规定"招标人对已发出的招标文件进行必要的澄清或者修改的，应当在招标文件要求提交投标文件截止时间至少十五日前，以书面形式通知所有招标文件收受人。该澄清或者修改的内容为招标文件的组成部分"。《招标投标法实施条例》进一步规定"潜在投标人或者其他利害关系人对招标文件有异议的，应当在投标截止时间 10 日前提出。招标人应当自收到异议之日起 3 日内作出答复；作出答复前，应当暂停招标投标活动"。

《招标投标法》规定"招标人应当确定投标人编制投标文件所需要的合理时间；但是，依法必须进行招标的项目，自招标文件开始发出之日起至投标人提交投标文件截止之日止，最短不得少于二十日"。

《招标投标法实施条例》规定"招标人设有最高投标限价的，应当在招标文件中明确最高投标限价或者最高投标限价的计算方法。招标人不得规定最低投标限价"。

(4) 行业特殊规定

《公路工程建设项目招标投标管理办法》规定"招标人应当按照省级人民政府交通运输主管部门的规定，将资格预审文件及其澄清、修改，招标文件及其澄清、修改报相应的交通运输主管部门备案""招标人应当自资格预审文件或者招标文件开始发售之日起，将其关键内容上传至具有招标监督职责的交通运输主管部门政府网站或者其指定的其他网站上进行公开，公开内容包括项目概况、对申请人或者投标人的资格条件要求、资格审查办法、评标办法、招标人联系方式等，公开时间至提交资格预审申请文件截止时间2日前或者投标截止时间10日前结束""招标人发出的资格预审文件或者招标文件的澄清或者修改涉及到前款规定的公开内容的，招标人应当在向交通运输主管部门备案的同时，将澄清或者修改的内容上传至前款规定的网站"。

《水运工程建设项目招标投标管理办法》规定"自资格预审文件停止发售之日起至提交资格预审申请文件截止之日止，不得少于5日。对资格预审文件的澄清或修改可能影响资格预审申请文件编制的，应当在提交资格预审申请文件截止时间至少3日前以书面形式通知所有获取资格预审文件的潜在投标人。不足3日的，招标人应当顺延提交资格预审申请文件的截止时间。依法必须招标的项目在资格预审文件停止发售之日止，获取资格预审文件的潜在投标人少于3个的，应当重新招标。潜在投标人或者其他利害关系人对资格预审文件有异议的，应当在提交资格预审申请文件截止时间2日前提出。招标人应当自收到异议之日起3日内作出答复；作出答复前，应当暂停招标投标活动。对异议作出的答复如果实质性影响资格预审申请文件的编制，则相应顺延提交资格预审申请文件的截止时间"。

3.2.6 建设工程监理投标人资质相关规定

1. 住房城乡建设部关于监理资质的相关规定

《住房城乡建设部关于印发建设工程企业资质管理制度改革方案的通知》（建市〔2020〕94号）关于工程监理资质规定，保留综合资质；取消专业资质中的水利水电工程、公路工程、港口与航道工程、农林工程资质，保留其余10类专业资质；取消事务所资质。综合资质不分等级，专业资质等级压减为甲、乙两级。

《国务院关于深化"证照分离"改革进一步激发市场主体发展活力的通知》（国发〔2021〕7号）决定取消的工程监理企业资质类型包括：房屋建筑工程专业丙级，市政公用工程专业丙级，公路工程专业甲、乙、丙级，水利水电工程专业甲、乙、丙级，港口与航道工程专业甲级、乙级，农林工程专业甲级、乙级，事务所资质。

依据《住房城乡建设部建设工程企业资质管理制度改革方案》（建市〔2020〕94号）和《国务院关于深化"证照分离"改革进一步激发市场主体发展活力的通知》（国发〔2021〕7号）文件规定保留的工程监理资质有：①综合资质；②建筑工程专业资质甲、乙级；③铁路工程专业甲、乙级；④市政公用工程专业甲、乙级；⑤电力工程专业甲、乙级；⑥矿山工程专业甲、乙级；⑦冶金工程专业甲、乙级；⑧石油化工工程专业甲、乙级；⑨通信工程专业甲、乙级；⑩机电工程专业甲、乙级；⑪民航工程专业甲、乙级。已取消的资质执行有关行业主管部门规定，具体为水利水电工程专业已取得资质的企业可换发同等级电力工程或市政公用工程专业资质；公路工程专业已取得资质的企业可换发同等级市政公用工程或机电工程专业资质；港口与航道工程专业已取得资质的企业可换发同等级市政公用工程或机电工程专业资质；农林工程专业已取得资质的企业可换发同等级市政公用工程或机电工程专业资质。

根据住房城乡建设部颁布的相关规定，监理资质的工程监理企业业务承揽范围如下。

（1）综合资质

可以承担所有专业工程类别建设工程项目的工程监理业务。

（2）专业资质

① 专业甲级资质

可承担相应专业工程类别建设工程项目的工程监理业务。

② 专业乙级资质

可承担相应专业工程类别二级以下（含二级）建设工程项目的工程监理业务。

2. 水利部关于监理资质的相关规定

《水利部关于开展水利工程建设监理单位资质行政许可有关工作的公告》和（水利部公告 2021 年第 9 号）和《国务院关于深化"证照分离"改革进一步激发市场主体发展活力的通知》（国发〔2021〕7 号）的规定：取消水利工程建设监理单位丙级资质认定。水利工程施工监理和水土保持工程施工监理两个专业资质由原来的甲、乙、丙三个等级调整为甲、乙两个等级。水利工程建设监理单位丙级资质证书在有效期内继续有效。

水利部颁发资质的监理企业业务承揽范围如下。

（1）水利工程施工监理专业资质

① 甲级可以承担各等级水利工程的施工监理业务。

② 乙级可以承担Ⅱ等（堤防 2 级）以下各等级水利工程的施工监理业务。

（2）水土保持工程施工监理专业资质

① 甲级可以承担各等级水土保持工程的施工监理业务。

② 乙级可以承担Ⅱ等以下各等级水土保持工程的施工监理业务。

（3）机电及金属结构设备制造监理专业资质

① 甲级可以承担水利工程中的各类型机电及金属结构设备制造监理业务。

② 乙级可以承担水利工程中的中、小型机电及金属结构设备制造监理业务。

（4）水利工程建设环境保护监理专业资质

可以承担各类各等级水利工程建设环境保护监理业务。

同时具备水利工程施工监理专业资质和乙级以上水土保持工程施工监理专业资质的，方可承担淤地坝中的骨干坝施工监理业务。

3. 交通运输部关于监理资质的相关规定

依据《公路水运工程监理企业资质管理规定》（交通运输部令 2022 年第 12 号）和《国务院关于深化"证照分离"改革进一步激发市场主体发展活力的通知》（国发〔2021〕7 号）的规定，取消公路工程监理和水运工程监理丙级资质，公路、水运工程监理企业资质均分为甲级、乙级和机电专项。

交通运输部颁发资质的公路、水运工程监理企业业务承揽范围如下。

（1）公路工程监理企业资质的业务范围

① 甲级资质可在全国范围内从事一、二、三类公路工程的监理业务；

② 乙级资质可在全国范围内从事二、三类公路工程的监理业务；

③ 机电专项资质可在全国范围内从事各类型公路机电工程的监理业务。

（2）水运工程监理企业资质的业务范围

① 甲级资质可在全国范围内从事大、中、小型水运工程的监理业务；

② 乙级资质可在全国范围内从事中、小型水运工程的监理业务；

③ 机电专项资质可在全国范围内从事各类型水运机电工程的监理业务。

招标人应当根据招标项目的特点和需要编制招标文件，在招标文件的编制过程中，结合项目实际情况，规定相应的监理资质等级，不得超过项目的实际需求，避免以不合理条件排斥、限制潜在投标人。

3.3 建设工程监理开标和评标

工程监理开标、评标的主要环节有：接受投标文件、开标、组织评标委员会、组织评标、确定中标人、发出中标通知书、订立合同。

3.3.1 建设工程监理的开标

1. 通用规定

《招标投标法》规定，开标应当在招标文件确定的提交投标文件截止时间的同一时间公开进行；开标地点应当为招标文件中预先确定的地点。开标由招标人主持，邀请所有投标人参加。开标时，由投标人或者其推选的代表检查投标文件的密封情况，也可以由招标人委托的公证机构检查并公证；经确认无误后，由工作人员当众拆封，宣读投标人名称、投标价格和投标文件的其他主要内容。

招标人在招标文件要求提交投标文件的截止时间前收到的所有投标文件，开标时都应当当众予以拆封、宣读。开标过程应当记录，并存档备查。

《招标投标法实施条例》规定"招标人应当按照招标文件规定的时间、地点开标。投标人少于3个的，不得开标；招标人应当重新招标。投标人对开标有异议的，应当在开标现场提出，招标人应当当场作出答复，并制作记录"。

2. 行业特殊规定

《公路工程施工监理招标投标管理办法》规定"开标分两个步骤公开进行：第一步骤对第一信封内的商务文件和技术文件进行开标，对第二信封不予拆封并由招标人予以封存。第二步骤宣布通过商务文件和技术文件评审的投标人名单，对其第二信封内的报价文件进行开标，宣读投标报价。未通过商务文件和技术文件评审的，对其第二信封不予拆封，并当场退还给投标人；投标人未参加第二信封开标的，招标人应当在评标结束后及时将第二信封原封退还投标人"。

《水利工程建设项目招标投标管理规定》规定，开标应当按招标文件中确定的时间和地点进行。开标人员至少由主持人、监标人、开标人、唱标人、记录人组成,上述人员对开标负责。开标一般按以下程序进行:①主持人在招标文件确定的时间停止接收投标文件,开始开标;②宣布开标人员名单;③确认投标人法定代表人或授权代表人是否在场;④宣布投标文件开启顺序;⑤依开标顺序,先检查投标文件密封是否完好,再启封投标文件;⑥宣布投标要素,并作记录,同时由投标人代表签字确认;⑦对上述工作进行记录,存档备查。

《水运工程建设项目招标投标管理办法》规定"开标应按照招标文件确定的程序进行,开标过程应当场记录,招标人、招标代理机构、投标人、参加开标的公证和监督机构等单位的代表应签字,并存档备查。开标记录应包括投标人名称、投标保证金、投标报价、工期、密封情况以及招标文件确定的其他内容""招标人开标时,邀请所有投标人的法定代表人或其委托代理人准时参加。投标人未参加开标的,视为承认开标记录,事后对开标结果提出的任何异议无效"。

3.3.2 建设工程监理的评标

1. 评标委员会的组成

《评标委员会和评标方法暂行规定》规定"评标委员会由招标人或其委托的招标代理机构熟悉相关业务的代表,以及有关技术、经济等方面的专家组成,成员人数为五人以上单数,其中技术、经济等方面的专家不得少于成员总数的三分之二。评标委员会设负责人的,评标委员会负责人由评标委员会成员推举产生或者由招标人确定。评标委员会负责人与评标委员会的其他成员有同等的表决权"。

《招标投标法实施条例》要求,除技术复杂、专业性强或者国家有特殊要求,采取随机抽取方式确定的专家难以保证胜任评标工作的项目外,依法必须进行招标的项目,其评标委员会的专家成员应当从评标专家库内相关专业的专家名单中以随机抽取方式确定。任何单位和个人不得以明示、暗示等任何方式指定或者变相指定参加评标委员会的专家成员。依法必须进行招标的项目的招标人非因招标投标法和本条例规定的事由,不得更换依法确定的评标委员会成员。更换评标委员会的专家成员应当依照前款规定进行。

评标委员会成员与投标人有利害关系的,应当主动回避。有关行政监督部门应当按照规定的职责分工,对评标委员会成员的确定方式、评标专家的抽取和评标活动进行监督。行政监督部门的工作人员不得担任本部门负责监督项目的评标委员会成员。评标过程中,评标委员会成员有回避事由、擅离职守或者因健康等原因不能继续评标的,应当及时更换。被更换的评标委员会成员作出的评审结论无效,由更换后的评标委员会成员重新进行评审。

《水利工程建设项目招标投标管理规定》要求:

(1) 评标工作由评标委员会负责。评标委员会由招标人的代表和有关技术、经济、合同管理等方面的专家组成,成员人数为七人以上单数,其中专家(不含招标人代表人数)不得少于成员总数的三分之二。

(2) 公益性水利工程建设项目中,中央项目的评标专家应当从水利部或流域管理机构组建的评标专家库中抽取;地方项目的评标专家应当从省、自治区、直辖市人民政府水行政主管部门组建的评标专家库中抽取,也可从水利部或流域管理机构组建的评标专家库中抽取。

(3)评标专家的选择应当采取随机的方式抽取。根据工程特殊专业技术需要,经水行政主管部门批准,招标人可以指定部分评标专家,但不得超过专家人数的三分之一。

2. 评标委员会的职责

评标委员会依法进行组建,负责评标活动,向招标人推荐中标候选人或者根据招标人的授权直接确定中标人。评标委员会由招标人负责组建。评标委员会成员名单一般应于开标前确定。评标委员会成员名单在中标结果确定前应当保密。评标委员会的专家成员应当从依法组建的专家库内的相关专家名单中确定。

评标专家可以采取随机抽取或者直接确定的方式。一般项目,可以采取随机抽取的方式;技术复杂、专业性强或者国家有特殊要求的招标项目,采取随机抽取方式确定的专家难以保证胜任的,可以由招标人直接确定。

评标专家应符合下列条件:

(1)从事相关专业领域工作满八年并具有高级职称或者同等专业水平;

(2)熟悉有关招标投标的法律法规,并具有与招标项目相关的实践经验;

(3)能够认真、公正、诚实、廉洁地履行职责。

有下列情形之一的,不得担任评标委员会成员:

(1)投标人或者投标人主要负责人的近亲属;

(2)项目主管部门或者行政监督部门的人员;

(3)与投标人有经济利益关系,可能影响对投标公正评审的;

(4)曾因在招标、评标以及其他与招标投标有关活动中从事违法行为而受过行政处罚或刑事处罚的。

评标委员会成员有上述规定情形之一的,应当主动提出回避。

《评标委员会和评标方法暂行规定》要求,评标委员会成员有下列行为之一的,由有关行政监督部门责令改正;情节严重的,禁止其在一定期限内参加依法必须进行招标的项目的评标;情节特别严重的,取消其担任评标委员会成员的资格。

(1)应当回避而不回避;

(2)擅离职守;

(3)不按照招标文件规定的评标标准和方法评标;

(4)私下接触投标人;

(5)向招标人征询确定中标人的意向或者接受任何单位或者个人明示或者暗示提出的倾向或者排斥特定投标人的要求;

(6)对依法应当否决的投标不提出否决意见;

(7)暗示或者诱导投标人作出澄清、说明或者接受投标人主动提出的澄清、说明;

(8)其他不客观、不公正履行职务的行为。

3. 评标办法

评标标准和方法应当在招标文件中载明,在评标时不得另行制订或修改、补充任何评标标准和方法。评标委员会成员应当依照招标文件规定的评标标准和方法,客观、公正地对投标文件提出评审意见。招标文件没有规定的评标标准和方法不得作为评标的依据。招标人在一个项目中，对所有投标人评标标准和方法必须相同。

中标人的投标应当符合下列条件之一：①能够最大限度地满足招标文件中规定的各项综合评价标准；②能够满足招标文件的实质性要求，并且经评审的投标价格最低；但是投标价格低于成本的除外。

《中华人民共和国标准监理招标文件》（2017年版）第三章"评标办法"规定了采用综合评估法的评标方法，各评审因素的评审标准、分值和权重等由招标人自主确定。国务院有关部门对各评审因素的评审标准、分值和权重等有规定的，从其规定。

《公路工程建设项目招标投标管理办法》规定，公路工程勘察设计和施工监理招标，应当采用综合评估法进行评标，对投标人的商务文件、技术文件和报价文件进行评分，按照综合得分由高到低排序，推荐中标候选人。评标价的评分权重不宜超过10%，评标价得分应当根据评标价与评标基准价的偏离程度进行计算。

《水利工程建设项目招标投标管理规定》规定，监理评标标准分为技术标准和商务标准，一般包含以下内容：①投标人的业绩和资信；②项目总监理工程师经历及主要监理人员情况；③监理规划（大纲）；④投标价格和评标价格；⑤财务状况。

4. 评标程序

评标工作一般按以下程序进行：

（1）宣布评标委员会成员名单并推选主任委员；

（2）宣布有关评标纪律；

（3）在主任委员主持下，根据需要，讨论通过成立有关专业组和工作组；

（4）介绍招标文件；

（5）组织评标人员学习评标标准和方法；

（6）组织进行初步评审；

（7）经评标委员会讨论，提出需投标人澄清的问题，以书面形式送达投标人；

（8）对需要文字澄清的问题，投标人应当以书面形式送达评标委员会；

（9）评标委员会按招标文件确定的评标标准和方法，对投标文件进行评审，确定中标候选人推荐顺序；

（10）编制评标报告并报招标人，评标委员会评标报告附件包括有关评标的往来澄清函、有关评标资料及推荐意见等。

5. 评标报告组成

《评标委员会和评标方法暂行规定》规定，评标委员会完成评标后，应当向招标人提出书面评标报告，并抄送有关行政监督部门。评标报告应当如实记载以下内容：

（1）基本情况和数据表；

（2）评标委员会成员名单；

（3）开标记录；

（4）符合要求的投标一览表；

（5）否决投标的情况说明；

（6）评标标准、评标方法或者评标因素一览表；

(7) 经评审的价格或者评分比较一览表；
(8) 经评审的投标人排序；
(9) 推荐的中标候选人名单与签订合同前要处理的事宜；
(10) 澄清、说明、补正事项纪要。

《公路工程建设项目招标投标管理办法》规定，评标报告应当载明下列内容：
(1) 招标项目基本情况；
(2) 评标委员会成员名单；
(3) 监督人员名单；
(4) 开标记录；
(5) 符合要求的投标人名单；
(6) 否决的投标人名单以及否决理由；
(7) 串通投标情形的评审情况说明；
(8) 评分情况；
(9) 经评审的投标人排序；
(10) 中标候选人名单；
(11) 澄清、说明事项纪要；
(12) 需要说明的其他事项；
(13) 评标附表。

《招标投标法实施条例》规定"评标完成后，评标委员会应当向招标人提交书面评标报告和中标候选人名单。中标候选人应当不超过3个，并标明排序。评标报告应当由评标委员会全体成员签字。对评标结果有不同意见的评标委员会成员应当以书面形式说明其不同意见和理由，评标报告应当注明该不同意见。评标委员会成员拒绝在评标报告上签字又不书面说明其不同意见和理由的，视为同意评标结果"。

《评标委员会和评标方法暂行规定》规定，评标报告由评标委员会全体成员签字。对评标结论持有异议的评标委员会成员可以书面方式阐述其不同意见和理由。评标委员会成员拒绝在评标报告上签字且不陈述其不同意见和理由的，视为同意评标结论。评标委员会应当对此作出书面说明并记录在案。向招标人提交书面评标报告后，评标委员会应将评标过程中使用的文件、表格以及其他资料及时归还招标人。

《水利工程建设项目招标投标管理规定》规定，在评标委员会三分之二以上委员同意并签字的情况下，通过评标委员会工作报告，并报招标人。评标委员会工作报告附件包括有关评标的往来澄清函、有关评标资料及推荐意见等。招标人在确定中标人后，应当在15日之内按项目管理权限向水行政主管部门提交招标投标情况的书面报告。

3.3.3 定标

《招标投标法实施条例》规定"评标完成后，评标委员会应当向招标人提交书面评标报告和中标候选人名单。中标候选人应当不超过3个，并标明排序。依法必须进行招标的项目，招标人应当自收到评标报告之日起3日内公示中标候选人，公示期不得少于3日"。

投标人或者其他利害关系人对依法必须进行招标的项目的评标结果有异议的,应当在中标候选人公示期间提出。招标人应当自收到异议之日起 3 日内作出答复;作出答复前,应当暂停招标投标活动。国有资金占控股或者主导地位的依法必须进行招标的项目,招标人应当确定排名第一的中标候选人为中标人。排名第一的中标候选人放弃中标、因不可抗力不能履行合同、不按照招标文件要求提交履约保证金,或者被查实存在影响中标结果的违法行为等情形,不符合中标条件的,招标人可以按照评标委员会提出的中标候选人名单排序依次确定其他中标候选人为中标人,也可以重新招标。中标候选人的经营、财务状况发生较大变化或者存在违法行为,招标人认为可能影响其履约能力的,应当在发出中标通知书前由原评标委员会按照招标文件规定的标准和方法审查确认。

3.3.4 确定中标人及签订合同

1. 通用规定

《招标投标法》规定"招标人根据评标委员会提出的书面评标报告和推荐的中标候选人确定中标人。招标人也可以授权评标委员会直接确定中标人""招标人和中标人应当自中标通知书发出之日起三十日内,按照招标文件和中标人的投标文件订立书面合同。招标人和中标人不得再行订立背离合同实质性内容的其他协议"。

《招标投标法实施条例》规定"招标人和中标人应当依照招标投标法和本条例的规定签订书面合同,合同的标的、价款、质量、履行期限等主要条款应当与招标文件和中标人的投标文件的内容一致。招标人和中标人不得再行订立背离合同实质性内容的其他协议""招标文件要求中标人提交履约保证金的,中标人应当按照招标文件的要求提交。履约保证金不得超过中标合同金额的 10%"。

2. 行业特殊规定

《公路工程建设项目招标投标管理办法》规定"招标人和中标人应当自中标通知书发出之日起 30 日内,按照招标文件和中标人的投标文件订立书面合同,合同的标的、价格、质量、安全、履行期限、主要人员等主要条款应当与上述文件的内容一致。招标人和中标人不得再行订立背离合同实质性内容的其他协议""招标文件要求中标人提交履约保证金的,中标人应当按照招标文件的要求提交。履约保证金不得超过中标合同金额的 10%。招标人不得指定或者变相指定履约保证金的支付形式,由中标人自主选择银行保函或者现金、支票等支付形式"。

《水利工程建设项目招标投标管理规定》规定"自中标通知书发出之日起 30 日内,招标人和中标人应当按照招标文件和中标人的投标文件订立书面合同,中标人提交履约保函。招标人和中标人不得另行订立背离招标文件实质性内容的其他协议"。

《水运工程建设项目招标投标管理办法》规定"招标人和中标人应当自中标通知书发出之日起 30 日内,按照招标文件和中标人的投标文件订立书面合同,合同的标的、价款、质量、履行期限等主要条款应当与招标文件和中标人的投标文件的内容一致。招标人和中标人不得再行订立背离合同实质性内容的其他协议。招标文件要求中标人提交履约保证金的,中标人应当按照招标文件的要求提交。履约保证金不得超过中标金额的

10%""招标人应当自确定中标人之日起 15 日内,向具体负责本项目招标活动监督管理的交通运输主管部门提交招标投标情况的书面报告"。

3.4 建设工程监理招标采购案例分析

3.4.1 案例一

1. 项目概况

(1) 某国有房地产开发公司计划在某地开发一住宅项目,决定采用公开招标的形式确定一家工程监理单位(监理项目预算 200 万元)。有 A、B、C、D、E、F 六家监理单位获取了招标文件。

(2) 本项目招标文件规定:2021 年 10 月 20 日上午 10:00 为投标文件递交截止时间。在提交投标文件同时,投标单位须提供投标保证金 3 万元。

(3) 2021 年 10 月 20 日上午 9:25,B 单位向招标人递交了一份投标价格下降 3% 的书面说明。

(4) 2021 年 10 月 20 日,A、B、C、D、E 五家投标单位在上午 10:00 前将投标文件送达,而 F 单位的投标文件于 2021 年 10 月 20 日上午 10:05 送达。

(5) 招标人拒绝了接收 F 单位的投标文件。

(6) 所有投标单位按规定提供了投标保证金。

(7) 开标时,招标人检查了投标文件密封情况;确认无误后,由工作人员当众拆封,并宣读了 A、B、C、D、E 五家投标单位的名称、投标价格、监理服务期和其他重要内容。在开标过程中,招标人发现 C 单位的投标函盖有企业及企业法定代表人的印章,但没有加盖总监理工程师的印章。另外,本项目评标委员会由招标人直接确定,共 4 人组成,其中招标人代表 2 人,经济专家 1 人,技术专家 1 人。

2. 招标投标过程分析

(1) 开标时不应由招标人检查投标文件的密封情况。开标时应由投标人推选的代表或参加会议的公证机构公证人员检查投标文件的密封情况,不应由招标人进行密封性检查活动。

(2) 评标委员会不应由招标人直接确定。根据《招标投标法实施条例》的规定,除特殊招标项目外,依法必须进行招标的项目,评标委员会的专家成员应当从评标专家库内相关专业的专家名单中以随机抽取方式确定。任何单位和个人不得以明示、暗示等任何方式指定或者变相指定参加评标委员会的专家成员。评标委员会成员不应全部由招标人直接确定,该项目评标委员会的组成违反上述规定。

(3) 评标委员会组成违法。根据《招标投标法》及《招标投标法实施条例》的规定,依法必须进行招标的项目,其评标委员会由招标人的代表和有关技术、经济等方面的专家组成,成员人数为五人以上单数,其中技术、经济等方面的专家不得少于成员总数的三分之二。该项目评标委员会成员仅 4 人,违反了上述规定。

(4) B 单位递交的书面说明有效。根据《招标投标法》的规定,投标人在投标文件递交截止时间前可以补充、修改和撤回投标文件，补充、修改的内容为投标文件的组成部分。在投标截止时间前递交书面说明是法律赋予投标单位的权利。

（5）C单位的投标文件应作为有效标。其投标函已盖有企业及企业法定代表人的印章。因此，在招标文件未作特殊要求的情况下，无须加盖总监理工程师的印章。

（6）对F单位的投标文件处理正确。根据《招标投标法》的规定，在招标文件要求提交投标文件的截止时间后送达的投标文件，招标人应当拒收。因此在该单位的投标文件未能在投标文件递交截止时间前送达的情形下，招标人应当拒收。

3.4.2 案例二

1. 项目概况

甲市对某水土保持工程建设项目的监理进行公开招标。该项目使用财政资金投资（使用预算资金240万元），水土保持工程级别为Ⅱ等，采用资格后审的方式。本项目招标文件要求：投标文件分为投标函、商务文件、技术文件三部分，均须单独密封。投标保证金8万元（《招标投标法实施条例》规定，招标人在招标文件中要求投标人提交投标保证金的，投标保证金不得超过招标项目估算价的2%。建议保证金不超过4.8万元。下文中投标人C行为相应调整），与投标文件同时提交。

本项目共有A、B、C、D四家投标单位获取招标文件，投标文件及投标保证金递交情况如下：

（1）投标人A提前一天递交投标文件，其投标函、商务文件和技术文件全部密封在同一个文件箱内。

（2）投标人B的投标文件在投标截止时间前送达。

（3）投标人C递交的投标保证金为5万元人民币。

（4）投标人D的投标文件于投标截止时间前3天寄达招标人，但授权的投标人代表开标时未能及时抵达现场。

2. 招标投标过程分析

（1）《招标投标法实施条例》规定"未通过资格预审的申请人提交的投标文件，以及逾期送达或者不按照招标文件要求密封的投标文件，招标人应当拒收"。

（2）本项目招标文件规定，投标函、商务文件、技术文件三部分均须单独密封，投标人A密封情况不符合招标文件要求，招标人应当拒收其递交的投标文件。

（3）投标人B已经在招标文件规定的投标截止时间前，将投标文件送达，符合法律规定。

（4）《评标委员会和评标方法暂行规定》规定"下列情况属于重大偏差：
① 没有按照招标文件要求提供投标担保或者所提供的投标担保有瑕疵；
② 投标文件没有投标人授权代表签字和加盖公章；
③ 投标文件载明的招标项目完成期限超过招标文件规定的期限；
④ 明显不符合技术规格、技术标准的要求；
⑤ 投标文件载明的货物包装方式、检验标准和方法等不符合招标文件的要求；
⑥ 投标文件附有招标人不能接受的条件；

⑦ 不符合招标文件中规定的其他实质性要求。

投标文件有上述情形之一的，为未能对招标文件作出实质性响应，并按本规定第二十三条规定作否决投标处理。招标文件对重大偏差另有规定的，从其规定。"

投标人 C 的投标保证金为 5 万元，未达到招标文件规定的 8 万元要求，属于上述法律条款规定的"重大偏差"，评标委员会应当予以否决。

（5）《招标投标法》规定"开标由招标人主持，邀请所有投标人参加。"根据该条款内容，投标人 D 投标文件的递交情况未出现法律法规及招标文件规定的禁止情形；虽然其授权的投标人代表开标时未能及时抵达现场，但《招标投标法》及《招标投标法实施条例》并未强制要求投标人代表必须到达开标现场；在相关法律规定未作禁止性规定的前提下，招标文件亦未对此作出要求。因此，投标人 D 的投标文件递交情形并未违反现行法律法规及招标文件的规定，应予认定其投标内容。

第4章 建设工程施工招标采购

4.1 施工招标概述

4.1.1 施工招标的流程

施工招标流程见图4-1。

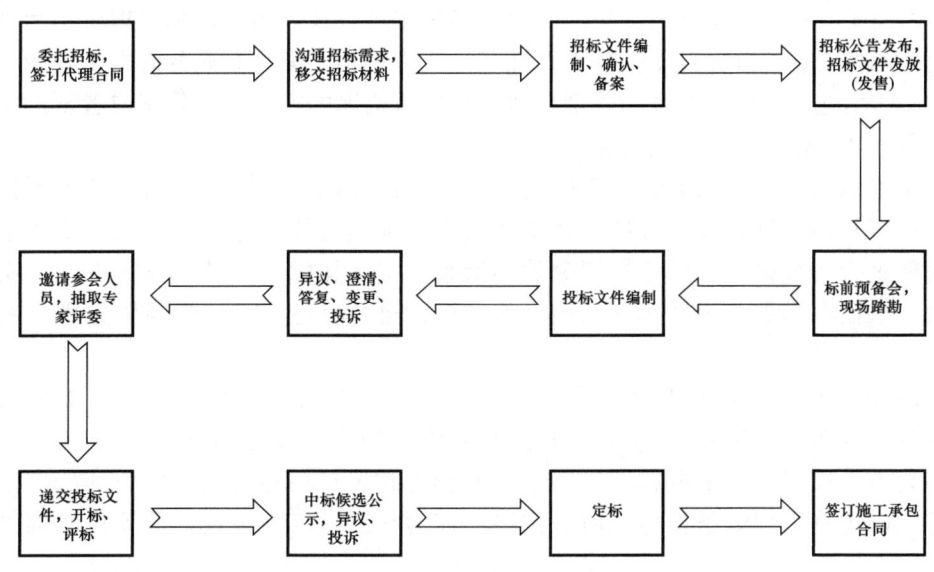

图4-1 施工招标流程图

4.1.2 施工招标的方式

建设单位选择施工承包单位有直接指定方式、招标方式和非招标方式等不同确定方式;符合国务院发展改革部门规定的范围又达到其规定的规模标准的工程施工项目属于依法必须招标的项目,必须采用招标方式确定施工承包单位。不符合国务院发展改革部门规定的范围或达不到其规定的规模标准的工程施工项目,不属于依法必须招标的项目。

(1) 施工招标分为公开招标和邀请招标。
① 公开招标,是指招标人以招标公告的方式邀请不特定的法人或者其他组织投标。
② 邀请招标,是指招标人以投标邀请书的方式邀请特定的法人或者其他组织投标。
(2) 国有资金占控股或者占主导地位的依法必须招标的工程施工项目,应当公开招标;但有下列情形之一的,可以邀请招标(需要在招标前由项目审批、核准部门或有关

行政监督部门作出允许邀请招标的认定）：
① 技术复杂、有特殊要求或者受自然环境限制，只有少量潜在投标人可供选择；
② 采用公开招标方式的费用占项目合同金额的比例过大。

4.2　签订代理合同

4.2.1　招标代理机构的选择

在《招标投标法》中明确规定了招标人有权自行选择招标代理机构，委托其办理招标事宜，任何单位和个人不得以任何方式，为招标人指定招标代理机构。现实中招标人可以直接委托招标代理机构从事招标代理业务，也可以通过招标、比选等多种方式选择招标代理机构从事招标代理业务；一些招标人通过组建单位招标代理机构库的方式，从代理库中通过考核评分排序、竞价或顺序轮候等多种方式，确定招标代理机构为其从事招标代理业务，这些都体现了招标人选择招标代理机构方面具有充分的自主选择权，但也存在一些由地方政府或行业监管部门建立代理机构库的方式，来限制或者干预招标人依法自主选择招标代理机构的行为。

鼓励招标人对为其从事施工招标代理服务的招标代理机构进行动态考核评分，根据其在从事具体代理招标过程中，在工作效率、廉洁自律、业务水平、差错频率等方面的表现进行考核跟踪，以考核评分的高低来决定委托招标代理业务的占比，实行优胜劣汰，从而激励那些为其服务的招标代理机构进行良性竞争，提高服务水平和服务质量。

2018年国家废止工程建设项目招标代理机构资格认定行政许可后，工程招标代理行业机构众多，水平良莠不齐，从业人员法规知识、专业常识、工作经验千差万别，因此不建议招标人采取抽签、摇号等博彩方式选择招标代理机构为其从事招标代理业务，避免将法律赋予招标人应该担当的权力交给运气来决策，给项目的推进带来隐患。

选择施工招标代理机构的关键要素，除了报价，主要还应当包括招标代理机构的资信及施工招标代理业绩，拟投入代理人员的技能（培训上岗证书或职业技能证书）、从业经验、品行及效率（以往代理项目客户评价意见），企业对其从业人员的廉洁教育制度、质量审核制度、内部监督制约制度等管控体系，从事施工招标代理工作的实施方案（代理工作的资源配备、实施进度的计划安排、从事招标代理工作的流程部署、影响项目推进的重点难点环节及其解决措施）等等，由招标人根据项目的复杂程度选择相应的要素进行综合比较。

4.2.2　招标代理合同

施工招标代理合同应当使用国家或行业主管部门发布的《建设工程招标代理合同》示范文本，建设工程招标代理合同通常由合同协议书、合同通用条款、合同专用条款三部分组成。招标代理机构在施工招标过程中获得的所有权利，都由招标人在招标代理合同中授予，招标代理机构只能在招标代理合同授权的范围内从事招标代理业务。

招标人和招标代理机构应当在招标代理合同中明确招标代理服务费的计算标准、支付时间及支付主体。如果招标代理合同中约定的招标代理服务费由中标人支付，招标代理机构应将相应的内容写入招标文件，以便于投标人在投标报价时将该项费用纳入成本计算。招标人在与招标代理机构签订的合同中应当约定，招标代理机构应对其所代理的施工招标项目程序的合法性和招标文件条款内容的合规性负责。同时合同专用条款中，应约定双方经授权的项目信息对接人员及信息传递渠道，防止项目招标过程中信息传达出现错漏，或者沟通得不及时影响项目实施。招标人和招标代理机构应当将可能发生的违约行为及其责任划分情况，在招标代理合同中明确约定（比如因招标信息提供错误原因导致的招标失败，招标文件编制原因导致的招标失败，或者因招标程序违反法律规定而导致的招标失败，其责任的划分与承担）。

招标人与招标代理机构在施工招标代理合同中，不得作出违反法律法规的相关约定。例如招标人不得要求招标代理机构必须保证其意向投标人中标，或者约定中标人的所有制形式、中标人的注册地区域等，亦不得要求招标代理机构在招标文件中作出要求投标人垫资施工的约定等。

4.3 招标前的沟通和信息收集

4.3.1 施工招标范围的确定

招标人在与招标代理机构签订的施工招标代理合同中，应明确当次施工招标的边界范围，并向招标代理机构做好相应的交底工作。因为施工招标的范围明确与否与以下因素密切相关。

（1）工程施工招标的范围与项目资金落实的程度相关。资金未完全落实的工程施工项目可能会分阶段（或分标段）进行施工招标，用前期已经落实的资金额度来招第一阶段（标段）的施工承包单位，待中后期资金到位后，再招余下阶段（标段）的施工承包单位。

（2）工程施工招标的范围与投标人的资格条件设置、招标要求工期设定、投标人施工组织设计方案编写等因素相关。例如在提供施工设计图纸时，招标人应具体说明本次施工招标是包含所提供施工设计图纸范围内的所有内容，或是不包括施工设计图纸中的哪部分内容。招标代理机构也可以根据招标人的交底认真核对所获得的施工设计图纸是否完整，并根据图纸包含的范围来计算招标工期。如果当次招标并不包含某项工程范围，但招标代理机构看到设计图纸中包含，并设定为投标人资格条件，就属于设定的资格条件与招标项目实际需要不相适应或与合同履行无关，违反《招标投标法实施条例》的行为。

（3）工程施工招标的范围与工程质量安全责任划分相关。施工招标范围不明确，可能导致不适合拆分的工程项目因前期招标时没列入招标范围的部分达到招标限额，从而被人为拆分为不同的标段，造成同一工程项目的不合理肢解发包，影响到工程施工质量安全的责任划分。

（4）工程施工招标的范围与投标报价策略相关。采用总价包干方式实施的施工招标，投标人可以根据招标范围及公布的招标控制价的比对来测算其合理性及利润空间；采用综合单价包干方式实施的施工招标，投标人可以根据招标范围及提供的工程量清单来评估招标工程量清单的偏差程度，从而可能采取不平衡报价的策略。招标人需要在招标范围方面防止工程量清单漏算、错算，在主要清单项目上设置招标单价上限，或者避免后期发生重大变更，以此来应对投标人的不平衡报价。

（5）工程施工招标的范围还与总承包施工单位与专业承包单位的配合工作相关。招标人在招标时应当约定清楚总承包配合费用的承担主体并要求其包含在投标报价中，避免出现施工总承包招标范围或者专业发包范围中总承包配合费的缺漏或者重复计入。

4.3.2　施工招标需要的材料清单

施工招标工作开始前，招标代理机构应列出招标资料清单，由招标人向其提供相关材料，以便于招标工作能顺利推进。能让施工招标项目顺利推进的材料清单至少包括以下内容。

（1）项目立项批复文件。一个项目要启动施工招标，首先其手续要合法。项目建议书批复，可行性研究报告批复，初步设计批复，这些都是项目手续合法的基础证明材料。并且这些批复材料上面的项目名称与施工招标项目的名称应保持一致，以证明其前后手续都是用于同一项目的。

（2）资金到位证明。资金到位证明也就是要证明这个项目的资金已经落实，或者其资金来源已经解决，可以启动施工招标和开工建设。如果是财政性资金投资的项目，招标人经财政部门批复的政府采购计划表可以作为资金到位的证明材料。企业自筹资金的项目，招标人可以用银行出具的存款证明（并说明该笔存款专门用于拟施工招标的建设项目）作为资金到位证明。有些地方政府为了加快项目建设推进速度，在资金已经得到解决的情况下，简化招标投标审批流程，允许招标人在施工招标开始前对资金落实情况进行书面承诺，以此作为资金到位证明。

（3）地质勘察报告（装饰施工招标项目不需要）。由于施工招标前，拟施工地块的地质情况是看不到的，所以潜在投标人或投标人只能依靠招标人提供的地质勘察报告来编写施工组织设计，尤其是结合地质勘察报告来考虑开挖方案、边坡支护措施、施工降水措施等。同时，有经验的施工单位也可以根据地质勘察报告对可能发生的设计变更情况进行预判，进而作出投标策略。

（4）土地使用证及红线图（装饰施工招标项目不需要）。要进行工程施工招标，得保证招标人对于要施工的这块土地有使用权，因此就要先获得土地使用证。红线图是土地规划部门确定的项目建筑总平面图，或城市规划管理部门正式确定的项目建筑的总用地面积的示意图，其中红线是用来表示建筑物的边界外延界线，即实际可使用土地的边界图。

（5）已经审定或者批复的设计文件。工程施工招标的前提是要有设计文件，并且设计文件已按程序办理了批复或审核手续。设计文件既便于投标人编制施工组织设计方案，也可为投标人结合工程量清单进行投标报价决策提供参考。同时设计文件，可用于招标代理机构编制招标文件时计算项目所需阐述的说明类的内容来源，还可以作为招标代理机构设定投标人资质及项目经理资质作为参考依据。设计文件应有设计单位的盖章签署，同时具有批复或者审核的附件。

（6）工程量清单和招标控制价。对于政府投资项目或者国有资金投资的项目施工招标，目前基本采用工程量清单报价方式，因此招标项目开始前应该由建设单位委托造价咨询机构或自行编制工程量清单及招标控制价，并将招标控制价和工程量清单作为招标文件的组成部分，一起提供给投标人作为投标报价的依据。由于财政性资金投资的项目，往往会涉及财政投资评审工作，而进度推进要求比较紧急的项目，招标控制价财政投资评审工作不一定能够在招标文件发出前完成，因此有些地方规定招标控制价可以在投标截止时间7天前向所有投标人公布，但是工程量清单应当随着招标文件一起提供给投标人，以便于投标人编制投标预算书。为了保证编制质量及可追溯性，工程量清单和招标控制价应由具备造价师资格的注册执业人员编制和审核，并在其编制成果文件上盖执业印章。如果是经过财政评审中心评审的工程量清单和招标控制价，还应加盖财政投资评审中心的印章。

4.3.3 踏勘现场

招标代理机构踏勘现场的目的，主要是了解项目的基本情况（是否达到三通一平的招标条件），为编制招标文件作准备。同时，也为了将来组织潜在投标人或投标人踏勘现场设计合适的踏勘路线和流程，对潜在投标人或投标人踏勘现场时可能提出的问题进行预判。如果招标方案列明不组织现场踏勘的，应根据现场实际情况考虑把现场的情况用文字或者航拍图片描述清楚，确保潜在投标人能够自行到场踏勘或根据招标文件的描述准确了解场地的方位及四向边界位置。

4.4 招标文件编制、确认、备案

4.4.1 施工招标标准施工招标文件

2007年国家发展改革委等9部委颁布56号令，确定了《中华人民共和国标准施工招标文件》。其后多个部委根据9部委56号令的范本编制出了各自行业的施工招标标准文件。部分省市行业主管部门也根据当地的情况，结合行业的标准文件，又制订出适用于当地的施工招标标准招标文件。例如水利部在2009年发布了《水利水电工程标准施工招标文件》，供水利水电工程施工招标时使用；住房城乡建设部在2010年发布了《中华人民共和国房屋建筑和市政工程标准施工招标文件》，供全国房屋建筑工程、市政工程施工招标时使用。又如北京市住房和城乡建设委员会编制的《北京市房屋建筑和市政工程施工招标文件标准文本》、重庆市住房和城乡建设委员会编制的《重庆市房屋建筑和市政工程标准施工招标文件》、广西壮族自治区住房和城乡建设厅编制的《广西壮族自治区房屋建筑和市政工程施工招标文件范本》等，供地方房屋建筑工程、市政工程施工招标使用。2011年12月，国家发展改革委等9部委又印发了《简明标准施工招标文件》，主要适用于依法必须进行招标的，工期不超过12个月、技术相对简单、且设计和施工不是由同一承包人承担的小型工程建设项目施工招标文件编制。2013年3月11

日国家发展改革委等部委联合发布《关于废止和修改部分招标投标规章和规范性文件的决定》（发展改革委令第 23 号），2013 年 5 月 1 日实施《标准施工招标资格预审文件》和《标准施工招标文件》暂行规定，原则上属于行业工程施工招标项目，符合标准文件所列条件的均应当采用行业规定的施工招标文件，但标准文件除不需修改引用的部分外，其余内容仅仅是为行业同类项目的施工招标文件提供了一个参考的模板，每个项目应当结合项目的实际情况，进行针对性地编制和完善。当然这里所称的结合项目实际情况，不应当被招标人无限地放大，仍然应当以符合国家法律法规为前提。

需要注意的是，虽然都是施工招标标准文件，不同行业之间仍然存在较大差异，招标文件编制人员需要防止用错标准文件，从而造成修改不彻底、前后不对应或者出现与行业不相关的内容，严重的甚至造成招标失败。

施工招标标准文件作为指导性文件，在一定时间内可能无法实现实时更新，因此就无可避免跟最新的政策存在脱节的情况，招标代理机构或招标人在编制施工招标文件的时候，不能生搬硬套，应结合最新的政策进行调整，如果是因为电子标书编制工具导致的无法在模块里按新的规定进行修订，也应在正式文件发出同时以招标文件补充通知的方式来确保招标文件与新颁布的文件规定保持一致。

施工招标标准文件通常可以在国家（或地方）行业行政主管部门的官方网站下载，或者在国家（或地方）行业招标投标学会（或协会）的官方网站下载。

4.4.2　施工招标文件的构成

施工招标文件通常由以下八个部分构成：
（1）招标公告或投标邀请书；
（2）投标人须知（包括投标人须知前附表和投标人须知正文部分）；
（3）评标办法（包括评标办法前附表和评标办法正文部分）；
（4）合同条款（包括通用合同条款、专用合同条款、合同协议书）；
（5）工程量清单；
（6）设计图纸；
（7）技术标准和招标人要求；
（8）投标文件格式。

招标公告或投标邀请书是用来引导符合招标条件的投标人或潜在投标人参与投标的信息文件，其内容主要是告知项目的基本情况、参与投标的资格条件、获取招标文件的方式和地点、开标的时间、信息发布媒体（邀请招标不涉及）、招标人及招标代理机构的联系方式等信息，有些招标公告还会介绍项目的资金来源、采用评分办法的方式、工程款支付的时间和比例等内容，便于潜在投标人对于是否参与投标竞争作出更加全面的判断。

投标人须知是招标文件的关键内容，该部分内容是投标人参与投标活动的基本规则，对这些基本规则的响应与否，将导致投标人在投标过程中，投标文件能否被认定为实质性响应招标文件，能否进入详细评审阶段，进而有无希望在激烈的投标竞争胜出的前提。对该部分内容研究得不够透彻，可能将导致投标人的投标文件无法与竞争对手站在同一起跑线进行评分比较；其内容主要包括招标文件的术语解释，项目招标文件的基本章节，投标文件的基本构成要求，招标投标活动的基本程序及流程安排，参与投标的禁止性规定，评标结果的确定，中标通知书的发放以及合同签订的相关步骤。

评标办法是招标文件的核心内容，该部分内容是评标委员会评审的依据，是招标人计划选择中标人的主导方向，也是投标人参加投标竞争，展示企业实力的主要竞技比赛项目。招标人需要在这一章节中列明自己希望寻找的中标人的理想画像，提出自己的偏好（如价格优先还是实力优先），并且这些偏好应该与施工项目性质和特点有密切关联。投标人需要根据这部分内容决定投标策略，针对性地提供企业的信誉、业绩、企业的财务状况，挑选最适合的拟投入项目人员和设备，编制出与招标项目密切相关的、最能展示自身技术水平的施工组织设计方案，既保证企业成本和利润又有一定竞争力的投标报价等。

合同条款是招标人与投标人进行招投标活动的最终目标。因此招标人需要在招标文件中明确自己将要与投标人签订合同条款的具体内容，除非是在中标前确实无法填写的内容，招标人应将自己希望在后期施工过程中，合同通用条款允许单独约定的事项，全部在招标文件合同条款中描述清楚。同样的条件，在招标文件中描述，与在中标后再与中标人商谈，对招标人而言主动性完全不同。在招标文件中描述的不违反法规规定的条款，投标人参与投标并对该合同条款承诺响应，则表明其接受了该条件。但招标文件没有约定的事项，投标人中标后则并不是必须要接受招标人额外的约束。比如招标文件没有约定履约保证金的具体金额（比例）、交纳时间，中标后合同谈判过程中，针对履约保证金的条款，很可能会成为合同签约阶段就已经开始的争议事项。

工程量清单是招标人或其委托的造价咨询机构根据施工设计图纸、预算定额、工程量清单计量规范、设计图集等，编制的反映拟招标工程施工项目的基本内容、实体数量和质量要求等信息的招标材料。工程量清单一般包括编制说明和清单两部分内容，编制说明应包括编制依据、分部分项工程工作内容的补充要求、施工工艺等特殊要求以及主要材料价格档次的设定，清单一般包括分部分项工程量清单、措施项目清单、其他项目清单、规费和税金清单等几个部分。工程量清单是招标人编制招标控制价和投标人编制投标报价的共同依据，也是工程款支付、结算以及索赔的依据。在综合单价包干的工程施工招标项目中，工程量清单与设计施工图的任何偏差责任由招标人承担。

施工招标设计图纸是招标人委托的有设计资质的单位编制并依法办理了审图手续的设计文件。设计图纸是编制工程量清单、招标控制价、计算招标工期的依据，也可供投标人编制投标报价、施工组织设计方案参考。招标人应在招标文件中列明当次施工招标范围内的图纸目录，以便于投标人拿到图纸后核对有无缺漏。

技术标准有可能是适用于本项目的国家或行业施工规范、标准，也可能是招标人提出的专门针对该招标项目的施工技术工艺标准（比如要求针对本项目的地下室主体结构施工采用逆作法施工工艺），或是比国家或行业施工规范、标准更高的技术标准（比如国标对于现浇混凝土设备基础预埋地脚螺栓孔中心线位置允许偏差上限值为10mm，而招标要求偏差上限值为6mm）。招标人要求是招标人针对本项目的施工承包中标单位提出的无法以合同条款方式约定，或者无法在设计施工图纸中反映的技术性要求（比如施工招标范围包括有中央空调，而针对空调系统中新风机的额定风量、制冷量、电机功率、噪声值等详细参数）。

投标文件格式是招标人在招标文件中提供给投标人编制投标文件时，针对部分需要在各投标人之间横向比较的内容，提前设计好的固定格式。这些投标文件格式，有些是按照国家或行业相关规定设计的固定样表（比如工程量清单计价规范对于工程量清单投标报价预算书的格式要求），有些是与评标办法内容相配套的材料数据统计表，也有些则是招标人专门针对招标项目自行设计的表单或说明。

4.4.3 施工招标文件的编制及审核

1. 施工招标文件的编制

招标人或招标代理机构在施工招标文件的时候，应当以法律法规规定为基准，结合项目的实际情况，从选择导向性（如价格优先或是实力优先）角度出发，编制施工招标文件。在导向性定位方面，招标人或招标代理机构应考虑适用性原则，在一次施工招标过程中实施效果很好的招标文件，并非适用于所有施工招标项目。

编制施工招标文件时有以下几点需要注意。

（1）正确选择招标文件范本。编制施工招标文件时，应避免房屋建筑工程施工招标文件套用公路工程施工招标文件范本，或者房屋建筑工程施工招标文件套用房屋建筑工程设计招标文件的范本。

（2）正确选择招标方式。国有资金占控股或主导地位，依法必须招标的工程施工项目，在没有获得审批、核准部门或有关行政监督部门认定的前提下，原则上应当按公开招标的方式进行招标。其他情况下，由招标人结合项目实际，根据企业采购管理办法选择相应的采购方式。

（3）正确设置投标人的资格条件。工程施工招标资格条件作为投标人的门槛，主要是确保中标人有资格、有能力承包招标的工程项目。工程施工招标项目投标人的资格条件设置应根据《建筑业企业资质标准》中不同行业（或不同专业）总承包（或专业承包）的不同资质等级承包范围，结合招标项目的特点进行合理设置，既要防止设置的资质条件过低或专业不对口，造成中标人超越本企业资质等级或专业承揽工程，项目无法办理施工许可；又要防止设置的资质门槛过高或捆绑的资质条件过多，属于"以不合理的条件限制、排斥潜在投标人或者投标人"被认定为招标违法行为，或者因设置条件过高，无投标人响应而导致招标失败。资格条件的设置除了施工企业资质等级、专业，同时还涉及投标人的类似工程施工业绩（考察投标人的经验，为了给予新设立企业或小企业成长空间，非必要可以不设置此要求）、财务状况（主要考察企业有无资不抵债或财产被冻结情况）、项目经理条件（项目经理的资格条件应根据《注册建造师管理规定》和《注册建造师执业工程规模标准（试行）》进行设置）、专职安全生产管理人员的配备条件（应根据住房城乡建设部《建筑施工企业安全生产管理机构设置及专职安全生产管理人员配备办法》或其他相关规定提出人员配备要求）以及其他关于限制投标的条件（如企业处于被行政主管部门停止投标阶段或企业被列为失信被执行人等联合惩戒对象）等。

（4）招标的范围要界定清晰。招标范围对施工招标项目的影响除了本教材4.3.1中所述情形外，还应该注意，当一个工程施工招标项目分阶段（或分标段）来进行招标时，招标范围的描述尤其要避免不同的标段内容出现重叠，造成施工费用超支；或者标段划分时，某一项施工内容存在缺漏，导致相邻两个标段均未涵盖该项内容。

（5）招标工期要求应合理。工程施工招标的要求工期应按《建筑安装工程工期定额》计算后确定，为保证工程质量，不应压缩招标工期，如确实紧急需要压缩工期时，宜组织专家论证缩短工期的技术可行性，且在招标工程量清单中增设提前竣工（赶工补偿）费项目清单。

（6）合理划分标段。一个工程施工项目如果包含的行业（专业）范围过多（例如同时涉及房建、市政、变配电等）时，应根据行业（专业）合理划分标段进行招标，或者将占比超过50%的行业（专业）作为主要招标条件进行总承包招标，其他部分允许总承包单位中标后分包给具备相关分包内容资质条件的单位来施工。招标人或招标代理机构在划分标段时，也要防止将不宜划分标段的内容拆分，被认定为肢解发包，或者标段划分得过细，给招标人在施工过程中的协调工作增加过大的工作量。

（7）招标文件文字描述应避免产生歧义。比如投标文件格式要求"法人签字"（法人是投标人企业的简称，企业作为一个组织如何签字？无法实施），或者要求法定代表人"签章"（究竟是要求法定代表人"签字或盖章"还是"签字并盖章"？应该清楚写明），或者给予符合加分条件的类似业绩时间只写"近三年"（没写明是签订合同日期为近三年内或是竣工日期为近三年内，而且也没写清楚是否把投标截止日作为起算日往前倒推三年）。现实中不乏因招标文件文字出现歧义导致评标过程中评标委员会成员争执不休甚至招标失败案例。

（8）评标办法中的评分项与招标项目需要应相互匹配。评分办法中的业绩、奖项、人员等评分项，均应结合当次招标项目的规模、专业、复杂程度等实际情况，避免设置的评分项规模远大于招标项目（如招标项目总投资额5000万元，设置的加分条件是完成过8000万元类似项目业绩），或者设置的评分项与招标项目内容不符（如施工招标项目，设置的加分对象为获得设计奖项的投标人），或者设置的拟投入项目人员加分条件过高（如总投资1000万元的学生宿舍楼施工招标项目，设置的项目经理加分条件为教授级高级工程师职称或者从事工程施工25年以上工作经历等）。

（9）综合单价包干的招标项目，应尽量确保招标工程量清单与项目实际内容的一致性。综合单价包干的项目，招标时投标报价主要以招标人发出的工程量清单为依据，结算时是以实际施工内容（包括工艺做法、工程数量等）为依据，因此，招标工程量清单与实际工作内容的出入，将造成后期结算时综合单价的争议和工程量变化的索赔，最终很大程度会影响到项目总投资的管控。一旦因招标人原因导致项目结算金额超出了概算总投资额度，则国有投资项目的招标人将面临巨大的审计风险，民营投资项目的招标人将面临投资回报率达不到预期甚至投资亏损的风险。

（10）总价包干的招标项目，前期成果文件应提供完整。因为是总价包干，那么招标阶段如果向投标人提供的前期成果文件不完整，很大可能会造成施工过程中或结算时的官司纠纷（比如有地下室的深基坑施工项目，承包人以招标人在招标文件中未提供地质勘察报告，造成其在投标阶段不能合理全面判断地下水位、基坑边坡的稳定性等施工场地地质状况，选用了不恰当的施工方案和投标报价策略，中标开工后不得不改变技术方案措施，从而增加其施工成本为由，起诉招标人给予其经济补偿）。

（11）合同付款方式应明确。施工招标项目往往合同金额较大，项目预付款及其预付比例、项目进度款支付时间节点及比例、项目结算款支付时间及比例等与投标人的报价策略关系很大，潜在投标人或投标人对此非常关心，甚至在很大程度上影响到招标人的资金成本，因此，招标人应在招标文件中详细写明合同付款方式。

2. 施工招标文件审核

施工招标文件编制完成后，招标人或招标代理机构应由单位内部设置的质量控制部门进行审核。审核招标文件分为一致性审核和合规性审核。

一致性审核的重点是招标文件的同一内容是否出现前后矛盾的表述。例如招标公告的项目名称、招标范围、投标人资格条件、时间约定等内容与投标人须知前附表的相应内容是否存在矛盾，投标人须知前附表的招标范围（承包范围）、分包约定、履约保证金的缴纳时间及额度等内容与合同条款的相应内容是否存在矛盾，投标人须知前附表的投标文件构成、投标人资格条件（包括资格审查条件是否一致以及加分条件是否不低于基本资格条件）、考核年限、类似业绩规模、盖章要求、评标方式等内容与评分办法的对应内容是否存在矛盾，招标文件的招标公告、投标人须知前附表中的投标文件构成、考核年限、人员证明材料、业绩证明材料、财务证明材料等要求内容与投标文件格式及其备注内容是否存在矛盾，招标文件的工程的总投资、建筑面积、项目规模等内容与前期已经完成的可研批复、初设批复、设计图纸等成果文件数据是否存在矛盾等。

合规性审核的重点是招标文件的条款与现行的招标投标或工程建设的法律法规是否相违背。例如设定的投标人资质专业与项目的专业性质是否相匹配，设定的投标人资质等级与项目的规模大小是否相匹配，设定的业绩与项目的实际规模是否相匹配，设定的项目经理的资格等级与项目的规模是否相匹配，工程款支付条款是否涉嫌要求中标人垫资施工，施工标段划分是否存在肢解发包行为，工程竣工后预留的质保金比例是否超过国家或行业规定的比例等。

4.4.4 施工招标文件的确认

招标人委托招标代理机构从事施工招标代理业务的，招标代理机构在招标文件编制并内部审核后，应根据招标代理合同的约定，在送行业招标投标监督管理部门备案及对外发放（发售）前，报招标人确认，招标人在确认招标文件时，重点应核对项目的工程概况、招标范围、工期要求、投资金额、项目建设地点、图纸及工程量清单版本号及完整度、报价方式、技术标准和招标人要求、特别提出的合同条款、履约担保、付款方式、甲供材料（如有）等，发现与前期对接时所提要求有出入的，应详细了解代理机构作出修改的原因。招标人对招标文件的确认后应出具书面的确认意见。

4.4.5 施工招标文件的备案

招标人或招标代理机构在招标公告发布和招标文件发出的同时，应将招标文件报行业招标投标监督管理部门备案，监督管理部门在开标前主动发现或因受理投诉后发现招标文件存在合规性问题并提出书面修改要求的，招标人或招标代理机构应根据要求进行修改（招标人或招标代理机构能提供证明其合规性依据者除外）。同时，招标投标监督管理部门对于施工招标备案材料有其他要求的（如立项批复文件、土地使用证、红线图等复印件），招标人或招标代理机构应按要求提供。

4.5 招标公告的发布及招标文件的发放（发售）

4.5.1 施工招标公告发布媒体

施工项目邀请招标不需要在媒体发布招标公告，只需要向受邀请对象发出投标邀请书即可。受邀请对象收到投标邀请书后，应按照投标邀请书的要求在规定时间内回函是否参与投标。

公开招标项目的施工招标公告应当至少发布在国家发展改革委指定媒体或者省级发展改革部门指定媒体，目前我国关于施工招标发布公告的国家发展改革委指定媒体为"中国招标投标公共服务平台"，各省关于招标公告发布指定媒体为项目所在地省级电子招标投标公共服务平台。实行电子化招标的施工招标项目，招标公告还应发布到当地的电子招标投标交易平台。工程施工招标项目属于政府采购工程项目的时候，其招标公告同时应发布到国家级政府采购公告发布媒体及省级政府采购公告发布媒体。使用国际金融组织或外国政府贷款工程施工招标项目的招标公告，同时应发布到贷款方指定发布的媒体。

4.5.2 施工招标文件的发放（发售）

招标文件的发售价格应当限于补偿招标文件印刷、邮寄成本，不应按照招标项目投资额作为招标文件售价依据。对外发放（发售）的招标文件应加盖招标人或招标代理机构公章或电子印章。

招标人或招标代理机构应确保发售或发放的招标文件版本的准确性，认真辨别因制订或修改标书的过程中产生的不同版本招标文件，避免发出错误版本的招标文件，从而影响招标项目的顺利推进。

施工招标文件在发放（发售）过程中应向潜在投标人或投标人同时提供施工项目的设计图纸及工程量清单。当招标文件采用纸质版本发放或发售时，应详细登记领取招标文件投标人的相关信息，以便于招标文件有更改时，保证能将更改通知发放给每一位领取招标文件的投标人。当招标文件采用电子版本发布时，应确保更改通知发布渠道与招标文件发布渠道的一致性。

招标人在发放（发售）招标文件时，应禁止一个投标人代表代替多家投标人领取（购买）同一施工项目的招标文件。为了防止领取（购买）招标文件的代表冒充其他单位领取招标文件，招标人或招标代理机构可以要求投标人代表领取（购买）招标文件时，提供其所代表投标单位出具的购买招标文件授权书原件。但不应将本应由评标委员会在评标时才需要评审的资格证明材料前置到招标文件购买阶段进行审查（尤其是要求提供营业执照、资质证书原件等），给潜在投标人或投标人领取（购买）招标文件制造障碍。

招标人或招标人代理机构发现一人代表多家投标单位领取（购买）同一施工招标文件的行为时，当场发现的应当及时制止，事后发现的应当向招标投标监督管理部门及时汇报。

4.6 项目现场踏勘及标前会

4.6.1 施工招标潜在投标人现场踏勘

招标人（或招标代理机构）在施工项目招标前组织踏勘现场的目的，在于让投标人或潜在投标人参与投标前，对施工现场的状况提前了解熟悉，包括现场的道路交通、场地平整、临时水电的接驳、场地的边坡、施工场地不利因素（如施工区域上方有无高压线通过，或施工期间是否有可能发生山洪、滑坡、泥石流灾害）等各种招标文件或者纸质材料上无法反映出来的现场状况，让投标人在编制投标方案时，对建设施工成本和技术难度进行评估，采取适当的投标策略。

招标人组织施工招标项目踏勘现场，其实也可以保护招标人的利益，防止投标人中标后提出由于对施工现场的状况不了解、不掌握而分不清具体责任，导致招标人在合同谈判过程中处于不利地位。

招标人组织现场踏勘时，需要把握的尺度是不应组织投标人集中签到，也不应当众点名让各投标单位进行响应，使得各投标人了解到其竞争对手的单位名称和联系方式，避免因组织现场踏勘为投标人串通投标提供便利。同时招标人也要加强内部管理，避免通过组织现场踏勘提前掌握投标人的名单并将其提供给某一投标人，从而产生工作人员与投标人串通投标的违法行为。

法规上禁止招标人单独或者分别组织各投标人进行现场踏勘，从而避免给各投标人提供的信息不一致影响投标人的投标竞争，产生不公平的待遇。

现场踏勘集中地点应有明确标识并有专人接待，开始踏勘的时间要严格按招标文件约定，招标文件中因到踏勘现场而提供的联系电话，应保持随时接听。为了便于事后追溯，必要时应对组织踏勘现场的过程进行录音录像。如果是先集中再前往项目现场的，应使用统一的交通工具一同前往；如果是各自前往项目现场再集中介绍项目情况的，招标人或招标代理机构工作人员应避免乘坐任何一名投标人交通工具往返，从而让其他投标人产生不必要的猜疑。

4.6.2 施工招标标前预备会

针对一些重大或复杂施工招标项目，招标人或招标代理机构应组织标前预备会，集中收集或解答潜在投标人或投标人提出的疑问，有时候标前预备会的召开时间会在组织现场踏勘后，这样收集到的问题会更全面。组织标前预备会建议在招标文件发出4~5天之后举行，这样可以让潜在投标人或投标人对招标文件、施工图纸、工程量清单有一个熟悉的过程，所提出的问题也能够达到更深层次。

招标人或招标代理机构在组织标前预备会时，同样应参考现场踏勘的一些注意事项，避免造成潜在投标人名单泄露。

4.7 投标文件编制及投标注意事项

4.7.1 施工投标文件的编制

施工投标文件的编制分为电子投标文件的编制和纸质投标文件的编制。电子投标文件的编制详见本教材第 9 章电子招标投标实务部分。纸质施工投标文件通常分为资格审查部分、商务文件部分和技术文件部分。

资格审查部分一般包括投标人的法人证明文件（如营业执照）、投标人资格证明文件（如施工企业资质证书、联合体投标协议、安全生产许可证）、施工企业业绩证明材料、拟投入项目经理执业证书、注册证书、职称证书、施工企业财务状况报告、缴纳社保的证明材料等等，具体以施工招标文件资格审查部分要求提供的内容为准。

商务文件部分主要包括投标函、标价的工程量清单或投标预算书及其他相关材料。

投标函是投标人根据招标文件规定的格式对投标项目的报价、质量、工期以及招标文件中合同条款等内容作出承诺的文件。

标价的工程量清单或投标预算书是投标人根据招标人或招标代理机构提供的工程量清单及设计图纸等资料编制的投标报价文件。对于不采用工程量清单方式报价的施工招标项目，投标人应结合现场踏勘、施工设计图纸、招标人对澄清要求的答复意见或补充更改通知等内容，综合评估后进行投标报价（例如工料机方式报价或者成本加酬金方式报价）。

技术文件部分通常包括项目组织机构、项目分包情况说明以及施工组织设计。

有些地区规定将技术标分为明标部分和暗标部分，明标部分主要针对技术文件中可以显示投标人技术实力的内容，比如拟投入施工项目管理人员名单，职称、执业证书，业绩，工作经历等材料，以及企业拟投入该施工招标项目的机械设备、检测仪器购置、租赁合同等信息。暗标部分主要针对技术文件中能反映投标人技术水平的内容，主要是针对施工组织设计方案。

4.7.2 施工投标注意事项

施工企业在参与施工投标拿到招标文件后，首先应检查招标文件的完整性及信息公布更改或澄清的渠道，认真研究招标文件中规定的条款，在投标截止时间 10 天前，将招标文件可能存在矛盾的、或描述不清的、或在勘查现场（或者参加招标投标预备会）的时候存在的疑问列出来，书面形式向招标人或招标代理机构提出，避免错过参加招标投标预备会、现场踏勘或者提出澄清说明的时限。

1. 投标人在编制施工投标资格审查文件时的注意事项

（1）企业名称如果曾有变更经历的，应提供企业工商更名的相关证明材料。

（2）企业资质证书注明有效期的，应附上最新的资质证书或有效期获得延续的材料。

（3）资格证明文件如有信息变更的（如法定代表人或技术负责人的变更），应附上办妥变更手续的页面材料。

（4）如果是联合体参加投标的，应在投标文件中附上联合体协议书原件，同时，应在联合体协议中约定双方的职责和权利，招标文件中如果提供有联合体协议书的格式时，投标人应严格按照联合体协议书的格式来进行填写。

（5）提供类似项目的业绩证明材料时，尤其要注意招标文件对类似业绩的定义中关于项目投资规模或建筑面积的约定，同时还要注意类似业绩的专业类别及实施年限。

（6）国家对于施工企业拟派驻施工项目的项目经理有注册执业资格方面的相关规定，投标人应根据项目招标文件中规定的任职专业、资格等级、类似项目任职业绩和职称等情况来考虑拟派项目经理的人选，国家对于施工企业项目经理执业项目有唯一性的限制，投标人在投标前应注意核查拟投入施工项目的项目经理是否有在建项目，必要时应于投标文件递交截止时间前办妥相应的变更手续。

（7）招标文件如要求提供财务状况报告，通常要求近三年经过会计师事务所审计的财务状况报告，如果投标人是新成立的施工企业，应提供自成立以来的年度财务审计报告。

（8）招标文件如要求提供其他行政机构的证明材料，证明材料与投标文件的其他内容应保持一致（例如要求提供缴纳社保证明材料的，社保材料所包括的人员名单应与拟投入项目管理人员的名单保持一致），同时，应确保这些证明材料是由相关机构出具或在其官方网站能够查证，除非招标文件允许，投标人不应以企业自行编制的说明作为凭证。

（9）投标人在施工投标文件中提供的设备，应提供相关的证据证明是属于租赁的设备或是自购的设备，并尽可能反映设备的购置年限或新旧状况，检修完好状况等。

（10）投标人在施工投标文件中提供的人员应为施工企业自有员工，应在投标文件中附上企业与员工的聘用合同、社保证明等证据，如果招标文件对施工企业拟投入项目管理人员的注册执业资格或职称有要求时，应一并附到投标文件中，如果招标文件对于拟投入施工项目的其他管理人员也作出限制同时在两个以上项目担任管理岗位要求时，投标人应事前进行核查或必要时办理相应的变更手续。

2. 投标人在编制施工投标商务文件时的注意事项

（1）投标人应严格按照招标文件提供的投标函格式进行填写和签章，并确保报价、工期、质量以及对合同条款的响应等承诺内容与投标文件其他相关内容保持一致。

（2）采用工程量清单方式招标的施工项目，建筑行业工程量清单计价规范对于投标预算书的格式有明确要求，特别是项目编码、项目名称、特征描述、计量单位、工程量应严格按照招标人发出的工程量清单内容进行编制，避免由于以上五项内容中的任何一项与招标人发出的工程量清单不一致，而被评标委员会判定为投标无效。

（3）针对国家或者地方规定在投标预算书编制时，不能竞争的费用（费率），投标人应严格遵守，避免因暂估价、暂列金额、规费、税金等不可竞争费用（费率）私自变动，从而导致自己的投标文件被判定为无效。

3. 投标人在编制施工投标技术文件时的注意事项

（1）针对项目打算采用分包方式实施的部分，投标人应在投标文件中将拟分包的项目内容和分包单位的相关情况说明附在投标文件中，避免投标人中标后，招标人以中标单位未于投标文件中告知招标人拟分包的内容，而拒绝项目采用分包的方式来实施，进而造成施工单位的违约。

（2）施工投标文件的施工组织设计部分如果采用暗标方式编制的，投标人应严格按照招标文件中关于暗标的格式规定进行编制，避免在暗标的投标文件中出现可能涉及泄露投标单位相关信息，引起评委不能公平评审的行为，而被认定为投标无效。除了施工组织设计方案中不能出现与投标人有关的信息以外，暗标投标文件还不能出现不同的投标人之间有区别的排版字体特殊标识等信息，因此投标人编制技术标暗标的时候，应严格按照招标文件关于暗标的排版要求进行编制，包括所采用的字体类型、字号大小、每行排版的文字数量、每页排版文字的行数、页边距、页眉页脚页码的标注等等，均应当统一排版的模式。能够使评标委员会成员尽量做到就事论事去比较各个施工组织设计方案的优劣，避免出现评标委员会成员因对某个投标人的好恶而打感情分的行为。

（3）施工投标文件施工组织设计部分的编制，还应注意的一个问题就是应结合项目的实际情况进行编制，避免为了增加技术文件的文字数量而将与项目不相关的施工方案列入施工组织设计中，比如项目未涉及桩基施工的或者未涉及地下室施工的，却在投标文件中出现大量关于桩基施工、地下室施工的技术方案，又如在施工组织设计方案中采用的是提升脚手架的措施，但是文字描述部分却出现落地式钢管脚手架的相关内容。

4.8 施工招标文件的完善

4.8.1 异议

异议是指潜在投标人或投标人发现或者认为施工招标文件对其权益造成实质性损害，而向招标人或招标代理机构提出反对意见的行为。招标人或招标代理机构针对投标人提出的异议应当积极进行应对，在某种程度上，这是投标人帮助招标人或招标代理机构完善或修复其招标文件可能存在缺陷的一种有利渠道。对异议的处理方式不妥当，容易导致投标人上升到投诉的层面，这将给项目的推进带来很大的不便。本可以通过简单的疏导就能解决的异议，由于招标人或招标代理机构不够重视，而演变成为投诉甚至行政复议或者诉讼的案例，不胜枚举。因此，尽管《招标投标法实施条例》第二十二条，对于潜在投标人或者其他利害关系人提出异议的时间有限制，但仍然建议招标人或招标代理机构对于超过异议有效期提出的异议，抱着审慎重视的态度来进行处理。

有些异议是由于招标人对招标项目的情况描述得不够详细，导致投标人认为招标文件所提出的相关条款与项目实施无关，属于限制性、排斥性或者歧视性条件；有时候由于投标人对招标投标相关法律法规的不熟悉而对招标文件、招投标过程或评标结果提出异议，这时候就需要招标人或招标代理机构以普及法律常识的心态去做出相应的解释；有时候是由于招标人或招标代理机构的笔误或者是错误的判断，而设定的与项目实际不符的条款，这时就更应该实事求是地对招标文件进行更正。

4.8.2 澄清

施工招标文件的澄清是对招标文件作出解释的行为。施工招标文件澄清针对的问题是招标文件内容模糊不清,前后存在矛盾冲突或者有歧义。当投标人或潜在投标人对招标文件的内容产生疑惑,要求招标人作进一步的解释而提出要求澄清的书面材料通常叫澄清要求,由招标人对澄清要求进行解释时通常叫作澄清答复。澄清不同于异议,异议是投标人认为招标文件的内容或条款侵害了其参与投标的权益,而澄清则不一定会侵害投标人的权益。澄清有时候也会发生在招标人或招标代理机构发现招标文件存在矛盾或者可能存在让投标人产生歧义的内容的时候,由招标人或招标代理机构主动作出说明。

4.8.3 答复

招标人或招标代理机构在接到潜在投标人或投标人提出的异议或澄清要求后,应针对其所提内容进行核实。属于异议的内容应在受理后三个日历日内进行答复,如果因核实的时间较长,暂时无法对异议作出结论性答复的,也应该临时给出一个阶段性答复函,并暂停招标投标活动,待核实后再次发出二次答复函。属于澄清要求的,法规虽然没有对其答复有明确规定,但一般参考异议答复的处理时限或方式。

4.8.4 变更

按发生原因可以把施工招标文件的变更分为主动变更和被动变更,主动变更是指由招标人主动修改招标文件而产生的变更;被动变更是指因潜在投标人或投标人对招标文件含义不明确或前后矛盾的内容提出澄清要求后,或者对招标文件中可能存在歧视性、限制性、排斥性条款提出异议后,招标人根据必要作出相应的变更。

按其变更对投标人制作投标文件是否造成影响,施工招标文件的变更还可以分为影响投标文件编制的变更和不影响投标文件编制的变更。影响投标文件编制的变更一般指在投标人制作投标文件的时间或者内容方面产生影响,此类变更发出时间距投标文件递交截止时间不足 15 天的,按照法律规定,应延长投标文件递交截止时间。如果招标人对招标文件所作出的变更并不影响投标文件的编制时,则可以不对投标截止时间进行延长(例如招标人对开标地点由同一建筑物内二号开标室改为三号开标室的变更,或者对评标委员会人员数量的变更等)。

招标人在编制招标文件变更通知时,应从最不利于投标人角度出发,评估变更是否会影响投标文件的制作,而不能仅从招标人的角度来进行判断(例如招标人在投标文件递交截止时间 5 天前对招标工程量清单的某一项工程量做出修改一个小数点的变更,根据工程量清单计价规范的要求,投标文件填报的项目编码、项目名称、项目特征、计量单位、工程量必须与招标工程量清单保持一致这一强制性原则,将导致投标人需要重新在计价软件中调整投标预算,进而将实质性影响投标人编制投标预算书的时间,因此应相应地延长投标文件递交截止时间),避免因此引起投标人的异议或投诉。

招标人对招标文件作出的变更,如果降低了投标人的资格条件,此时应当延长购买招标文件的时间,则投标文件递交截止时间应延长不少于 20 天(不是 15 天),以便于给予按原招标条件无法参与投标的潜在投标人看到变更后,重新购买招标文件,并参与投标文件的制作和施工项目的投标竞争。除非是原制定的投标人资格条件与法律法规相抵触,否则招标人不应使己方对招标文件作出的变更,限制已经购买招标文件的潜在投标人参与投标。例如招标文件发售后,招标人发出变更通知,提高了投标人参与项目投标的资格条件,从而导致已经购买招标文件的投标人,不能参与该项目的施工投标。如果是因为原编制的施工招标文件设置的投标人资格条件不符合法规要求(例如按施工企业资质管理规定,本应设置为一级建筑工程总承包资质的资格条件,错误设置为二级建筑工程总承包资质),因此不得不在招标文件发出(售)后进行变更,此时招标人除了应当退还二级总承包资质的潜在投标人购买招标文件的费用外,已经制作了投标文件或已经缴纳了投标保证金的,招标人还应当给予此类潜在投标人适当的经济补偿,具体补偿的标准,应以潜在投标人出具的已经投入的直接成本为限。招标人拟对招标文件进行变更时,应将变更的内容报招标投标监督管理部门备案,招标投标监督管理部门可对该变更是否存在限制性或者歧视性条款进行监督。招标人对招标文件作出的变更应采用书面形式,并发放给每一个获得招标文件的潜在投标人或投标人。

4.8.5 投诉

投诉是投标人或潜在投标人对于招标代理机构答复异议的内容不满意,或者招标代理机构(或招标人)未在规定时间内对异议作出答复时,作出的进一步维权行为。针对招标文件的投诉主体是潜在投标人或投标人,被投诉的对象是招标人或招标代理机构,投诉受理对象是负责施工招标项目监管的招标投标监督管理部门(无招标投标监督管理部门的施工项目,可向招标人的纪检部门或招标人的上级主管部门进行投诉)。投诉应由投标人或潜在投标人知道或应知其权益受到侵害之日起 10 个日历日内以书面形式提出。根据《招标投标法实施条例》规定,认为招标文件不符合法律、法规规定的,投标人或潜在投标人应先提出异议后,方可进行投诉。若潜在投标人或投标人对于投诉事项应先经过异议程序而未进行异议,或未在规定时间内进行异议,此时应视为投标人或潜在投标人异议权因时效原因已经灭失。投标人或潜在投标人异议权灭失的,招标投标监督管理部门不应受理其投诉。招标投标监督管理部门不受理投诉,但仍然有权从监管角度要求招标人(或招标代理机构)对招标文件中不完善的地方进行修正。

招标投标监督管理部门收到潜在投标人或投标人针对招标文件提出的投诉申请时,通常按以下程序进行处理:

(1) 投诉材料不完整的,要求投诉人对其投诉事项补充相关证明材料;
(2) 如果投诉不符合受理条件,书面回复不予受理并说明理由;
(3) 如果投诉符合受理条件,通知招标人或招标代理机构暂停项目招标活动;
(4) 要求招标代理机构或招标人对投诉事项进行书面说明并提供相关证明材料;
(5) 如果投诉事项涉及技术性较强难以直接进行判定(如投诉招标文件要求的技术工艺存在唯一性)时,可以组织行业专家进行论证;
(6) 如有必要发函向有关当事人或有关机构核实;
(7) 作出投诉处理决定。

处理投诉事项应以实事求是为基本原则,以和谐发展为解决目标,以政策导向为判定依据。

招标投标监督管理部门作出的投诉处理决定如果涉及招标文件存在问题的,招标人或招标代理机构应该根据处理意见发出更改通知或者修改招标文件后重新招标。

4.9 开标前的准备工作

4.9.1 文件准备

开标前,招标人或招标代理机构需要提前准备好开标、评标需用的文件资料。所准备的资料至少包括以下材料:
(1) 各种开标、评标需要用到的签到表;
(2) 组织开标活动或参与评标活动需要出示的授权书、身份证明材料(如需要);
(3) 招标文件、澄清说明、更改通知(与发给投标人版本相一致);
(4) 立项批复、地质勘察报告、红线图;
(5) 施工图设计文件、工程量清单、招标控制价(与发给投标人版本相一致);
(6) 其他需要由招标代理机构网上查询打印,交由评标委员会作为评审依据的实时信息(如根据招标文件要求,各投标人在截标当天"信用中国"网站、"中国裁判文书网"等网站相关信息的实时查询结果,由代理机构负责查询后提供给评标委员会的);
(7) 评标表格及评标报告的参考版本。

4.9.2 开标邀请函及授权委托书

开标前,招标人委托的招标代理机构应书面邀请招标人、监督部门派出代表出席开标会或评标会,邀请函的参考格式如下:

关于参加××××××项目开标(或评标)会的邀请函

××××××:

本公司代理招标的××××××项目(项目编号:××××××××××××)将于××××年××月××日上午××时,在××××××××召开项目的开标(或评标)活动,特邀请贵单位派出×名代表以××××身份出席开标(或评标)会议,届时请贵单位派出的代表于××××年××月××日上午××时前到达××××,抵达后可通过手机号码×××××××××××联系×××,同时请提醒派出代表需要随身携带其本人身份证原件及贵单位出具的授权委托书原件以供身份信息核对。开标(或评标)期间,可能会有一段时间(时长大约××小时,具体时间以实际会议进展为准)被中断与外界的一切联系,如必要,请提醒其本人向单位或家人报备(但有保密需要的注意防止保密信息的泄露)。

特此函告。在此,感谢贵单位对本公司招标代理工作的支持!

附件:《授权委托书格式》(如有)

××××××××××公司
××××年××月××日

出席开标会如果有授权书要求的,还应提供授权委托书格式。委托书上应详细写明被委托人的姓名和身份证号码,有多个被委托人时应分别写明不同代表参加开标会、评标会的具体获得授权范围,或者分开出具授权书。

投标人是否参加开标大会是投标人的一项权利，可以选择放弃，不一定非得参加，只要投标人在规定的提交投标文件截止时间前提交了投标文件，也认同开标结果。

如果由招标人自行组织招标活动的，可参照以上格式向监督部门发出邀请函。

4.9.3 专家评委抽取申请

施工招标项目的专家评委一般由招标人（或招标代理机构）于开标前，根据项目的性质和特点，向招标投标监督管理部门或公共资源交易中心评标专家库管理机构提出抽取申请。申请的条件一般为专家的专业类别、人员数量、评审时间、需要屏蔽的专家范围或名字等（需要屏蔽专家的，应写明理由，同一施工招标项目的招标人或招标代理机构或参与该项目投标的投标单位的评标专家，均应当列入需要屏蔽的范围）。抽取专家评委时，需由招标人（或招标代理机构）授权代表凭招标人出具的授权委托书，到场进行抽取。专家抽取一般采用评委专家库管理平台软件电子抽取并通知的方式进行，应尽量避免采用人工抽取或人工通知的方式。评委专家库管理平台向专家发出语音邀请或文字信息时，不应透露拟邀请参与评标项目的工程名称或招标人单位名称。随机抽中并答应出席评标会的评标专家，应在评标专家库管理平台通知的规定时间内到达指定地点，经身份核实后参与评标活动。如已答应参与评标的专家，因特殊原因需要放弃时，须在评标专家库管理平台通知中规定的到达评标会场时间前，向评标专家库管理部门作出放弃参与该次评审工作的说明。由专家库管理部门组织重新抽取工作。如专家到达现场后发现拟参与评审的项目应当回避时，或者招标人（或招标代理机构或公共资源交易中心）工作人员在核实专家身份时发现已抽取的评标专家与投标人有利害关系时，同样应当从专家库中重新抽取专家进行替代。

技术复杂、专业性强或者国家有特殊要求的招标项目，采取随机抽取方式确定的专家难以保证胜任的，可以由招标人直接确定。

4.10 开标、评标

4.10.1 开标程序

1. 接标

招标人（或招标代理机构）应当指派工作人员在招标文件规定的接标时间和接标地点，接收投标人递交的投标文件，并做好相应的登记。为了防止出现某投标人冒充其他投标人递交投标文件的情况，招标人（或招标代理机构）接标工作人员应按招标文件的规定，要求递交投标文件的投标人代表出示证明其具备递交投标文件合法身份的相应证件。

招标人（或招标代理机构）接标工作人员应认真检查所收到的投标文件外包封是否符合招标文件要求，如果发现招标文件外包封不符合招标文件要求的，应当拒绝接收，直到其外包封整改到符合招标文件要求时方可接收。投标人递交投标文件的代表，对于被拒绝的投标文件，应确保在投标截止时间前整改完毕并重新递交。对于超过投标截止时间递交的投标文件，招标人（或招标代理机构）接标工作人员应当拒绝接收。

招标人（或招标代理机构）接标工作人员应确保其所依据的时间与国际时区东八时区北京时间保持一致，避免因其所依据时钟的快（慢）导致提前截止接收投标文件或延迟截止接收投标文件。

招标人（或招标代理机构）针对现场接收投标文件的接标过程应进行录音录像，以供发生异常情况时进行核查；针对邮寄方式接收投标文件的，应与投递人员确认送达时间及文件包封情况，并拍照或录像保存，投递人员送达时间超过投标截止时间或包封不符合招标文件要求的，招标人（或招标代理机构）应当拒绝接收并当场告知投递人员。投标人通过邮寄方式递交投标文件的，应确保其投标文件投递送达时间不逾时，且投标文件送达招标人（或招标代理机构）时，外包封仍然能满足招标文件的要求。

2. 现场开标和线上开标

（1）现场开标

现场开标是指招标代理机构组织招标人代表、投标人代表、监督代表等人员，在招标文件规定的时间、地点公布参与投标的单位数量，检查按时递交的投标文件密封性保持情况，拆封各投标人的投标文件，公布招标文件规定需要公布的相关内容，并由参与开标会的各方代表人员在开标记录上签字确认的一个过程。

现场开标时主持人应确认各方代表的身份，核验其出席开标会身份的合法性，以确保其在开标记录上签字的有效性。因确认身份而要求在开标会上出示的证件，招标人（或招标代理机构）应在招标文件中明确约定，如果某投标人没有携带证件出席开标会或者携带的证件不齐全，视为其放弃参加开标会，不得对开标过程提出异议。招标文件未要求携带或出示的证件，招标人（或招标代理机构）不得在开标会上临时要求投标人出示。招标人（或招标代理机构）不应以投标人未参加开标会为由否决其投标。

针对投标文件递交截止时递交投标文件不足三个情形的，如果该项目属于第一次招标出现该情形的，开标会主持人应当当众告知所有与会者，宣布当次招标失败，招标人或招标代理机构制作开标会情况记录表，由与会者在记录表上签名后保存。如果该项目不属于第一次招标出现该情形的，属于必须审批、核准的工程建设项目，报经原审批、核准部门审批、核准后，可以不再进行招标；其他工程建设项目，招标人可自行决定不再进行招标（此时如果递交了两份投标文件的，可以继续进行后续的开标、评标活动；只递交了一份投标文件的，招标人可以直接与该名投标人协商施工承包合同的相关事宜）。

开标会上对投标文件密封性的检查，主要是为了保证各投标人在递交投标文件后到开标期间，其投标文件不存在未经其许可被私自拆封、报价被泄露的情况。但投标文件的密封性不应成为各投标人作为竞争的手段，如以竞争对手投标文件外包封存在瑕疵，要求招标人（或招标代理机构）判定其竞争对手投标无效，退回其投标文件等方式。如果确实存在某投标人提出自己的投标文件外包封未经其许可、被私自拆封或损坏情况的，招标人（或招标代理机构）应提供足够的证据（如照片或视频），来证明其接收投标文件后到开标这段时间，投标文件得到完好的保管，未被任何人私自拆封或损坏。招标人（或招标代理机构）不能出具相关证据的，应当承担提前拆封投标文件的法律责任。密封性检查只需要各投标人检查自己的投标文件密封性并签字认可，竞争对手投标文件的密封性并不损害自己的利益，因此不得对除自己以外竞争对手投标文件的密封性提出异议。

招标人（或招标代理机构）不应允许招标人评标代表和评标专家参加开标会，以避免评标委员会成员名单提前泄露，违反招标投标法规中关于评标委员会成员名单在中标结果确定前应当保密的规定。

招标人（或招标代理机构）在开标会上应如实展示并在开标记录表中如实登记各投标人所递交投标文件拆封后的情况，不能越权代替评标委员会对投标文件的有效性进行判定。如果有投标人代表对于开标会上所公布的投标文件的信息内容提出异议的，招标人（或招标代理机构）应要求其在开标现场核实其投标文件与开标记录表上的内容是否保持一致。同时招标人（或招标代理机构）也应避免因自身的失误（读错或录错投标人的投标报价、工期等信息）给投标人带来不利后果。投标人代表如果觉得开标会上有侵害其利益的不公平现象，应当场提出异议，招标人（或招标代理机构）应现场进行解答。

（2）线上开标

线上开标主要针对电子招标投标内容，具体见第9章电子招标投标实务部分。

4.10.2 评标程序

施工招标项目的评标活动，是由招标人授权的熟悉工程施工相关业务的评标代表，与工程技术类、经济类评审专家组成的评标委员会，在开标会结束后，招标人依据招标投标法律法规和招标文件，对投标文件进行评审（评分），推荐中标候选人或依据招标人的授权直接确定中标人的过程。

评标活动应当在封闭的条件下进行，应对整个评标活动进行录音录像保存（评标活动在公共资源交易中心进行的，录音录像及其保密工作由公共资源交易中心负责；评标活动在其他场地进行的，录音录像及其保密工作由招标人或其委托的招标代理机构负责）。

评标开始时，评标活动主持人员需要向所有参与评标的评标委员会成员声明评标的组织和纪律、介绍项目的基本情况（介绍的时候不能带有倾向性或暗示性的提示）、提供当次施工招标项目的前期成果文件（包括但不限于地质勘察报告、工程量清单、招标控制价、招标文件及其更改或补充通知等），以便于评标专家熟悉项目的基本情况。在主持人向评标委员会成员公布投标人名单后，应首先确认评标委员会所有成员均不存在需要回避的情况，方才开始进入评审环节，如果有评标委员会成员提出需要回避时，应及时向招标投标监督管理部门汇报后替换该名（批）成员，并要求回避人员签署保密承诺书后方允许其离开评标会场。

当施工招标项目商务文件与技术文件需要分组开展评审时，各组成员的分工应与其分组评审专业的内容相适应，任何一组成员总人数均应不少于两名，且技术组成员总人数原则上应由不少于三名单数成员构成，建议技术组与商务组至少应各包含一名招标人代表。如果招标人没有派出的授权评标代表参与评审的，则视为完全接受评标委员会的评审结论。有个别地区行政监督部门禁止招标人派出代表参加评标委员会，这是典型的违法剥夺招标人法定权力的行为。

评标活动原则上应该由各评标委员会成员独立进行评审，除非评标委员会一致认为需要对一些重大问题进行表决或者沟通的时候方能进行相互讨论，评标委员会应当将表决或者讨论的内容写入评标报告。当评标委员会成员针对某一实质性问题无法达成一致意见时，应采用记名投票的方式来进行表决，评标报告中，同样应将这些表决的情况进行描述。评标委员会如果发现某投标人投标文件中有含义不明确的内容，或对同类问题表述不一致或者有明显文字和计算错误的内容，可要求投标人对此进行澄清或者说明，但是澄清或者说明的内容不得超出投标文件的范围，或者改变投标文件的实质性内容。招标人代表作为招标人派出的授权评标人员，对于评标委员会评标过程中所讨论的问题或者自己在评审时所发现的问题，应当当场发表个人意见，并且可以要求将个人保留的意见写入评标报告。

当评标委员会专家成员发现招标文件有可能存在歧义或者前后矛盾的时候，可要求招标人（或招标代理机构）对招标文件的相关内容进行解释说明，否则，评标委员会应当严格按照招标文件规定的评标标准和方法进行评审（除非在评审过程中发现招标文件有存在违反法律规定的条款，此时评标委员会应当终止评标，并将有关情况向招标投标监督管理部门进行书面汇报）。

评标委员会经过评审，出现实质性响应招标文件的投标人数量不足三个时，评标委员会应先就本次施工招标项目的投标是否明显缺乏竞争进行讨论或者投票，按少数服从多数的原则来得出结论。判定投标是否明显缺乏竞争的决定权在于整个评标委员会，而不能由招标投标监督管理部门，或者招标代理机构，或者招标人，或者某一个评标委员会成员单方面作出决定。经评标委员会全体成员集体讨论后，如果认为投标明显缺乏竞争，则可以否决所有投标；如果认为仍然能够形成有效竞争，则评标委员会可以继续进行评审并推荐中标候选人。

4.11 中标候选人公示及定标

4.11.1 中标候选人公示

评标结束后，招标代理机构应将评标报告提供给招标人，招标人应自收到评标报告之日起3日内将评标委员会推荐中标候选人的情况向社会公众公示，让投标人或社会公众进行监督。中标候选人公示的内容应当包括以下内容：

（1）中标候选人排序、单位名称、投标报价、质量、工期，以及评标情况；

（2）中标候选人按照招标文件要求承诺的项目经理姓名及其注册建造师专业和证书编号；

（3）中标候选人响应招标文件要求的资格能力条件，如：拟投入专职安全生产管理人员名单、类似施工业绩等；

（4）提出异议的渠道和方式；

（5）招标文件规定公示的其他内容。

（招标人或招标代理机构不能因为对评标结果有不同意见就拖延发布中标候选人公

示，中标候选人公示是评标委员会评出来的结果，即使是存在问题也改变不了这是评标委员会评出的结果这一事实。招标人发现评标结果可能存在问题的应该通过后续的合法程序去提出，而不能试图通过不公示评标结果这样违反法规程序的行为来维护自己的合法权益。而且拖延发布中标候选人公示，容易引起投标人各种不必要的猜疑。

在中标候选人公示期间，有投标人或其他利害关系人提出异议事项经查属实并影响中标结果的，招标人或招标代理机构应报招投标监督管理部门，对评标结果进行纠正。纠正后的结果如果影响中标候选人的排序，或改变中标候选人的名单时，招标人应重新发布中标候选人公示。针对第一次中标候选人公示中已经公布的内容未提出异议或投诉的投标人，在重新发布中标候选人公示期间，不得针对原公示已经公布的内容提出异议或投诉。

中标候选人公示的媒体一般与招标公告发布媒体相同，且不同媒体公示的中标候选结果应当保持一致。中标候选人公示的期限为自公示发布之日起不少于三天，国内也有些地方对此规定的时间为不少于三个工作日或更长的时间。

4.11.2 异议和投诉

中标候选人公示后，投标人或其他利害关系人应在法定期限内对中标候选人公示中有异议的事项提出异议。投标人针对评标结果的异议和投诉，通常包括以下几个方面：

（1）认为评标委员会评审错误。如自己该得的分评委没有给，竞争对手拿了不该拿的分；自己不该被判定无效的投标，被判定为投标无效，本该被认定为投标无效的竞争对手不但没有被认定投标无效，反而成为中标候选人。

（2）指出中标候选人公示中显示的项目经理或专职安全生产管理人员有在建项目。根据公示中显示的中标候选人拟投入施工招标项目的项目经理或专职安全生产管理人员名单，经其网上查询或实地调研发现有在建项目，认为资格审查不合格，不应该被列为中标候选人。

（3）指出中标候选人弄虚作假。根据中标候选人公示上显示的信息，投标人查询后发现中标候选人没有获得类似业绩、奖项，或拟投入人员不属于中标候选人单位职工，中标候选人存在弄虚作假行为。

（4）认为中标候选人的投标报价低于成本价，存在恶性竞争。

（5）指出中标候选人参与围标、串标（对象包括参与本项目的其他投标人、招标人或评标委员会成员）。

只有参与施工招标项目的投标，递交了投标文件的投标人才有资格对中标候选结果提出异议和投诉。投标人通过非合法渠道获取的评标信息或其他投标人投标文件信息，不应得到支持，其异议和投诉不应该被受理。

投标人针对中标候选结果提出的异议，招标人或招标代理机构受理后，重点需要核查评标委员会的评审过程与招标文件、投标文件是否一致，公示的中标候选人信息与投标文件、评标过程、评标报告是否一致，并在收到异议之日起三日内进行答复。根据《评标委员会和评标方法暂行规定》第二十一条，投标报价低于成本价的认定权在评标委员会，不少投标人往往从自身角度出发去判断并代替评标委员会得出"投标报价低于成本"，并据此进行异议或投诉，这是不可取的。其他类似项目经理有在建项目、投标人弄虚作假、投标人围标串标等信息，招标代理机构在收到异议后三日的答复期内来不及核实或无法进行核实的，可由招标人在定标前进行核实，如果招标人也无法核实的，可在投标人提出投诉后由招标投标监督管理部门进行核实。

投标人对中标候选结果提出异议或投诉的内容，必须是中标候选结果损害其权益。现实中偶尔也会发生投标人采用"自杀式"异议或投诉，将自己投标文件中的漏洞作为理由，要求评标委员会判定自己投标文件无效，从而希望通过这样的行为来改变评标结果（比如因计算评标基准价的投标人数量或金额发生了变化，从而价格分的计算结果也发生变化）。针对此类异议或投诉，招标人、招标代理机构、招标投标监督管理部门应以该投标人的权益是否受到侵害来判断是否需要受理其提出的异议或投诉，不能助长投标人的这种不正当竞争手段。

招标人同样可能会对评标过程或评标结果存在异议，招标人存在异议的内容通常包括评标委员会未按招标文件进行评审，或者中标候选人被查实存在违法行为、招标人认为可能影响其履约能力，或者投标人存在弄虚作假谋取中标的行为，或者投标人之间（或者投标人与评标委员会成员之间）存在围标串标的行为（针对投标人存在围标串标行为进行异议的，招标人应提供相关证明材料），等等。招标人针对评标过程或评标结果存在异议的，往往无法通过向自己或招标代理机构提出异议的方式进行自行纠正，因此可以在确定中标人之前直接向招标投标监督管理部门进行投诉。

(6) 异议和投诉处理。招标投标监督管理部门收到投诉申请时，应先核实投诉事项的真实性。对投诉事项的核实，通常包括以下内容：

① 投诉材料缺少证明材料的，要求投诉人补充相关证明材料；

② 调取、查阅有关文件资料；

③ 要求招标代理机构或招标人对投诉事项进行书面说明并提供相关证明材料；

④ 组织原评标委员会复核评标过程是否存在疏漏，必要时可通知投诉人和被投诉人进行质证；

⑤ 如果投诉事项不适合由原评标委员会核实的，可以重新组建评标委员会，对原评标委员会评审事项进行评审（慎重采用此种方式，尤其是针对非客观因素的评审事项）；

⑥ 发函向有关当事人或有关机构核实。

招标投标监督管理部门处理评标结果投诉的程序，可参考本教材 4.8.5 中的做法。

4.11.3 定标

中标候选人公示期间如无投标人或其他利害关系人提出异议，招标人也未发现中标候选人存在违法违规行为或者弄虚作假行为等有可能影响到履约的行为后，可在依照法定程序和原则确定中标人（委托代理机构代理招标的，招标人应向其出具书面的定标意见）。确定中标人的最后时限为投标有效期结束日前，不能在投标有效期内完成定标的，招标人应当通知所有投标人延长投标有效期。拒绝延长投标有效期的投标人有权收回投标保证金。同意延长投标有效期的投标人应当相应延长其投标担保的有效期，但不得修改投标文件的实质性内容。因延长投标有效期造成投标人损失的，招标人应当给予补偿，但因不可抗力需延长投标有效期的除外。

定标后招标人或招标代理机构应当在国家指定的媒体发布中标结果，并向中标人发出中标通知书。招标人在发布中标结果公示前,不应通过现场考察或其他方式与中标候选人进行任何私下的接触。

4.12 签订合同期间异常情况处理

签订合同期间通常存在的异常情况以及建议采取的处理方式:

因市场材料价格出现异常波动,招标人或中标人不愿意按原中标金额签订合同。招标投标活动是一个法律行为,招标人与中标人在投标前需要预判市场材料价格波动给自身可能带来的风险,在招标投标活动中去解决,而不能中标后不按双方的招投标过程中的承诺签订合同。比如招标人如果担心综合单价包干项目在高位价时期中标,施工期间材料价格下跌让中标人赚了大便宜自己吃大亏,可以约定调整材料价格的波动幅度(如约定当市场材料价格波动幅度超过3%或5%时,超过部分材料价格按实调整);或者投标人担心中标后材料价格上涨,可以在投标报价时多考虑些风险因素在内,提高风险系数。

招标人取消项目或中标人放弃中标资格。招标人在签订合同阶段取消项目,要么是因为不可预见的原因,不得不取消工程建设(我国的工程建设是有一套审批流程的,即使是项目取消同样需要有批复文件),要么是不能接受中标结果,这种情况下招标人需要承担民事法律责任或行政法律责任。中标人放弃中标,可能是报出价格的错误,或者前面说的市场材料价格波动超出了预期,宁愿被没收投标保证金也不愿意继续扩大损失,但中标人需要意识到,放弃中标不仅是被没收投标保证金,招标人还有权针对损失超过投标保证金数额的部分要求中标人给予赔偿,即使是没有提交投标保证金的项目,招标人仍可以通过法律途径要求中标人针对其损失承担赔偿责任。另外,针对依法必须进行施工招标的项目的中标人,招标人可以申请有关行政监督部门责令改正(继续签订合同),并处以中标金额千分之十以下罚款。

中标人提出需要更换项目负责人或其他项目管理人员。除非是人员离职,否则中标人不应在签订合同阶段更换投标时承诺的项目负责人或其他管理人员,即使是人员离职,中标人也应提供足够证据后,使用与原投入人员条件相当的人员来替换,否则就助长了"投标人用在评标时在资质等级、职称、业绩等方面容易得高分的人员去投标,用低标准的人员去实施项目"这样的不良风气,既损害招标人的利益,对其他的投标人而言也属于使用了不公平竞争手段。招标人应详细了解中标人更换的真实原因后再考虑是否接受其变更要求。招标投标监督管理部门也应采取有效措施(如与施工许可证发放部门联动,监督办理施工许可时填报的项目人员与中标时投入人员是否一致)来防范类似行为。

招标人提出要求取消工程预付款,或投标人提出要求取消履约保证金等类似额外条款作为签订合同条件的,处理方式跟以上几种情况类似。

招标人在合同谈判期间,发现中标人有财产被封存(或接管)、或营业执照被吊销、资质被取消、资质被降级等状况,不再具备原中标通知书发出时的签订合同条件。发生以上情况时,说明招标人已经不具备原招标文件规定的条件,或不具备履行合同能力,招标人应报招标投标监督管理部门,申请按原中标候选人顺序与其他中标人签订施工承包合同,或者重新招标。

4.13 施工招标采购案例分析

4.13.1 项目概况

建设规模：某学校新建 1 座钢筋混凝土框架结构图书馆，总建筑面积 23000m²，其中，地上 10 层，建筑面积 22000m²，地下 1 层，建筑面积 1000m²。主要建设内容为建筑工程、安装工程、消防工程、给排水工程及室外配套附属设施等。

招标控制价：人民币陆仟捌佰万元整（￥68000000.00）。

招标要求工期：480 日历日（按定额计算工期：480 日历日）。

招标方式：公开招标。

4.13.2 招标公告

招标范围如下。

（1）建筑工程

包含钢筋混凝土结构工程、砌筑工程；建筑外立面装饰装修及室外地面铺装；室内装修包括变电所、砖砌管道井、风井、强弱电井、配电间、弱电进线间、弱电机房等设备用房按图完成装饰装修，其余用房按毛坯房只做墙面抹灰及天棚素水泥浆打磨，按图预留各类进线井。

（2）安装工程

① 电气部分。自低压配电柜为节点，不包含低压柜前端；低压柜前端、高压部分、变压器另行采购；智能化电力监控系统不计入本次招标范围；电气包含低压配电柜、各级配电箱及其配电线路以及必须配备的消防设施及管线；变电所、砖砌管道井、风井、强弱电井、配电间、弱电进线间、弱电机房等设备用房按图完成全部用电线路。

② 照明部分。变电所、强弱电井、配电间、弱电进线间、弱电机房等设备用房及应急照明按图纸施工；其余照明部分只预埋线管不用穿线。

③ 弱电部分。只安装消防必备的监控系统，其余视频安防系统、一卡通系统、能耗监控系统等不含在本工程。

④ 暖通部分。仅包含消防换气排烟系统；空调和精密空调的设备及相关管道预留二次装修，要求预留暖通所需孔洞。

⑤ 消防工程、给排水工程。给水内容含给水系统和消防栓系统，包括水泵房、消防泵房等各类给水设备及主进水管，卫生间内给水在主管预留水阀即可；排水包含雨水系统（含地漏预埋管）和污废水系统及各类排水设备，卫生间主排污管预留接头即可；室外包括化粪池及化粪池前的全部排水管、检查井。

⑥ 室外配套附属设施及专业工程暂估价。因屋顶天窗、钢结构棚（钢结构棚架上设太阳能光伏板）、屋檐 3mm 厚金色铝板造型均需要二次深化设计，特设暂估价（含深化设计及工程施工费用），暂估价金额详见工程量清单等。

（3）本次招标不含电梯工程和室外绿化工程

（4）具体内容以施工设计图纸及工程量清单为准

拟投入本项目的项目经理限定条件：本项目不接受有在建、已中标未开工或已列为其他项目中标候选人第一名的建造师作为项目经理。

招标公告于2020年9月3日在中国招标投标公共服务平台、项目所在省（A省）招标投标公共服务平台和项目所在地（B市）公共资源交易中心发布。

本项目采用不记名方式下载招标文件：潜在投标人均可于2020年9月4日至2020年9月10日18：00止在B市公共资源交易中心网站（www.××××××.cn）下载招标文件电子版。

2020年9月10日，在招标公告发布的同一媒体发出招标文件澄清公告。

招标公告规定的投标文件递交截止时间及开标时间：2020年9月28日上午9：30。

4.13.3　招标文件要点

1. 投标人须知前附表

（1）专职安全生产管理人员要求

专职安全生产管理人员须已录入A省建筑业企业诚信信息库并处于有效状态，具备有效的安全生产考核合格证书（C类），人数符合住房城乡建设部《建筑施工企业安全生产管理机构设置及专职安全生产管理人员配备办法》（建质〔2008〕91号）的规定不少于2人。

（2）投标保证金递交形式

银行转账、电汇或网上支付、银行保函、工程担保、工程保证保险。禁止采用现钞交纳方式。

（3）投标保证金递交方式

使用银行转账时投标保证金必须从投标人的基本账户汇到招标文件指定的投标保证金专用账户，否则投标无效。投标人使用银行保函（工程担保保函或工程保证保险）时，投标人将保函（或保险）电子扫描件作为投标文件的组成部分，否则投标无效。在投标时间截止前，投标人在开标现场递交保函（或保险）原件及加盖单位公章的担保机构（或保险公司）营业执照副本复印件及保函（或保险）保费发票原件，由招标人核验保函信息，确认保函（或保险）是否有效后交由招标人或当地公共资源交易中心管理，保函（或保险）原件无效的或未能在投标截止时间前现场提交的，其投标无效。

（4）类似项目业绩定义

2017年1月1日至投标截止时间止，完成过质量合格的合同金额为7000万元以上（含）的房屋建筑工程施工。

2. 评标办法前附表

（1）初步评审内容（见表4-1）

表 4-1　初步评审内容一览表

评审因素		评审标准
形式评审标准	合格标准：缺少任何一项或有任何一项不合格者，其形式评审视为不合格	
	投标人名称	与营业执照、资质证书、安全生产许可证一致
	投标函盖章	盖法人单位公章
	投标总价封面	盖投标人法人单位公章，并由法定代表人签字（或盖章），编制人签字并盖个人执业印章
	投标文件格式	符合本招标文件"投标文件格式"章节的要求
	联合体投标人（如有）	提交联合体协议书，并明确联合体牵头人
	投标报价	只能有一个有效报价
		所有投标报价均大于等于招标控制价的，则本项目招标失败，由招标人依法重新招标
响应性评审标准	合格标准：缺少任何一项或有任何一项不合格者，其响应性评审视为不合格	
	投标内容	符合本招标文件"投标人须知"对招标范围的规定
	工期	符合本招标文件"投标人须知"对工期的规定
	工程质量	符合本招标文件"投标人须知"对工程质量的规定
	投标有效期	符合本招标文件"投标人须知"对投标有效期的规定
	权利义务	符合或优于本招标文件"合同条款及格式"章节规定的权利义务
	技术标准和要求	符合本招标文件"技术标准和要求"章节规定（包括建筑材料和设备的节能环保要求）
	投标价格	低于（或等于）招标人公布的招标控制价且不存在本评标办法附件"否决投标条件"的相应情况
	分包计划	符合本招标文件"投标人须知"对分包的规定
	已标价工程量清单	符合本招标文件所附"工程量清单"给出的子目编码、子目名称、子目特征、计量单位和工程量，且不存在本评标办法附件"否决投标条件"的相应情况
资格评审标准	合格标准：缺少任何一项或有任何一项不合格者，其资格审查视为不合格	
	投标文件签署	投标人在招标文件规定的投标文件相关位置加盖投标人法人单位公章（联合体协议书除外，联合体协议书要求由联合体各方均在联合体协议书上加盖法人单位公章）
	营业执照	具备有效的营业执照
	安全生产许可证	具备有效的安全生产许可证
	资质等级	符合本招标文件"投标人须知"对投标人资质等级的规定
	财务状况	符合本招标文件"投标人须知"对投标人财务要求的规定
	信誉	符合本招标文件"投标人须知"对投标人信誉的规定（不存在被联合惩戒的诚信行为），类似项目业绩和其他要求
	项目经理	符合本招标文件"投标人须知"对拟投入项目经理的规定
	专职安全生产管理人员	符合本招标文件"投标人须知"对专职安全生产管理人员的规定
	联合体投标人（如有）	符合本招标文件"投标人须知"对联合体投标的规定
	投标保证金	符合本招标文件"投标人须知"对投标保证金的规定

(2) 详细评审中施工组织设计方案评审内容（见表 4-2）

表 4-2 施工组织设计方案评审表

	评审内容	评审说明
施工组织设计（100分）	主要施工方法（12分）	优（9.6~12分）：各主要分部施工方法完全符合项目实际，有详尽的施工技术方案，工艺先进、方法科学合理，使用各参数完全符合规范要求且具有针对性，各分部分项工程施工方法完整详细，施工安排、步骤完整，配套注意事项具有针对性，能详细指导具体施工并确保安全； 良（7.2~9.5分）：各主要分部施工方法符合项目实际，有施工技术方案，工艺较先进、方法科学较合理、可行，能指导具体施工并确保安全； 一般（3.0~7.1分）：各主要分部施工方法基本符合项目实际，有施工技术方案，工艺简单，部分能指导施工； 差（0~2.9分）：不满足前述要求者
	拟投入的主要物资计划（12分）	优（9.6~12分）：拟投入的施工材料有详细的组织计划且计划周密，数量、选型配置、进场时间安排合理，完全满足施工需要； 良（7.2~9.5分）：拟投入的施工材料有组织计划，数量、选型配置、进场时间安排较合理，能够满足施工需要； 一般（3.0~7.1分）：投入的施工材料有组织计划，但有部分缺陷； 差（0~2.9分）：不满足前述要求者
	拟投入的主要施工机械、设备计划（12分）	优（9.6~12分）：拟投入的主要机械设备、辅助施工设备、器具齐全且配备科学合理，投入计划与工期进度计划完全匹配，设备型号、数量完全满足施工需要且配置科学合理，采用目前国际、国内先进的机械设备，性能优，所提供的机械设备能完全满足工程施工进度的要求； 良（7.2~9.5分）：拟投入的主要机械设备、辅助施工设备、器具齐全且配备较合理，投入计划与工期进度计划呼应，设备型号、数量满足施工需要且配置科学合理，采用目前国际、国内先进的机械设备，性能较好，所提供的机械设备能够满足工程施工进度的要求； 一般（3.0~7.1分）：拟投入的主要机械设备、辅助施工设备、器具基本齐全，投入计划与工期进度计划有少部分出入，但无重大缺漏，设备型号、数量存在部分欠缺； 差（0~2.9分）：不满足前述要求者
	劳动力安排计划（12分）	优（9.6~12分）：劳动力投入完全满足施工需要，投入计划与工期进度计划匹配度高，调配计划完善合理，保证措施详细具体，大部分施工工序有详细周密的劳动力安排计划，有各工种劳动力安排计划； 良（7.2~9.5分）：劳动力投入能满足施工需要，投入计划与工期进度计划协调，调配计划比较合理，保证措施比较具体，关键施工工序有周密的劳动力安排计划，有主要工种劳动力安排计划； 一般（3.0~7.1分）：劳动力投入基本满足施工需要，投入计划与进度计划不够协调，调配计划比较合理，保证措施基本可行，少部分施工工序有劳动力安排计划； 差（0~2.9分）不满足前述要求者
	确保工程质量的技术组织措施（12分）	优（9.6~12分）：施工组织方案及施工方法先进，工程重点难点、施工关键技术工艺把握及应用准确，技术措施可以充分保障工程质量、工期和施工安全生产； 良（7.2~9.5分）：施工组织方案及施工方法较好，工程重点难点、施工关键技术工艺把握及应用较好，技术措施能保障工程质量、工期和施工安全生产； 一般（3.0~7.1分）：施工组织方案或施工方法或工程重点难点、施工关键技术工艺把握及应用基本可行，技术措施能基本保障工程质量、工期和施工安全生产； 差（0~2.9分）不满足前述要求者

续表

	评审内容	评审说明
施工组织设计（100分）	确保安全生产的技术组织措施（12分）	优（9.6~12分）：有合理的施工安全质量保障措施，施工现场的安全质量保证体系完善，安全方案完整可行，安全总体要求、施工危险因素分析、安全措施、重大施工步骤安全预案等具有针对性并完整可行； 良（7.2~9.5分）：有较合理的施工安全质量保障措施，安全方案可行，施工现场的安全质量保证体系较完善； 一般（3.0~7.1分）：有施工安全质量保障措施，施工现场的安全质量保证体系部分不够健全； 差（0~2.9分）：不满足前述要求者
	确保工期的技术组织措施（6分）	优（4.8~6分）：在施工工艺、施工方法、材料选用、劳动力安排、技术等方面有保证工期的具体措施且措施得当，有控制工期的施工进度计划，有施工总进度表或施工网络图，各项计划图表编制完善，安排科学合理，符合本项目施工实际要求； 良（3.6~4.7分）：在施工工艺、施工方法、材料选用、劳动力安排、技术等方面有保证工期的具体措施可行，控制工期的施工进度计划可行，有施工总进度表或施工网络图，各项计划图表编制基本完整，安排可行，基本符合本项目施工实际要求； 一般（1.0~3.5分）：在施工工艺、施工方法、材料选用、劳动力安排、技术等方面保证工期的措施简单，控制工期的施工进度计划简单，有施工总进度表或施工网络图，各项计划图表编制简单，仅有少部分符合本项目施工实际要求； 差（0~0.9分）：不满足前述要求者
	确保文明施工的技术组织措施（6分）	优（4.8~6分）：针对本工程项目特点，有完善现场文明施工、环境保护措施，且措施内容应达到《建筑施工安全检查标准》（JGJ 59—2011）合格标准要求，各项措施周全、具体有效，有具体实现现场文明施工目标的承诺； 良（3.6~4.7分）：针对本工程项目特点，有现场文明施工、环境保护措施，且措施内容应达到《建筑施工安全检查标准》（JGJ 59—2011）合格标准要求，各项措施周全、具体、有效，有能实现现场文明施工目标的承诺； 一般（1.0~3.5分）：现场文明施工、环境保护措施不够全面，与本项目的特点没有针对性； 差（0~0.9分）：不满足前述要求者
	工程施工的重点和难点及保证措施（10分）	优（8.1~10分）：针对本工程的特点，阐述本工程的重点和难点，解决重点和难点问题的方法很合理； 良（6.0~8.0分）：针对本工程的特点，阐述本工程的重点和难点，解决重点和难点问题的方法较合理； 一般（2.0~5.9分）：针对本工程的特点，阐述本工程的重点和难点，解决重点和难点问题的方法不够突出； 差（0~1.9分）：不满足前述要求者
	施工总平面布置图（6分）	优（4.8~6分）：施工总平面布置图、材料堆场材料加工场、办公、住宿、场地、排水等安排科学合理，完全符合本项目施工实际要求，平面布置紧凑合理，能够较好地节约施工用地，能最大限度地减少场内的运输，能完全有利于各项目施工作业； 良（3.6~4.7分）：施工总平面布置图材料堆场、材料加工场、办公、住宿、场地、排水等安排科学合理，较符合本项目施工实际要求，较有利于各项目施工作业； 一般（1.0~3.5分）：施工总平面布置图安排相对较简单，材料堆场、材料加工场、办公、住宿、场地、排水其中有一到两项布置不合理； 差（0~0.9分）：不满足前述要求者

(3) 集中列示的否决投标条件

投标人或其投标文件有下列情形之一的,其投标作否决投标处理。

① 有本招标文件"投标人须知"中限制参与投标规定的任何一种情形的;

② 有串通投标或弄虚作假或有其他违法行为的;

③ 不按评标委员会要求澄清、说明或补正的;

④ 在资格评审、形式评审、响应性评审中,评标委员会认定投标人的投标文件不符合"评标办法前附表"中规定的任何一项评审标准的;

⑤ 在技术标评审中,评标委员会认定投标人的投标未能通过此项评审的(达不到技术标总分60%的视为未能通过此项评审);

⑥ 不按本招标文件"投标人须知前附表"中"构成投标文件的材料"要求提供必备资料的;

⑦ 没有按招标文件规定的格式要求盖章、签字的;

⑧ 投标文件的关键内容字迹模糊、辨认不清的;

⑨ 投标人不接受评标委员会按本招标文件"评标办法"修正原则对其投标报价进行修正的;

⑩ 投标人不具备独立法人资格或作为独立法人资格但就本工程施工招标提交两份以上(含)投标文件的;

⑪ 在单价合同工程中投标人采用总价优惠或以总价百分比优惠的方式进行投标报价的;

⑫ 安全文明施工费和规费、增值税不按 A 省费用定额及造价管理相关文件规定报价的;

⑬ 投标人已标价工程量清单的项目编码(12位)、项目名称、项目特征、计量单位、工程量任何一处与招标工程量清单不一致的;

⑭ 投标函中的报价与已标价的工程量清单汇总表不一致的;

⑮ 设有暂估价、暂列金额的,投标时未按招标人工程量清单给出的暂估价总价、暂列金额总价计入投标总报价中的;

⑯ 投标文件实质上没有响应招标文件的要求的(包括质量要求、工期、技术标准和要求、合同价款主要条款、投标有效期等);

⑰ 投标人未按照本招标文件"投标人须知"的要求提供投标保证金的或未按规定提交投标保证金证明材料的;

⑱ 投标人拟投入本工程的项目经理于在建项目或已中标未开工项目中任项目经理的或已列为其他项目中标候选人第一名的项目经理或无有效安全生产考核合格证(B类)的;

⑲ 投标人拟投入本工程的项目专职安全生产管理人员于在建项目中任专职安全生产管理人员的或无有效安全生产考核合格证(C类)的;

⑳ 组成联合体投标时,投标文件未附联合体各方共同投标协议书的;

㉑ 投标人的投标总价超出招标控制价的;

㉒ 投标人对招标工程量清单内容进行增减或对招标范围进行调整的;

㉓ 投标人编制的投标文件技术暗标,其封面或正文中出现投标人的名称和其他可

识别投标人身份的字符（图表）、徽标、业绩、荣誉或人员姓名以及其他特殊标记等；

㉔ 投标人编制的投标文件技术暗标部分未按本招标文件"投标文件格式"技术标部分中暗标的格式要求编制的；

㉕ 法规规定的其他否决投标条款。

3. 合同专用条款

（1）调价约定

材料市场价格波动引起的调整：根据造价信息按以下方式进行价格调整（其中基准价格的约定以截标前28天工程所在地（B市）住房和城乡建设局造价管理部门公开发布的造价信息公布的材料价格为基准价）。

① 承包人在已标价工程量清单中载明的材料单价低于或等于基准价格的：合同履行期间材料单价涨幅以基准价格为基础超过5%时，或材料单价跌幅以已标价工程量清单中载明材料单价为基础超过5%时，其超过部分据实调整。

② 承包人在已标价工程量清单中载明的材料单价高于基准价格的：合同履行期间材料单价跌幅以基准价格为基础超过5%时，材料单价跌幅以已标价工程量清单中载明材料单价为基础超过5%时，其超过部分据实调整；合同履行期间不论材料单价涨幅超过多少，均不调整。

（2）结算审核约定

承包人编制的工程结算文件须报经发包人委托的第三方造价咨询机构审核，如承包人报送的工程结算总价虚高，形成承包人编制的结算送审金额与承包人和第三方造价咨询机构共同确认的审定造价之间出现差额，该结算审减率超过5%的，则超出5%以上部分的审核费由承包人承担，费用由发包人从承包人工程结算款中扣除。计算公式如下：审减率＝（送审造价－审定造价）/送审造价×100%；当审减率大于5%时，承包人应承担的审核费＝（净审减额－送审额×5%）×3.5%。

4.13.4 开标

在规定的投标截止时间前，有30家投标人按要求递交了投标文件，并参加了开标会议。经过密封检查，所有投标文件均符合接标受理条件。上午9:30，招标人和招标代理机构在该项目所在地（B市）公共资源交易中心开标厅组织了开标活动，评标委员会成员没有参与开标会。

4.13.5 评标

招标人依法组建了评标委员会，评标委员会由7人组成，其中，招标人派出的评标委员会成员2人（技术和经济类各1人），专家5人（施工技术类4人，工程经济类1人）。

评标委员会按照招标文件中的评标标准和方法，对各投标人的投标文件进行评审打分，有一家投标人由于在投标文件中，针对现场施工期间投入新冠疫情防控设备，未按招标文件提交响应承诺书，被评标委员会一致判定投标文件无效，其余29家投标人均初步评审合格进入详细评审，最后评标委员会按综合评分由高到低依次向招标人推荐前三名中标候选人。

2020年10月8日，发布中标候选人公示。中标候选人公示期间有投标人甲公司提出异议，理由是第一中标候选人乙公司项目经理在C省住房和城乡建设部门在建项目平台系统官网显示其有一个在建项目，招标代理机构以中标候选人公示结果与评标委员会评审结论（中标候选人名次）及投标文件提供的信息（中标候选人投标价格、项目经理及专职安全生产管理人员姓名及其他信息）均无出入为由驳回异议。甲公司对异议答复不满意，向B市行业招标投标监督管理部门投诉。B市行业招标投标监督管理部门书面向被投诉项目经理在建项目所在地（C省D市）住房和城乡建设部门求证后得到回复"该项目经理已于2020年4月10日变更，变更前已经获得项目发包人的书面同意并报本市住房和城乡建设局备案，但其未及时向C省住房和城乡建设部门申请将在建项目平台系统上的信息进行变更"。最终A市行业招标投标监督管理部门以中标人符合招标文件规定条件为结论驳回甲公司的投诉，原中标结果有效。

2020年10月26日，招标代理机构根据招标人定标意见发出中标公告，同时向中标人发出中标通知书。

4.13.6 招标整体评价

本案例招标公告中招标范围写得非常详细和明确，可供招标人和招标代理机构编制招标文件时借鉴。但项目规模中未写明最大跨度和建筑物总高度，不利于核对投标人资质条件及建造师资格条件的设定能否满足项目的跨度或高度要求。

由于招标文件采用不记名在线下载的方式，招标人或招标代理机构在截标前无法掌握已经下载招标文件投标人的名单，因此招标文件澄清公告发布媒体与招标公告媒体保持一致这点做得较好，确保了原获取招标公告信息来源的每一个投标人在同一渠道能看到澄清公告的信息。

招标文件中类似项目定义时间范围比较明确，但其对类似项目的规模相较招标项目而言稍微偏高，应以不超过招标项目的招标控制价为限（招标人或招标代理机构在发布招标文件时如果控制价未最终审定，应从保守角度出发，适当减少类似项目的规模设定，如本项目可以将类似项目规模设定为6000万元人民币或20000m^2建筑总面积）。

评标办法中集中列示否决投标条件，有利于提醒投标人编制投标文件时重点关注事项，也有利于评标委员会仔细核对否决投标条款，减少或避免出现评标委员会不按招标文件评审的状况。

要求承包人承担审核费用的条款有利于防范承包人胡乱虚报结算文件，既可以加强结算送审金额的准确度，也可以在一定程度上减少发包人支付给第三方造价咨询单位的审核费用，降低审核成本。

施工企业在建项目变更项目经理后，过去多数只记得到地市级住房和城乡建设部门备案，却往往容易忽略到省级以上住房和城乡建设部门信息平台办理信息变更，在住房城乡建设部实现"四库一平台"全国联网后，这种情况将会得到很大的改善。当然，对于少部分施工企业习惯一本证书用于多个项目的现象也会带来很大不利影响。需要企业鼓励更多的人员在工作之余，也要加强学习，依法持证上岗。

第 5 章　建设工程材料与设备招标采购

5.1　建设工程项目货物采购概述

《招标投标法实施条例》第二条第二款提到"所称与工程建设有关的货物",是指构成工程不可分割的组成部分,且为实现工程基本功能所必需的设备、材料等。结合建设工程实际,设备包括电梯、配电设备(含电缆)、防火消防设备、锅炉暖通及空调设备、给排水设备、楼宇自动化设备。材料包括:钢材、商品混凝土、预拌混凝土及外加剂、装配式建筑混凝土预制构件、预制桩、水泥等结构性建筑材料和外墙保温材料、防水卷材、防水涂料、建筑石材、建筑门窗(幕墙)、建筑防水材料、建筑给排水管材及用水器具、建筑陶瓷(卫生陶瓷、内外墙、地砖)、建筑涂料等。

5.2　策划招标方案

5.2.1　货物采购项目的需求特征

货物招标采购必须了解和掌握货物的技术、经济、管理特征和需求。

1. 货物的一般特征

货物与工程的最大区别在于它的可移动性,并具有以下一般特征:

(1) 货物产品的多样性。货物种类繁多,工程使用的材料主要有:钢材、水泥、木材、炸药、油料、涂料、沥青、砂石料、装饰材料等;生产资料、办公用品、生活消费品等门类庞杂;机电设备规格、型号繁多。工程设备包括永久设备和施工设备,按产品标准分类有两类:一类是具有国家产品标准的设备,另一类是不具有国家产品标准的非标准设备。

(2) 货物的技术性。货物中的机电设备大都属于技术密集型产品。而且货物的性能、质量更多地取决于货物生产工艺设备的技术先进性,随着科学技术的发展,货物的科技含量越来越高,随之对货物采购人员的技术知识要求也日益提高。

(3) 货物来源的广泛性。货物的多样性决定许多货物可能在国际市场采购,由此需要采购人员掌握一定的外贸知识乃至国际贸易管理经验。

2. 货物的技术特征

货物的技术特征包括功能、技术性能、质量标准、产品标准化水平、节能环保指标等方面。

(1) 货物的功能。功能是指货物能够满足某种需求的一种属性,根据货物功能的不同特性，可以将功能分为以下几类。

① 使用功能与外观功能。使用功能从功能的内涵上反映其使用属性，是一种动态功能；外观功能是货物产品在造型、颜色、风格等外观方面表现出的与其使用环境相协调的艺术属性，是一种静态功能。

② 基本功能与辅助功能。基本功能是产品的主要功能，对实现产品的用途起着必要和主要的作用；辅助功能是次要功能，是为了实现基本功能而附加的功能。

货物功能对招标采购的影响：首先，货物采购应当注意使用功能与外观功能的有机结合，基本功能与辅助功能搭配合理、界定清晰。其次，应注意到货物功能与其他因素的关系，结合采购预算、交货期等因素对货物功能进行取舍，既要避免选择次要或很少使用的功能而导致成本过大，也要避免因功能不足导致不能满足日后运行和使用的要求。再次，货物的功能会对招标采购的标包划分产生影响，功能越复杂，各部分之间功能配套影响越强，越难以划分为不同的标包；功能越简单，各部分之间功能配套影响越弱，标包划分时受制约因素就越少。最后，货物功能的复杂程度是选择评标办法时应考虑的重要因素，如果货物功能复杂，将更适合采用综合评估法。

(2) 货物的技术性能。技术性能决定货物实现功能的效率，性能越好，效率越高，但是高性能往往是以高成本投入为代价的。性能指标是货物的重要参数，也是招标人规定的技术要求，在相同功能下，技术性能的区别也会带来产品的重大差异。招标人应该选择合理的性能指标，过分追求高性能必然会导致成本增加，较低的性能指标虽然会降低购买成本，但是可能会造成使用效率低下、使用成本过高，两者都会造成投资的浪费，因此，应该选择性价比最高的性能指标要求。

(3) 货物的质量标准。货物质量由各种要素组成，具有不同的特征和特性，其总和便构成了质量的内涵。货物质量反映了产品的特性和满足客户使用及其他相关要求的能力。货物的质量可以通过标准的设定加以体现。标准可分为：国际标准、国内标准，包括强制性标准和推荐性标准。招标文件通过标准的选择体现货物质量对保障人体健康、人身、财产安全、环境管理等方面的要求，以及满足生产、交换、使用等需求。此外，通过合同条款的约定可以将货物质量标准要求固化到货物供应的全过程，从整体采购流程全面控制货物质量，并引导投标人根据货物质量标准和要求，策划其投标方案以及中标后的供货物的产品标准化水平。

(4) 货物产品标准化水平体现在货物的通用性、可替换性，备品备件的易得性，货物产品标准化水平越高，其使用成本和替换成本就越低。货物的产品标准化水平高，产品生产技术普及面广，供应商较多，竞争激烈；货物产品标准化水平较低，市场成熟度低，供应商较少。货物标准化水平的程度是确定投标人资格条件时需要重点考虑的因素。

货物标准化水平也是选择评标办法需要考虑的重要因素。如果货物产品的标准化水平高，技术通用性、可比性强，采用经评审的最低投标价法比较简便、合理；反之，如货物标准化程度较低，生产厂家较少，技术通用性、可比性较差，此时可以考虑采用综合评估法。

(5) 节能环保指标。目前国家实施节约与开发并举、把节约放在首位的能源发展战略，加大了节能减排和环境保护的力度。货物采购过程中要结合上述理念，从设计阶段即着眼于节能和环保，货物招标文件中应提出明确的节能环保指标要求，鼓励使用先进的节能和环保技术，引导投标人采取技术可行、经济合理以及招标人可以承受的措施，从货物生产到消费的各个环节，降低消耗、减少损失和污染物排放，有效、合理地利用能源。此外，货物招标采购评标因素应引入节能环保指标的基本条件，并适当加大节能环保指标的分值权重，以起到正确引导投标人的作用。

3. 工程设备材料的供应方式

在工程承包方式中，工程设备材料通常有三种采购供应方式：一是招标人采购，二是承包人采购，三是招标人与承包人联合采购。

（1）招标人采购。招标人为了控制工程建设项目中某些大宗的、重要的、新型特殊设备材料的质量和价格，通常采取自行采购供货的方式，与供应商签订供货合同，供应商按照承包人提出并经招标人审核批准的供货计划定期供货。招标人采购供应的设备材料一般称为甲供材料。甲供材料属于依法必须招标范围的，应当招标采购。

这种供货方式加大了招标人的采购控制权，也加大了招标人的责任和风险，设备材料价格的市场波动、规格匹配、质量控制、按计划供应以及与承包人的衔接等责任风险也随之由招标人承担，从而减轻了承包人相应的责任和风险。

（2）承包人采购。对于承包人投标报价范围内已经包括且由承包人自主定价的设备材料，属于承包人采购的内容。承包人采购供应的设备材料一般称为乙供材料。乙供材料的采购可以不进行招标，但为了监督设备材料的质量，甲方可对采购过程进行监督。

这种方式与招标人自行采购供货方式的利弊正好相反，责任风险均由承包人承担，采购和结算操作管理简单。这种方式比较适用于工期比较短、规模较小或材料设备技术规格简单的工程。工期较长的大型工程，如由承包人采购材料设备，宜在合同条款中设置相应材料设备的价格调整条款，以减少价格波动给承包人带来的过多风险。

（3）招标人与承包人联合采购。招标人与承包人联合采购的内容是承包人投标报价范围内已经包括，但因技术标准规格无法确定而由招标人确定的暂估价（即投标人没有竞争报价）的设备材料。以暂估价形式包括在总承包范围内的设备材料属于依法必须进行招标的项目范围且达到国家规定规模标准的，应当依法进行招标。招标人与承包人联合采购的设备材料一般称为甲控材料。

招标人与承包人联合采购可以有两种方式。一种方式是招标人和承包人共同作为招标人进行招标、由承包人与中标的设备材料供应商签订采购合同；另一种方式是由承包人作为招标人进行招标，招标人参与决策，承包人与中标的设备材料供应商签订采购合同。

4. 货物的计价特征

1）货物的价格构成。货物采购价格是指招标人按照招标采购方式选择的中标货物价格以及据此签订的采购合同价格。最终的采购价格不应高于预算价格。这就要求招标人既要了解市场价格行情，又要确定合理的货物技术性能需求。

货物的采购价格有国内货物价格和进口货物价格之分。其中，国内货物价格构成包括：货物出厂价及其包装费、运输费、运输保险费和其他杂费；进口货物价格包括：到岸价、进口环节税（包括进口关税、进口增值税、消费税）、国内运费、国内运输保险费和其他杂费。

招标文件中应该合理分解货物价格的构成，以便掌控各部分成本费用的合理水平。例如，可以根据原材料价格、供应商生产规模以及技术管理水平估算其货物的制造成本；可以根据市场上运输公司、保险公司的报价了解运保费行情，从而可以合理确定货物预算价格，并有效分析判断投标报价。

2) 货物的使用寿命。指货物使用的预计时间，或者生产设备所能生产产品或提供服务的数量。使用寿命的长短直接关系到招标人的经济利益：相同技术规格的产品如果使用寿命较短，则招标人再次采购的时间间隔就短，从而增加了招标人的成本费用。相同功能的设备，由于设计水平、制造质量、使用环境以及使用和维修单位的技术管理水平不同，其使用寿命会有很大的差别，其中设计水平和制造质量是重要环节。

货物的使用寿命也是采购货物时需要重点考虑的因素。不同使用寿命的货物，直接影响招标人的经济成本。尤其对于使用寿命敏感的货物，一般将使用寿命作为强制性标准要求，而使用寿命不敏感的货物则往往忽略这一点。近年来逐步引入的全寿命周期成本方法，将货物寿命周期的经济性以科学方式体现，并作为评标时选择的重要因素。

3) 货物的使用成本。货物的使用成本包括运行成本、维护保养成本、维修改造成本、故障成本和废弃成本等。

货物的全寿命周期中使用成本往往会数倍于采购成本，所以对于技术较为复杂的货物不仅要考虑一次性的采购成本，还必须从上述各方面综合考虑使用成本，采取定量或定性的办法进行分析，从而选择性能价格比最高的货物投标方案。投标价格接近的货物，如果其能耗相差较大，高能耗货物的后期使用成本必然高于能耗较低的产品从而造成其整体成本高。此时，考虑低能耗的货物则是一种明智的选择。

货物招标必须要对上述可能的使用成本作出要求，并在评标办法、标准中得以体现。

4) 货物的付款条件。合同价款的支付条件是合同的重要组成部分，是招标投标双方关心的重要内容，也是影响投标报价的主要因素之一，甚至是投标人是否参与投标的制约因素之一。支付条件至少应包含如下因素。

（1）支付方式

① 际贸易经常采用的支付方式有电汇付款（T/T）、交单付款（D/P）、承兑付款（D/A）和信用证付款（L/C）。

② 内贸易经常采用的支付方式有电汇付款、汇票付款、支票付款、现金付款等。

（2）支付进度

支付进度一般分为预付款、进度款、交货款、验收款、质保金等，但也可能根据实际需要省去或增加一些环节。设定支付方式和进度需要考虑多方面因素，包括产品价格、生产周期、产品生产与供应需要的资金分布状态、招标人和投标人的财务状况和融资能力、市场供求状况、不同货物对招标投标双方所能控制的风险范围和幅度等。合理全面的支付条款会带来双赢的合作；反之，会影响双方的合作。

（3）货物的税收

包括关税、增值税、购置税、消费税等。应该在招标文件中明确相关规则，特别是国际货物采购，税收往往是一笔较大的费用开支，如果招标文件中不予以明确，则会对评标和合同谈判履行造成不利影响。

5. 履约风险控制要求

（1）货物采购的风险控制是货物招标采购管理的重要内容。由于供应商供货能力、行为带来的风险，招标人主要采取两种方式规避：一是对投标人进行严格的资格审查，要求投标人提供一系列的技术、经济等资格信誉资料帮助招标人分析判别其履约能力；二是在招标文件中提出要求条件，让投标人作出响应。

（2）采购规模较大、合同履行周期较长、采购地区距离较远的货物，履约过程中面临市场价格波动、环境变化等风险因素较多。这就需要认真分析货物采购的各种风险特征，根据采购货物的种类选择恰当的合同计价类型，设置严密的风险条款，以合理规避和分配采购、供应双方履约中可能产生的风险。例如，设置货物运输保险条款转移一部分风险，设置法规政策调整条款分担法规政策改变所引起的价格风险，设置市场价格波动条款使双方合理分担市场风险等。

5.2.2 货物采购项目的招标方案

货物招标方案因采购目的、用途不同而有所区别：作为最终消费产品的货物招标方案主要依据用户的实际需求编制；企业生产需要的原材料和半成品的货物招标方案主要依据企业的生产要求编制；工程建设项目使用的货物招标方案，应该依据整个工程建设项目对货物的需求进行编制。本教材只介绍工程建设项目使用的货物招标方案的编制。

工程中使用货物的招标方案，又因工程建设项目类别及采购规模的不同而有所区别。有针对特别重要或者采购金额特别大的某一批次货物项目编制的招标方案，有针对企业年度集中招标采购编制的年度货物招标采购方案。本教材重点阐述的是针对某一批次货物项目编制的招标方案。

货物采购项目招标方案的内容可参考工程施工项目招标方案的编制内容，并且招标人在编制招标方案时，应充分考虑货物采购项目的下列特点。

1. 货物需求目标

采购人需要重点考虑和关注拟采购货物的使用功能、技术标准、质量、价格、服务和交货期等主要因素。其中，性价比往往会成为多数采购人考虑的重要因素。货物采购的需求目标主要包含以下内容：

（1）货物的功能、质量需求。货物的功能、质量需求包括拟采购货物的使用功能、技术标准、质量标准、节能环保指标、检验和试验标准等要求。

（2）货物的数量需求。大部分货物采购在编制招标方案阶段可以根据拟采购货物的分类、品种、规格分别确定相应货物的数量规模，并且统一计量，如件数、吨位等。

（3）货物的服务需求。货物的服务需求包括货物的安装调试或指导安装调试、操作和维修培训、售后服务等内容。

（4）货物的价格需求。货物的价格需求是指货物采购的预算单价、总额控制的范围。货物采购预算总额应根据采购范围、内容及相应的工程设计概算，结合市场价格行情确定。

（5）货物的供应进度需求。货物的进度需求主要根据工程建设项目的进度需求来确定,同时需考虑货物的制造、供应时间。

2. 货物招标标包划分

货物招标通过合理划分标包,对采购货物进行有机的拆分和组合,可以增加招标的竞争性和招标效率,充分发挥各投标人的专长,降低采购价格,保证供货时间和质量。货物招标标包划分应主要考虑以下因素。

(1) 法律法规。《招标投标法》及其实施条例和《必须招标的工程项目规定》及《必须招标的基础设施和公用事业项目范围规定》对必须招标项目的范围、项目性质、规模标准作了明确规定。招标人应当依法、合理地确定项目招标内容及标包规模,不得通过细分标包、化整为零的方式规避招标。

(2) 管理模式。货物招标管理模式可分为集中招标和分散招标两种情况。

集中招标是指一个或多个招标主体整合归并一定时限内分散需求且具有一定规模数量的同类工程、货物或服务,集中实施招标组织的采购形式。集中招标管理模式在政府采购和大型企业集团中较多应用。货物集中招标模式将分散的货物集中实施招标采购,有利于发挥规模采购优势、规范采购行为、优化供应链管、推进采购标准化和信息、提高货物和服务质量,可吸引较多具备实力的投标人参与竞争,标包划分具有较大的灵活性。

货物分散招标多见于中小型工程建设项目和企事业单位的采购,通常情况下,采购规模不大,组织管理相对灵活,但标包划分灵活性低,采购成本相对较高。

(3) 货物功能配套与技术关联。简单货物,功能独立,技术关联度低,在后续使用中不需过多考虑与其他货物的功能配套,标包划分受制约因素相对较少。

复杂的大型成套设备,由若干功能不同的设备组合实现设计功能,各部分设备可能由不同的供应商提供。因此,标包划分要尽可能实现各部分设备之间的技术关联与功能配套,并结合各种设备的市场供应情况,合理划分,最佳组合,避免分割设备的配套关联。实际操作中可将成套设备作为一个标包招标。此种情况下对投标人的商务、技术资格要求较高,需要考虑具备承担项目能力的投标人数量是否足够形成有效竞争。如果将大型成套设备拆分为不同标包,可以增加竞争力。但应该确保各标包的供货范围和功能配套完整且并不重复或遗留,并注意各标包之间技术关联界面和接口的衔接。这对招标人的技术协调管理工作水平提出了较高要求。

(4) 货物种类与规模。不同种类的货物一般由不同资格能力的企业生产或供应,故应划分为不同的标包。货物规模对标包划分的影响可考虑两种情况。

① 单个货物规模大、技术含量高时,每一标包内货物数量不宜多,如单个货物规模大,标包内数量又集中,只有实力雄厚的投标人才能投标,而一些有一定竞争力的中小投标人则无力投标,会造成投标人数量减少,降低竞争力,从而可能会引起投标报价增加。

② 单个货物规模小、技术含量相对较低时,可将货物标包适当集中,发挥规模效益。如果分包过小,则很难引起实力雄厚投标人的兴趣,只能有中小厂家参与竞争,导致投标人的整体水平不高。

(5) 竞争格局与规模。货物标包规模的大小和标包数量与招标人期望引进的供应商的实力有关,因此,货物采购标包划分同样应有利于形成充分有效的竞争格局。

（6）生产供应周期、效益。货物采购标包划分应考虑货物本身的生产供应周期的影响。同一标包内应注意避免出现生产供应周期过度集中的现象，以免造成投标人不能及时生产供应而延误整个项目的履行。

投标人的效益也是影响标包划分的重要因素之一。要注意避免各个货物标包给投标人可能产生的经济收益差别过大，以致造成某些标包的投标人过于集中，而某些标包可能无人投标而导致流标的情况。

3. 投标人资格条件

招标人应根据招标货物项目及其标包的类别、规模、范围与供应方式，依据有关货物生产企业资格管理规定合理设定投标人的资格标准。

4. 货物招标顺序

货物的生产与交货期相对稳定，可控性强。货物招标批次和招标时间顺序安排主要取决于货物的用途。最终消费产品的货物采购主要取决于用户的实际需求时间。企业生产采购的原材料及半成品采购顺序取决于生产计划和进度要求。工程建设项目的材料设备必须结合工程实施计划和进度，通过调查研究，科学合理安排招标顺序，确保货物适时采购到位，避免因货物供应拖延而影响整个工程建设项目进度。确定工程货物招标顺序的主要因素有：工程建设项目进度要求或项目业主对货物的实际需求时间，货物的生产和供应周期，完成招标程序所需要的时间。同时，货物采购顺序的安排还应考虑工程设计、施工条件与货物技术参数确定之间的相互制约关系，即有些货物采购技术参数的确定要等待工程设计、施工提供条件，而有些工程的设计或施工需要提供货物的主要参数。此外，货物不同的功能用途以及施工安装的先后顺序往往是采购时间安排需要考虑的因素。

5.3 资格审查

资格审查是指招标人对资格预审申请人或投标人的经营资格、专业资质、财务状况、技术能力、管理能力、业绩、信誉等方面评估审查，以判定其是否具有参与项目投标和履行合同的资格及能力的活动。资格审查既是招标人的权利，也是招标项目的必要程序，它对于保障招标人和投标人的利益具有重要作用。

根据招标投标相关法律规定，招标人可以根据招标项目本身的特点和需要，通过资格预审公告、招标公告或投标邀请书提出投标资格能力条件，并要求资格预审申请人或者投标人提交有关资质证明文件和业绩情况，组建资格审查委员会进行资格审查。但是招标人不得以不合理的条件限制或者排斥潜在投标人，不得对潜在投标人实行歧视待遇。

5.3.1 资格审查的原则和办法

资格审查在遵循招标投标的"公开、公平、公正和诚实信用"外，还应遵循科学、合格和适用原则。

1. 资格审查的办法

资格审查分为资格预审和资格后审两种办法。

(1) 资格预审

资格预审是招标人通过发布资格预审公告，向不特定的潜在投标人发出投标邀请，由招标人或者由其依法组建的资格审查委员会按照资格预审文件确定的审查方法、资格条件以及审查标准，对资格预审申请人的经营资格、专业资质、财务状况、类似项目业绩、履约信誉等条件进行评审，以确定通过资格预审的申请人。未通过资格预审的申请人，不具有投标的资格。资格预审的方法包括合格制和有限数量制。一般情况下应采用合格制，潜在投标人过多的，可采用有限数量制。

(2) 资格后审

资格后审是在开标后由评标委员会对投标人进行的资格审查。采用资格后审时，招标人应当在开标后由评标委员会按照招标文件规定的标准和方法对投标人的资格进行审查。资格后审是评标工作的一个重要内容。对资格后审不合格的投标人，评标委员会应否决其投标。

2. 资格预审的程序

(1) 编制资格预审文件；

(2) 发布资格预审公告；

(3) 发售资格预审文件；

(4) 资格预审文件的澄清、修改；

(5) 编制并提交资格预审申请文件；

(6) 组建资格审查委员会；

(7) 评审资格预审申请文件；

(8) 编写资格审查报告；

(9) 确认通过资格预审的申请人。

3. 资格后审的程序

采用资格后审办法的，资格后审是评标工作的一项重要内容。因此，对投标人资格要求的审查内容、标准和方法、程序等内容均在招标文件中规定，并由评标委员会在初步评审阶段进行评审。

5.3.2 资格条件

资格预审的资格条件与投标的资格条件基本相同，本教材以投标的资格条件为基础，针对货物项目从资质条件、业绩要求、技术和管理人员、财务要求、设备、信誉要求等方面介绍，资格预审的资格条件参照投标的资格条件设置。

1. 货物投标资格

货物投标资格要求分为对投标人资格条件、货物标准的要求以及与货物有关的设计、制造、运输、安装、维修等相关要求。

1) 投标人的资格条件。

投标人的资格条件分为两类：一是国家强制性要求，即国家有关规定对不同行业及不同主体的投标人资格条件；二是招标人自设条件，即招标人根据项目本身要求，在招标文件中规定的投标人资格条件。

国家强制性要求是国家根据行政管理和行政许可法的规定对相关领域企业主体设置的行政许可，一般有许可证、资质证书或行业准入等形式。与招标投标相关的国家强制性要求主要有以下内容。

（1）工业产品生产许可证。工业产品生产许可证是国家对关系人体健康、财产安全、金融安全、通信质量安全、保障劳动安全等重要工业产品生产企业实行的行政许可制度。根据国家市场监督管理总局修订后的若干现行规定，任何企业未取得《工业产品生产许可证》不得生产列入目录的重要工业产品。

（2）安全生产许可证。安全生产许可证是国家对危险化学品、烟花爆竹、民用爆破器材生产企业实行的安全生产许可制度。根据《安全生产许可证条例》（国务院令第397号），危险化学品、烟花爆竹、民用爆破器材生产企业未取得安全生产许可证的，不得从事生产活动。

（3）特种设备生产许可证。根据《中华人民共和国特种设备安全法》规定，对人身和财产安全有较大危险性的锅炉、压力容器（含气瓶）、压力管道、电梯、起重机械、客运索道、大型游乐设施、场（厂）内专用机动车辆等特种设备的生产（包括设计、制造、安装、改造、修理）、经营、使用、检验、检测企业必须取得生产许可证才可从事相关业务。

（4）涉及秘密的计算机系统集成资质。根据国家保密局《涉密信息系统集成资质管理办法》（国家保密局令2020年第1号），涉密系统集成单位必须经过保密工作部门资质认定，并取得《涉及国家秘密的计算机信息系统集成资质证书》。涉及秘密的计算机系统集成资质分为甲级、乙级和单项三种资质类别。涉及秘密的计算机系统集成资质企业具有计算机信息系统集成一级或二级资质证书。

（5）医疗器械生产许可证和经营许可证。根据《医疗器械监督管理条例》（国务院令第739号），国家对医疗器械分三类管理。第一类是风险程度低，实行常规管理可以保证其安全、有效的医疗器械；第二类是具有中度风险，需要严格控制管理以保证其安全、有效的医疗器械；第三类是具有较高风险，需要采取特别措施严格控制管理以保证其安全、有效的医疗器械。

① 医疗器械生产。国家对第一类医疗器械生产企业实行备案管理，第二类、第三类医疗器械生产企业实行生产许可证制度。第二类、第三类医疗器械生产企业符合规定条件的，准予许可并发给医疗器械生产许可证。医疗器械生产许可证有效期为5年。

② 医疗器械经营。国家对第二类医疗器械经营企业实行备案管理，第三类医疗器械经营企业实行生产许可证制度。第三类医疗器械经营企业符合规定条件的，准予许可并发给医疗器械经营许可证。医疗器械经营许可证有效期为5年。

（6）药品生产许可证和经营许可证。根据《中华人民共和国药品管理法》（2019修订），药品生产企业，须经企业所在地省、自治区、直辖市人民政府药品监督管理部门批准并发给《药品生产许可证》，凭《药品生产许可证》到工商行政管理部门办理登记注册。无《药品生产许可证》的，不得生产药品。药品批发企业，须经企业所在地省、自治区、直辖市人民政府药品监督管理部门批准并发给《药品经营许可证》；开办药品零售企业，须经企业所在地县级以上地方药品监督管理部门批准并发给《药品经营许可证》，凭《药品经营许可证》到工商行政管理部门办理登记注册。无《药品经营许可证》

的，不得经营药品。

（7）制造、修理计量器具许可证。《中华人民共和国计量法》（以下简称《计量法》）规定，制造、修理计量器具的企业必须取得计量行政部门颁发的《制造计量器具许可证》或者《修理计量器具许可证》。

2）招标人自设条件是招标人根据招标项目的特点和需要自行设定货物投标的各类条件。一般包括以下内容。

（1）类似业绩。业绩可以反映投标人的经验和能力、投标产品的市场占有情况等重要信息，可以影响投标人中标的可能性。货物招标时，由于投标人既可以是制造商，也可以是制造商授权的代理商，提出类似业绩要求时必须明确投标人业绩及其制造商业绩，对于依法必须进行招标的项目，不得以特定的行政区域和特定行业的业绩作为加分条件。

投标人应具有类似项目的一般业绩和专门业绩经验要求：

① 一般业绩经验要求是投标人应满足的最低类似业绩标准，是指投标人或联合体牵头人具有成功组织供应规模和复杂程度与招标项目类似货物的业绩，并根据招标采购货物的规模设定投标人近年应具有的类似项目业绩营业额。

② 专门业绩经验是针对招标采购大型、复杂货物，单一投标人难以承担全部制造和供货任务的，可允许由2个以上投标人组成联合体或总分包的形式联合供应招标采购货物的全部单元系统货物，此时可以分类设定各单元系统的专门制造和供货业绩经验要求，联合体各成员业绩均应满足各自负责供应单元系统货物所对应的制造和供货分类业绩经验要求。

例如，某水电站机组设备招标采购一个标包主要由水轮机、发电机、计算机监控系统、主阀门四个单元系统设备和部件组成，应对投标人或投标联合体成员设定各个单元系统的专门制造和营运业绩经验要求。如某联合体成员分工制造供应水轮机，则可要求其具有设计和制造过 N 台容量大于或等于招标项目水轮机容量的设备，且已成功运行1年以上的业绩。

③ 类似项目业绩是指投标人直接负责设计、制造和供应货物的业绩。投标人不能将与其有隶属或组织关系的母公司和子公司的业绩作为自己的业绩，尤其是控股公司不能将其子公司的业绩作为自己的业绩，也不能将货物代理销售的业绩作为货物设计制造的业绩。

（2）技术和管理人员。货物招标需要审查投标人拟投入货物生产和供应的技术和管理人员资格、能力。大型、复杂货物供应一般包括：项目经理、现场项目经理、主任工程师、现场安装督导、计算机监控系统主任工程师等。根据招标采购货物的规模标准和技术管理要求对拟投入的技术和管理人员分别制订任职资格条件：年龄、类似工作年限、专业学历、相关职业资格或技术、经济职称、担任类似项目组织供应管理的业绩经验等。

（3）财务状况。

（4）投标人的设备状况。制造货物所需生产设备的技术性能状况以及货物生产设备的剩余能力。

（5）投标人管理体系第三方认证。管理体系第三方认证是指国际公认的独立机构向企业出具的证明企业管理水平的认证。货物招标中常见的企业管理体系第三方认证有：ISO 9001 质量管理体系认证、ISO 14001 环境管理体系认证、OHSAS 18001 职业健康安全管理体系等认证。

（6）投标人信誉。

2. 货物标准的要求

货物标准的要求是招标人根据国家强制性规定和项目特点提出的对投标货物的要求。投标货物要求分为国家强制性要求和招标人自设要求两类。

（1）国家强制性要求是国家对相关货物的质量、标准实行的强制性管理制度，一般有认证、注册证、登记证等形式。

① 强制认证。国家对涉及人类健康和安全，动植物生命和健康，以及环境保护和公共安全的产品实行强制认证制度。根据国务院授权，国家认证认可监督管理委员会主管全国认证认可工作。强制性产品认证制度主要规定包括：《强制性产品认证管理规定》（国家质量监督检验检疫总局令第 117 号），《强制性产品认证标志管理办法》（国家认证认可监督管理委员会公告 2001 年第 1 号）以及《市场监管总局关于优化强制性产品认证目录的公告》（国家市场监督管理总局公告 2020 年第 18 号）等。国家对目录产品实行强制性认证，统一认证标准、技术规则和实施程序，统一认证标志、收费标准。认证标志的名称为"中国强制认证"（英文名称为"China Compulsory Certification"，可简称为"3C"标志。）

凡列入目录的产品，必须经国家指定的认证机构认证合格、取得相应的认证证书、并加施认证标志后，方可出厂销售、进口和在经营性活动中使用。国家质检总局和国家认监委已经公布了五批强制认证产品目录。

② 医疗器械注册或备案证。国家对第一类医疗器械实行产品备案管理，第二类、第三类医疗器械实行产品注册管理。对第二类、第三类医疗器械符合安全、有效要求的，准予注册并发给医疗器械注册证。医疗器械注册证有效期为 5 年。

③ 药品批准文号《中华人民共和国药品管理法》（2019 修订），生产新药或者已有国家标准的药品的，须经国务院药品监督管理部门批准，并发给药品批准文号，生产中药材和中药饮片除外。药品生产企业在取得药品批准文号后，方可生产该药品。

④ 计量证书。计量证书是《计量认证合格证书》《计量认证合格确认证书》和《计量器具型式批准证书》等计量行政部门审批并颁发的允许计量器具销售、使用证明的统称。根据《计量法》及其实施细则，计量器具须经计量行政部门审批并颁发计量证书后，方可使用，制造计量器具的企业生产本单位未生产过的计量器具新产品，必须经省级以上人民政府计量行政部门对其样品的计量性能考核合格，方可投入生产。外国制造的计量器具，须向国务院计量行政部门申请办理型式批准，取得型式批准证书后才可以销售。

（2）招标人自设要求是招标人根据招标项目的特点和需要自行设定的各类货物标准要求。一般包括以下内容。

① 第三方产品检验。第三方产品检验是由国家认证认可监督管理委员会认可的检测机构根据一定的标准对产品功能和质量进行的技术检测。由监测机构出具产品型式试验报告或检测报告。招标人对于复杂的仪器设备和材料的技术性能和质量不具备进行检

验能力时，可以要求国家认可的第三方检测机构对投标产品进行检测，出具产品型式试验报告或检验报告，并以此作为评定投标资格能力的依据。

② 第三方产品认证。第三方产品认证是由社会公认的第三方机构根据一定的标准对产品所做的认证。常见的第三方产品认证包括：FDA（食品与药物管理）认证、CE（安全合格标志）认证等。

3. 投标人限制情形

招标人可根据有关规定，在招标文件中明确规定投标人不得存在的情形，有关内容详见《标准设备采购招标文件》第二章1.4投标人资格要求之"1.4.3投标人不得存在下列情形之一"规定的情形。

4. 投标资格的限制性规定

与招标人存在利害关系可能影响招标公正性的法人、其他组织或者个人，不得参加投标。单位负责人为同一人或者存在控股、管理关系的不同单位，不得参加同一标段投标或者未划分标段的同一招标项目投标。

《工程建设项目货物招标投标办法》第三十二条规定，在工程建设项目货物招标时，法定代表人为同一个人的两个及两个以上法人，母公司、全资子公司及其控股公司，都不得在同一货物招标中同时投标。一个制造商对同一品牌同一型号的货物，仅能委托一个代理商参加投标。

5.3.3 资格预审公告或招标公告

公开招标项目应当发布资格预审公告或者招标公告。依法必须进行招标的项目的资格预审公告和招标公告，应当在国务院发展改革部门依法指定的媒介发布。采用资格预审的招标项目，招标人应发布资格预审公告邀请不特定的潜在投标人参加资格审查；采用资格后审的公开招标项目，招标人应发布招标公告邀请不特定的潜在投标人投标。

货物招标资格预审公告或招标公告主要是招标范围、内容、规模数量、技术规格、交货或服务方式、地点要求的描述以及申请人或投标人的资格条件。

5.3.4 资格预审文件

资格预审文件是告知申请人资格预审条件、标准和方法，资格预审申请文件编制和提交要求的载体，是对申请人的经营资格、履约能力进行评审，确定通过资格预审申请人的依据。依法必须进行招标的货物招标项目，可以参照国家发改委会同有关行政监督部门制定的《标准施工招标资格预审文件》（2013年版），结合招标项目的技术管理特点和需求，按照以下基本内容和要求编制资格预审文件。其中，货物招标项目的标准通用性特点决定了较少利用资格预审。

5.3.5 资格预审的评审程序和注意事项

1. 资格预审的评审程序

资格预审的评审工作包括组建资格审查委员会、初步审查、详细审查、澄清、评审和编写评审报告等程序。

2. 设置资格条件应注意的事项

在满足项目要求的前提下，投标人资格条件要使尽可能多的投标人符合条件参与投标竞争。在设置资格条件时，应注意以下事项。

（1）设定的投标人资质、业绩、信誉、职业人员等资格能力条件要符合法律法规和项目的实际要求。法律法规有明确规定的，如部分机械设备的工业产品生产许可证、安全生产许可证，医疗设备采购项目的医疗企业经营许可证、医疗器械注册证，计量器具采购项目的计量证等，应按照规定作为投标人的资格条件。

（2）设定的资格、技术、商务条件应与招标项目的具体特点和实际需要相适应，与合同履行相关。依法必须进行招标的项目不得限定潜在投标人或者投标人的所有制形式或者组织形式。

（3）在满足项目要求的前提下，投标人资格条件要使尽可能多的投标人参与投标。不应要求投标人具有不必要、超出项目实际需要的资格条件，也不应将与招标项目无关的资格证书作为投标人必须具备的资格。

（4）国家行政机关根据行政许可设置和颁发的资格、资质和认证可以作为投标人必须具备的资格条件，如国家和地方药监部门颁发的药品生产许可证、建设部门颁发的各类建筑业企业资质、国家市场监督管理总局颁发的 CCC 认证、国家有关行政部门颁发的建造师、监理工程师职业资格等，都可以作为相关招标项目投标人或其从业人员的资格能力条件。规定投标人必须具有某种资格、资质证书时，应该明确颁发相应证书的机关名称和资格、资质的级别及有效范围。国家已经停止实施或已经废止的资格、资质不应该作为投标人应该具备的资格条件。

（5）国际公认的标准和认证，如 FDA 认证、CE 认证、ISO 9001 质量管理体系认证、ISO 14001 环境管理体系认证、OHSAS 18001 职业健康安全管理体系认证等认证证书都可以根据招标项目的具体特点和实际需要选择性地作为投标人的资格条件，但应保证投标人的数量足够，以避免因这些限制条件而造成投标人竞争不充分。

（6）投标人的资格条件应该准确、清晰、无歧义，避免提出概念含糊、模棱两可、无法衡量的要求。

5.4 编制招标文件

招标文件是招标人向潜在投标人发出并告知项目需求、招标投标活动规则和合同条件等信息的要约邀请文件，是项目招标投标活动的主要依据，对招标投标活动各方均具有法律约束力。

5.4.1 招标文件的要素

招标文件按照功能作用可以分成三部分：一是招标公告或投标邀请书、投标人须知、评标办法、投标文件格式等，主要阐述招标项目需求概况和招标投标活动规则，对参与项目招标投标活动各方均有约束力，但一般不构成合同文件；二是技术标准和要求、合同条款等，全面描述招标项目需求，既是招标投标活动的主要依据，也是合同文件构成的重要内容，对招标人和中标人具有约束力；三是参考资料，供投标人了解分析与招标项目相关的参考信息，如项目地址、水文、地质、气象、交通等参考资料。

5.4.2 招标文件的编制

1. 招标文件的编写要点

（1）体现招标项目特点和需求

招标文件涉及的专业内容比较广泛，且每个招标项目均具有一定的个性特点，编写项目招标文件的人员，需要具有较强的专业知识和一定的实践经验，必须认真阅读研究有关项目设计与技术文件，并与招标人充分沟通，了解招标项目的特点和需求，包括项目概况、投资性质、审批或核准情况、总体实施计划等，并在项目招标方案的基础上，细化形成招标文件。

（2）合理划分标段或标包

招标项目需要划分标段或标包的，应该依据单个项目规模、竞争格局与规模、生产供应周期与效益等因素，综合分析研究，科学、合理划分标段（或标包），并选择合同计价类型。

（3）依法设定投标资格条件

设定的投标人资质、业绩、信誉、职业人员等资格条件要符合法律法规的规定，并与招标项目的具体特点和实际需要相适应。

（4）使用标准招标文件

为提高招标文件质量，进一步规范招标投标活动，有关招标投标行政监督部门和行业主管部门颁发了标准招标文件，如国家发改委会同住房城乡建设部等九个部门颁布的《中华人民共和国标准设备采购招标文件》（2017年版）、《中华人民共和国标准材料采购招标文件》（2017年版），商务部颁发的《机电产品国际招标标准招标文件（试行）》等。依法必须招标的货物采购项目和机电产品国际招标项目，必须使用上述相应的标准招标文件。

（5）明确实质性要求和否决投标的情形

招标文件必须明确投标人实质性响应的内容和否决投标的情形。投标人应完全按照招标文件的要求编写投标文件。如果投标人没有对招标文件的实质性要求和条件作出响应，或者响应不完全都将导致投标无效。招标文件中需要投标人作出实质性响应的所有内容，如招标内容范围、工期、投标有效期、质量要求、技术标准和要求等应当具体、清晰、无争议，且宜以醒目的方式提示，避免使用原则性的、模糊的或者容易引起歧义的词句。

（6）不得出现违法、歧视性条款

招标文件不得违法限制、排斥或保护潜在投标人，应当合理划分招标和投标人之间的权利、义务和风险责任，不得将原本应由招标人承担的义务、责任和风险转嫁给投标人。

招标文件规定的各项技术标准应符合国家强制性标准，不得要求或标明某一特定的专利、商标、名称、设计、原产地或生产供应者，不得含有倾向或者排斥潜在投标人的其他内容。如果必须引用某一生产供应者的技术标准才能准确或清楚地说明拟招标项目的技术标准时,则应当在参照后面加上"或相当于"的字样。

依法必须招标的项目,不得以特定地区或行业的业绩、奖项作为资格条件或加分条件。

(7) 语言要规范、简练,内容前、后应保持一致

招标文件语言文字要规范、严谨、准确、精练,避免出现歧义。招标文件的商务部分与技术部分应协调一致,避免重复和矛盾。

2. 标准招标文件的应用

依法必须招标项目,招标人应当使用相关标准招标文件;自愿招标项目可参照标准招标文件编制招标文件。

(1) 已经颁布的标准招标文件

为规范资格预审文件和招标文件的内容和格式,提高编制质量,国务院发展改革部门会同住房城乡建设部等九个部门颁布了《中华人民共和国标准设备采购招标文件》(2017年版)、《中华人民共和国标准材料采购招标文件》(2017年版)。国家相关部门结合行业特点陆续制定印发了相关招标的标准文件和示范文本。

(2) 标准招标文件的适用

《中华人民共和国标准设备采购招标文件》适用于设备采购招标、《中华人民共和国标准材料采购招标文件》适用于材料采购招标。

3. 货物招标文件的编制

根据《工程建设项目货物招标投标办法》,货物招标文件应包括以下内容:

(1) 招标公告(或投标邀请书);
(2) 投标人须知;
(3) 评标办法;
(4) 合同主要条款及格式;
(5) 供货要求;
(6) 投标文件格式;
(7) 投标人须知前附表规定的其他资料。
(8) 对招标文件所做的澄清、修改,构成招标文件的组成部分。

5.4.3 评标办法设置

评标办法是招标文件的重要内容。按照相关规定,评标委员会应当按照招标文件确定的评标标准和方法,对投标文件进行评审和比较。招标文件没有规定的评标标准和方法不得作为评标的依据。

1. 评标办法

评标办法包括评标方法、评标因素和标准、评标程序,以及推荐中标候选人的要求等内容。

评标方法是招标人根据招标项目的特点和要求,在招标文件中规定对投标文件进行评价和比较的方法。

评标因素和标准是指评标需要考量的各项因素及其具体标准、评标中具体问题的处理方法（如报价范围不一致的处理、否决投标的情形、投标报价低于成本价的判定等）。评标因素和标准一般以表格的形式将各项评审因素、评审依据、评审标准明确列出。

评标程序是指评标的过程和具体步骤，包括初步评审、详细评审、澄清、推荐中标候选人、编写评标报告等。

评标中经常使用各种表格。以综合评估法评标为例，评标表格通常包括形式评审表、资格评审表、响应性评审表、投标报价评审表、综合评分表、评分汇总表、排序一览表等。

2. 评标方法的分类

常用的评标方法分为经评审的最低投标价法和综合评估法两类。

经评审的最低投标价法是以价格为主导考量因素，对投标文件进行评价的一种评标方法。采用经评审的最低投标价法评标的，中标人的投标应当能够满足招标文件的实质性要求，并且经评审的投标报价最低，但是投标报价低于成本价的除外。

综合评估法是以价格、商务和技术等方面为考量因素，对投标文件进行综合评价的一种评标方法。采用综合评估法评标的，中标人的投标文件应当能够最大限度地满足招标文件中规定的各项综合评价标准。世界银行、亚洲开发银行贷款项目和机电产品国际招标项目采用的最低评标价法、政府采购货物和服务招标采用的综合评法都属于综合评估法的类型。

3. 经评审的最低投标价法的应用

（1）经评审的最低投标价法

经评审的最低投标价法是以价格为主导考量因素，对投标文件进行评价的一种评标方法。采用经评审的最低投标价法评标，应首先审查投标文件在商务和技术上对招标文件的满足程度；对于满足招标文件各项实质性要求的投标，则按照招标文件中规定的方法，对投标文件的价格要素作必要的调整，以便使所有投标文件的价格要素按统一的口径进行比较。价格要素可能调整的内容包括投标范围偏差、投标缺漏项（或多项）内容的加价（或减价）、付款条件偏差引起的资金时间价值差异、交货期（工期）偏差给招标人带来的直接损益、国外货币汇率转换损失，以及虽未计入报价但评标中应当考虑的税费、运输保险费及其他费用的增减。应区分招标文件的原因和投标人的原因，分别按规定办法增减。经过以上价格要素调整后的价格即为经评审的投标价，该价格最低者为最优。

采用经评审的最低投标价法评标，对于实质上响应招标文件要求的投标进行比较时只需考虑与投标报价直接相关的量化折价因素，而不再考虑技术、商务等与投标报价不直接相关的其他因素。经评审的最低投标价法一般适用于技术、性能规格通用化、标准化，没有特殊性、技术管理以及其他综合性要求的招标项目。

（2）综合评估法的应用

综合评估法是指投标文件满足招标文件全部实质性要求且综合衡量价格、商务、技术等各项因素对招标文件的满足程度，按照统一的标准（分值或货币）量化后进行比较的评标方法。采用综合评估法评标时，可以把以上各项因素折算为货币、分数或比例系数后再做比较。能够最大限度地满足招标文件中规定的各项综合评价因素、按照评审因素的量化指标评审得分最高的投标被确定为最优投标。

机电产品国际招标的综合评价法和政府采购的综合评分法都属于综合评估法。相对于经评审的最低投标价法，综合评估法综合考虑了各项投标因素，可以适用于所有招标项目。一般情况下，不宜采用经评审的最低投标价法的招标项目，尤其是除价格因素外技术、商务因素影响较大的招标项目，都可以采用综合评估法。

① 采用货币进行比较的综合评估法。综合评估法采用货币进行比较时，其比较的是评审后的价格。评审后的价格的计算公式为：

$$P = P_1 + P_2 + \cdots + P_n \tag{5-1}$$

式中　　P——评审后的价格；

$P_1, P_2, \cdots, P_n$——各项评标因素的偏差调整额。

② 采用分值进行比较的综合评估法。综合评估法采用综合得分进行比较，综合得分计算公式如下：

$$F = F_1 \times A_1 + F_2 \times A_2 + \cdots + F_n \times A_n \tag{5-2}$$

式中　　F——评标总得分；

$F_1, F_2, \cdots, F_n$——各项评标因素的评分值；

$A_1, A_2, \cdots, A_n$——各项评标因素的权重，$A_1 + A_2 + \cdots + A_n = 1$。

工程施工招标项目及其他招标项目可参照该标准文本选择和设置适合具体项目要求的评标办法。

4. 评审因素和标准

招标项目的评审因素一般包括价格因素、商务因素和技术因素。除此之外，售后服务、国产化率等其他因素也可以归入商务或技术因素。

（1）价格因素

除了政府定价的货物和服务外，一般招标项目评标考虑的最重要的因素是价格因素。价格因素除了投标价本身外，需要考虑的还有未包括在投标总价中的选配件价格和售后服务价格、报价的优惠程度、报价的平衡性（是否有不平衡报价的情形）等。

评标中，投标报价应当在同样的基础上进行比较。为此，在价格评审中需要把不同投标人的投标价通过价格调整的方法调整到同样的基础，调整后的价格称为评标价格。采用经评审的最低投标价法评标和采用综合评估法评标，都需要计算评标价格。经评审的最低投标价法只对投标人的评标价格进行比较，并据此排列投标人推荐顺序；综合评估法除了评标价格外，还要考虑商务和技术因素，综合价格、商务和技术因素后进行排序。综合评估法在确定评标价格后，要对评标价格进行评分，确定价格得分。政府采购货物和服务招标项目采用综合评分法的，规定货物招标价格因素所占比例为30%～60%，服务招标价格因素所占比例为10%～30%。

计算评标价格需要考虑报价范围、包含费用和付款进度等因素的一致性。

报价范围的一致性主要考量报价是否包含了招标文件要求的各项内容。货物招标项目中对于投标报价中的少报和缺漏项内容，要区分不同情况进行加价调整，以便各个报价在同样的标准下进行比较。对于少报内容一般按照投标人自身报价补足，对于缺漏项内容一般按照其他投标人该项的最高价作为惩罚性加价。而对于多报或超出招标要求的内容一般不减价。工程施工招标中投标人已标价工程量清单缺漏项的内容，招标文件一般都规定视同已经包含在其他子项目中，评标时不再进行价格调整。

包含费用的一致性主要是考量、调整，使价格术语不同、交货地点不同、包含费用不同的报价所包含的费用一致。除了世界银行贷款项目、亚洲开发银行贷款项目和外国政府贷款项目外，一般是以工程、货物或服务在招标人指定的项目现场的价格为准。对于报价中没有包含的进口环节税、运输费、保险费、杂费等需要招标人另行支付的各种费用，应当按照统一的计算标准加在评标价中。

付款进度的一致性主要考量资金的时间价值。招标文件一般都对付款进度做了规定。有些情况下招标文件允许投标人提出修改的付款进度。对于与招标文件要求不一致的付款进度，评标时应当考虑资金的时间价值。一般以合同生效时的资金现值为基准对投标报价支付进度款的差异部分进行折现计算。

将未来需要支付的资金折算为当期价值（现值）的计算称为折现。评标时对付款差异进行折现计算。

对于一定时间后将要发生的一次性资金支付，将其折现为现值，称为一次支付情况下的折现。

一次支付现值计算公式如下：

$$P = F \times (1+i)^{-n} \tag{5-3}$$

式中　P——现值；
　　　F——终值；
　　　i——折现率；
　　　n——折现期数。

$(1+i)^{-n}$称为一次支付现值系数。将$(1+i)^{-n}$用符号$(P/F, i, n)$表示，以上公式也可表示为：

$$P = F \times (P/F, i, n) \tag{5-4}$$

为了计算方便，将常用的一次支付现值系数计算后列为表格，如表5-1所示。

表5-1　现值系数表

n	1	2	3	4	5	6
$(P/F, 1\%, n)$	0.99	0.98	0.971	0.962	0.952	0.942
$(P/F, 2\%, n)$	0.98	0.961	0.943	0.925	0.907	0.89
$(P/F, 3\%, n)$	0.971	0.943	0.915	0.888	0.863	0.837

经过对投标报价的报价范围、包含费用和付款进度的调整，得出的是评审后的投标价格（即评标价格）。采用经评审的最低投标价法评标时，只对评标价格进行比较；采用综合评估法评标时，评标价格作为价格评分的依据。除此之外，还需要对技术、商务等因素进行评审。

采用综合评估法和合理低价法评标时，应对评标价格进行价格评分。价格评分一般以评标价格计算价格得分。有些评标方法规定价格得分以评标价格与评标基准价的偏差率为依据计算，则需要确定评标基准价。

确定评标基准价的方法有很多，常用的有以下三种：一是以所有评标价格最低值为评标基准价,二是以所有评标价格平均值为评标基准价,三是对所有评标价格平均值浮动一定额度后作为评标基准价。以所有评标价格最低值为评标基准价的价格评分方法称为低价优先方法。政府采购货物和服务招标项目及机电产品国际招标项目采用综合评估法评标时,必须采用低价优先方法。

价格评分的方法主要有公式法和区间法两种。

① 公式法

公式法是用数学计算公式计算价格得分的评分方法。计算价格得分的公式有很多种,比较常用的有以下三种:基准价中间值法公式、线性插值法公式和基准价低价优先法公式。

a. 基准价中间值法公式

基准价中间值法公式如下:

$$F_1 = F - \frac{|D_1 - D|}{D} \times 100 \times E \tag{5-5}$$

式中　F_1——价格得分;

　　　F——价格分满分;

　　　D_1——评标价格;

　　　D——评标基准价;

　　　E——减分系数,即评标价格高于或低于评标基准价应扣除的单位分值。

一般为了体现对低价的鼓励,当 $D_1 > D$ 时的 E 值可比 $D_1 < D$ 时的 E 值大。基准价中间值法曲线图如图 5-1 所示。

式(5-5)以评标价格等于评标基准价时为最高价格得分。评标价格以高于或低于评标基准价 D 的,都要在价格分满分的基础上相应减分。图 5-1 中评标价格低于评标基准价时,曲线下降较平缓;评标价格高于评标基准价时,曲线下降较陡。该公式多用于鼓励合理投标价格中标的工程施工和服务招标项目。货物招标一般不使用这种公式。

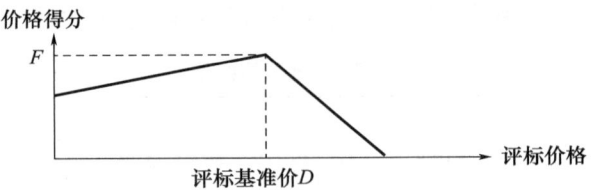

图 5-1　基准价中间值法曲线图

b. 直线插值法公式(插入法)

直线插值法是分别设定最高价格的得分和最低价格的得分,位于最高价格和最低价格之间的按照直线插入办法计算价格得分的方法,价格越高得分越低、价格越低得分越高。

直线插值法公式如下:

$$F = F_2 - \frac{(F_2 - F_1) \times (D - D_1)}{D_2 - D_1} \tag{5-6}$$

式中　F——价格得分;

　　　F_1——设定的最高评标价格的价格得分;

F_2——设定的最低评标价格的价格得分;

D——评标价格;

D_1——最低评标价格;

D_2——最高评标价格。

使用该公式时,应对评标价格的变化区间有比较准确的预见,根据预计的评标价格在招标文件中提前设定最低评标价格和最高评标价格的价格得分。实际应用中,一般可设定评标价格最低的为价格分满分,可将评标价格最高的设定为价格分 0 分,也可设定某个能够比可能的最高价格更高的价格为价格分 0 分。直线插值法曲线图如图 5-2 所示。

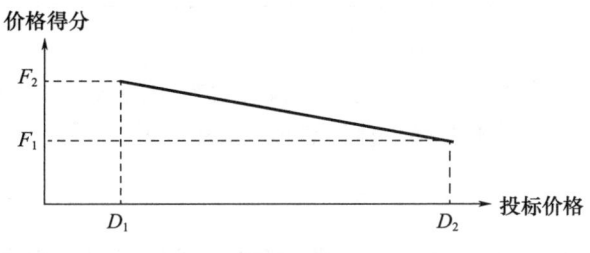

图 5-2　直线插值法曲线图

c. 基准价低价优先法公式

基准价低价优先法公式是以最低评标价格为评标基准价,得出价格分满分。评标价格高于评标基准价的在满分基础上减分。基准价低价优先法公式多用于鼓励低价中标的招标项目,也是政府采购货物和服务招标项目采用综合评分法时的统一价格得分计算公式。基准价低价优先法公式如下:

$$F_1 = \frac{D}{D_1} \times F \times 100 \tag{5-7}$$

式中　F_1——价格得分;

F——价格分值权重;

D_1——评标价格;

D——评标基准价。

基准价低价优先法曲线图如图 5-3 所示。

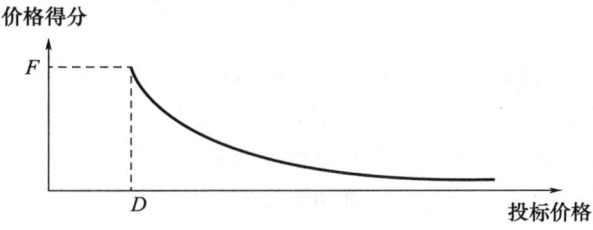

图 5-3　基准价低价优先法曲线图

② 区间法

区间法是将评标价格与评标基准价的偏差率,按照一定的对应关系对应价格得分。一般将对应关系制作成为对照表。在一定区间范围的偏差率对应一个确定的得分。采用区间法时需要特别注意区间设置要全面、连续,临界数值应明确是否包含本数。用数学式表示偏差率（%）时，1（不含）～2（含）应表示为（1，2］。

【例】 某工程招标评标办法规定的价格得分与评标价格评标基准价偏差率对照表见表5-2。当评标价格与评标基准价偏差率为-2%、-4.3%和6.8%时，请确定价格得分。

表5-2 偏差率对照表

偏差率（%）	≤6	(-6, -5]	(-5, -4]	(-4, -3]	(-3, -2]	(-2, -1]	(-1, 0]
得分	10	25	30	34	36	38	40
偏差率（%）	(0, 1]	(1, 2]	(2, 3]	(3, 4]	(4, 5]	>5	
得分	37	34	30	25	20	10	

解： 分别为36分、30分和10分。

价格因素除了投标价本身外，未包括在投标总价中的选配件价格和售后服务价格、报价的优惠程度、报价的平衡性都对评标有重要影响。这些因素一般按照商务因素进行评审。

(2) 商务因素

商务因素一般包括投标人资质、业绩、管理水平、信誉、财务状况和资金动员能力、对合同条款的响应、服务承诺等内容。采用经评审的最低投标价法评标时，商务因素评审合格即可，不必对商务因素进行评分。采用综合评估法评标时，商务因素评审合格后还需进行评分。

① 投标人资质。投标人的资质包括资质类别和资质等级，可以反映投标人的基本资格和能力。投标人资质等级高代表着投标人综合能力较强。

② 投标人业绩。投标人业绩包括投标人B完成的既往业绩和正在执行的项目业绩。投标人已完成的既往业绩反映了投标人的经验，业绩越多则越有经验。正在执行的项目业绩一方面可以反映投标人的市场认可度，另一方面也可以反映投标人剩余的可动员资源。

③ 投标人管理水平。投标人管理水平可以通过投标人采用的管理体系或管理制度反映。国际通行的管理体系包括ISO 9001质量管理体系认证、ISO 14001环境管理体系认证、OHSAS 18001职业健康安全管理体系认证等，以上管理体系在招标中经常被作为投标人资格条件或加分条件。

④ 投标人履约信誉。可通过用户评价、以往项目验收报告、行业证明及社会评价等方式考察。

⑤ 投标人财务状况和资金动员能力。投标人的财务状况决定了投标人的履约能力，因此在评标过程中要予以充分考虑。一般通过财务报表、银行资信证明、银行存款证明、银行信贷证明等予以证明。评价投标人财务状况和资金动员能力的因素包括投标人注册资本、资产负债率、盈利情况、净资产、流动资金数额、银行授信额度等财务指标。

⑥ 服务承诺。投标人就售后服务的内容、条件、标准、程序、费用等提出的承诺，作为评分重要因素。

(3) 技术因素

与商务因素一样，采用经评审的最低投标价法评标时，技术因素评审合格即可，不再进行评分。采用综合评估法评标时，技术因素评审合格后需要对技术因素评分。货物评标考虑的技术因素区别较大。

货物招标的技术因素。货物招标的技术因素一般包括货物的质量性能、技术经济指标、配套性和兼容性、使用寿命、营运的节能和环保指标等内容。

① 货物的质量性能。货物的质量性能优劣直接决定货物的使用效率状况，评标办法应选取重要的质量性能指标作为货物项目的实质性要求和主要评标因素。招标文件一般应该说明货物质量性能指标必须满足的保证值。货物的质量性能指标通常都是招标文件的实质性要求。

② 货物的生产工艺。

③ 货物的技术经济指标。如能耗、材料消耗、效率等决定货物的运行成本和整个项目的经济效益。某投标货物的运行效率低于其他货物，必然要消耗较多的能源和材料才能够达到运行效率较高的其他货物的工作效果。因此货物的技术经济指标应作为评标的重要技术因素。如果采用全寿命周期成本计算法评标，则可按照货物的技术经济指标对货物设计寿命内运行成本的影响进行量化评价。

④ 货物的配套性和兼容性。货物与其他货物的配套性和兼容性也是综合评标的一个重要因素。如果货物的配套性和兼容性不好，可能导致招标货物无法使用，还可能会影响其他货物的采购和使用性能、效率，以及整个工程的质量、进度和投资。为此应将货物的配套性和兼容性指标作为实质性要求，并根据具体情况对货物配套性和兼容性指标进行量化评价。

⑤ 货物的使用寿命。货物的使用寿命直接影响货物的使用效益，也是评标的重要因素之一。投标货物的使用寿命未达到招标文件规定要求的，应该否决其投标，使用寿命优于招标文件要求的投标可根据具体情况量化评价。

⑥ 货物营运的节能和环保指标。当前，能源和环境问题越来越突出，评标必须重视节能和环保问题。货物营运的能耗和环保指标应该作为衡量货物优劣的指标之一。国家法律法规或行业标准对货物的能耗和环保指标有强制要求的，如果投标货物无法满足这些要求，应否决其投标。如果允许一定范围的偏离，则应对投标货物的能耗和环保指标进行量化评价。如为了解决城市中心的供电负荷，越来越多的城市变电站建设在城市中心区域，非常靠近城市居民的居住、生活场所，因此变电站内的设备采购必须考虑设备运行时的噪声和电磁干扰给周边带来的影响；再如车辆采购时，车辆使用时的噪声和油耗都将成为选择的重要指标。

对于政府采购项目，国家公布的"节能产品政府采购清单"和"环境标志产品政府采购清单"中的产品应当优先采购。招标文件中应当在评标办法中明确优先采购的具体评审标准。

(4) 其他技术因素

除上述常用技术因素外，招标文件还可根据项目具体情况考虑其他技术因素，如设备的先进性和成熟性、零配件供应和售后服务维修情况以及原材料的质量技术等。

5. 商务和技术评价标准

商务和技术评分（或货币化）方法主要有两类，即客观评分法和主观评分法。

1) 客观评分法。客观评分法是对各项评价因素按照统一的方法进行评分的方法。采用客观评分法时，不同的人对于同一个指标的评分应当是一致的。常用的客观评分法包括排除法、区间法、排序法、公式计算法等。

(1) 排除法。只需要判定是否符合招标文件要求或是否具有某项功能的指标，可以规定符合要求或具有功能即获得相应分值，反之则不得分。例如，有 ISO 9001 认证的得 3 分，没有的得 0 分。

(2) 区间法。与投标报价得分计算的区间法类似，是将某个商务或技术指标及其得分按照一定的对应关系制作成为对照表。在一定区间范围的商务或技术指标数对应一个确定的得分。

【例】系统工作效率为 90（不含）～100 的得 3 分，75（不含）～90 的得 2 分，在 60（不含）～75 的得 1 分，0～60 的得 0 分。如表 5-3 所示。

表 5-3 得分表

系统效率（%）	[0，60]	(60，75]	(75，90]	(90，100]
得分	0	1	2	3

(3) 排序法。对于可以在投标人之间比较的评价因素，通过对投标人指标的比较和排序，按照排序确定相应得分。例如：对于质保期指标，按照质保期长短排序，质保期最长的排序第一得 3 分，其次排序第二得 2 分，再次排序第三得 1 分，其余都得 0 分；对于故障维修响应时间因素，按响应时间排序，响应时间最短的排序第一得 2 分，最慢的排序最后得 0 分，其他均得 1 分。

(4) 插值计算法。插值计算法是按照直线插入的方法计算商务技术指标得分。插值计算法有下降曲线插入和上升曲线插入两种情况。

① 下降曲线插入。下降曲线是指计算数值越大计算结果越小的曲线。下降曲线插入与计算价格得分的公式和方法相同，即数值越小（价格得分计算时价格越低）得分越高，数值越大（价格得分计算时价格越高）得分越低。计算公式如下：

$$F = F_2 - \frac{(F_2 - F_1) \times (D - D_1)}{D_2 - D_1} \tag{5-8}$$

式中 F——指标得分；
　　F_1——设定的最高指标的得分；
　　F_2——设定的最低指标的得分；
　　D——指标数值；
　　D_1——最低指标数值；
　　D_2——最高指标数值。

一般可设定指标数值最低的为满分，指标数值最高的为 0 分。下降曲线如图 5-4 所示。

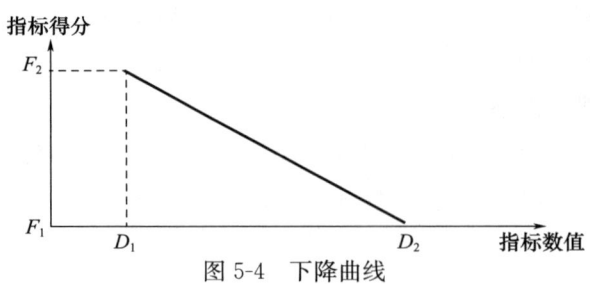

图 5-4 下降曲线

【例】 评标办法规定油耗指标得分标准为：100km 耗油大于或等于 12L 的得 0 分，100km 耗油数最少的得 5 分。某项目投标人中 100km 耗油数最少的为 6L，某投标人 100km 耗油数为 7 升。计算油耗指标得分。

解： 本题 F_1 为 0，F_2 为 5，D_1 为 6，D_2 为 12。将数字代入式（5-8），油耗指标得分为

$$F = F_2 - \frac{(F_2 - F_1) \times (D - D_1)}{D_2 - D_1} = 5 - \frac{(5-0) \times (7-6)}{12-6} = 4.17 \text{（分）}$$

② 上升曲线插入。上升曲线是指计算数值越大计算结果越大的曲线。指标数值越小得分越低，指标数值越大得分越高。计算公式如下：

$$F = F_1 + \frac{(F_2 - F_1) \times (D - D_1)}{D_2 - D_1} \tag{5-9}$$

式中　F——指标得分；
　　　F_1——设定的最低指标的得分；
　　　F_2——设定的最高指标的得分；
　　　D——指标数值；
　　　D_1——最低指标数值；
　　　D_2——最高指标数值。

一般可设定指标数值最高的为满分，指标数值最低的为 0 分。上升曲线如图 5-5 所示。

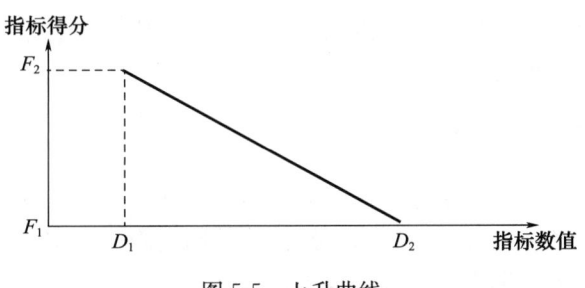

图 5-5　上升曲线

【例】 评标办法规定，业绩最少的得 0 分，业绩最多的得 5 分。某项目投标人中业绩最多的为 15 个，业绩最少的为 4 个。某投标人有 8 个业绩，计算业绩指标得分。

解： 本题 F_1 为 0，F_2 为 5，D_1 为 4，D_2 为 15。将数字代入式（5-9），业绩指标得分为：

$$F = F_1 + \frac{(F_2 - F_1) \times (D - D_1)}{D_2 - D_1} = 0 + \frac{(5-0) \times (8-4)}{15-4} = 1.82 \text{ 分}$$

2）主观评分法。主观评分法是由评标委员会成员按照自己的主观判断。在设定的范围内自主评价打分的方法。采用主观评分法时，由于个体认识和判断的差异，不同的人对于同一个指标的评分可能会出现不一致的情况。

主观评分法可进一步分为一步法和两步法。一步法是由评标委员会成员根据投标文件对评价因素的响应直接评出分数。两步法是，第一步由评标委员会成员对评分因素进行等级评价，将所有成员对该项因素的等级评价综合后得出该项因素的最终等级；第二步再由评标委员会成员在该项等级对应的分数区间内打分。

【例】某项目生产效率指标采用一步法评审,评分对照表见表5-4。

表 5-4 评分对照表

生产效率(%)	<92	[92, 95)	[95, 98)	[98, 100]
得分	[0, 2)	[2, 4)	[4, 6)	[6, 8]

某投标人生产效率为96%,则得分区间为4~6分(不含6分),可由评委自主决定。

5.4.4 评标程序

评标程序包括初步评审、详细评审、澄清、推荐中标候选人、编写评标报告等在评标过程中应当由评标委员会完成的各项工作。

初步评审(或称为初步审查)一般是审查明显的和重要的内容,如投标文件的完整性、投标文件的签署、投标人资格和对招标文件规定的关键条款的响应等内容,确保投标文件实质性响应招标文件要求。详细评审(或称为详细审查)是对照招标文件规定的各项要求对投标文件进行全面、细致的审查和评价,按照招标文件规定的评标办法对投标进行比较和排序。

在初步审查和详细审查中,评标委员会可以要求投标人对投标文件中含义不明确的内容、明显文字或计算错误进行澄清。

评标办法应明确要求评标委员会推荐中标候选人的数量。推荐中标候选人的数量最多为3名。招标人也可在评标办法中授权评标委员会完成评审后直接确定中标人。评标委员会完成评标后,应编写评标报告。

5.4.5 招标文件的澄清

投标人应仔细阅读和检查招标文件的全部内容。如发现缺页或附件不全,应及时向招标人提出,以便补齐。如有疑问,应按投标人须知前附表规定的时间和形式将提出的问题送达招标人,要求招标人对招标文件予以澄清。

招标文件的澄清以投标人须知前附表规定的形式发给所有购买招标文件的投标人,但不指明澄清问题的来源。澄清发出的时间距规定的投标截止时间不足15日的,并且澄清内容可能影响投标文件编制的,将相应延长投标截止时间。

投标人在收到澄清后,应按投标人须知前附表规定的时间和形式通知招标人,确认已收到该澄清。

除非招标人认为确有必要答复,否则,招标人有权拒绝回复投标人在规定的时间后的任何澄清要求。

5.4.6 招标文件的修改

招标人以投标人须知前附表规定的形式修改招标文件,并通知所有已购买招标文件的投标人。修改招标文件的时间距规定的投标截止时间不足15日的,并且修改内容可能影响投标文件编制的,将相应延长投标截止时间。

投标人收到修改内容后,应按投标人须知前附表规定的时间和形式通知招标人,确认已收到该修改。

5.4.7 招标文件的异议

投标人或者其他利害关系人对招标文件有异议的,应当在投标截止时间 10 日前以书面形式提出。招标人将在收到异议之日起 3 日内作出答复;作出答复前,将暂停招标投标活动。

5.5 投标文件编制

5.5.1 投标准备

从投标人获取招标信息、研究招标文件、调研市场环境至组建投标机构这一阶段称为投标准备阶段。投标准备是投标人参加投标竞争重要阶段,如投标准备不充分,则难以取得预期的投标效果。因此,投标人应充分重视投标准备阶段的相关工作。

1. 信息获取

公开招标项目,招标信息一般通过媒介获取。投标人可以在指定媒介检索招标信息,查询自己感兴趣的招标项目,并按照招标公告规定的时间和方式获取招标文件。

邀请招标项目,投标人从投标邀请书中了解获取招标文件的时间和地点等招标信息。

(1) 资格条件判断

投标人应从招标公告或投标邀请书中了解投标资格条件要求,与自身资格条件进行对比。符合投标资格条件要求的,才考虑是否获取招标文件。

(2) 招标文件的获取

投标人应当按照招标公告或投标邀请书中规定的时间,持投标人单位介绍信或授权委托书到指定地点获取招标文件。投标人不得委托本项目的其他投标人代为领购招标文件,否则视为串通投标。采用电子招标投标的,投标人在网上完成相关手续后,可直接在电子招标投标交易平台下载数据电文形式的招标文件。招标人提供邮寄服务的,投标人可将邮购款和手续费汇入招标人指定账户,并及时与招标人做好沟通和联系,要求招标人在约定时间内寄送招标文件。需要注意的是,招标人按约定时间寄送招标文件后,不承担邮件延误或遗失的责任。因此投标人应尽可能到指定地点获取招标文件。

2. 投标分析

投标人获取招标文件之后,应当仔细阅读招标文件,结合招标文件的要求,全面分析自身资格能力条件、招标项目的需求特征和市场竞争格局,准确作出评价和判断,决定是否参与投标,以及如何组织投标、采用何种投标策略。

投标分析是投标决策前的必经步骤,投标人应当重视投标分析。投标人在决定参与投标之前,当对可能影响投标的内在因素和外在因素进行分析,作出投标决策。其中内在因素包括投标人资格、业绩、人员、设备等,外在因素包括项目需求特征和市场竞争格局等。

(1) 资格条件分析

投标人应当仔细阅读招标文件关于投标资格条件的要求,对照分析自身资格条件。通常情况下,投标人应当具备下列条件:①招标文件要求的资质或资格;②相应的工作经验与业绩证明;③相应的人力、物力和财力;④法律法规或招标文件规定的其他条件。例如,《安全生产许可证条例》规定,建筑业施工企业应具有安全生产许可证才可以从事施工,安全生产许可证被吊销或暂扣的企业不具备投标资格;如某招标项目要求投标人必须通过ISO 9001质量管理体系认证,则未通过该体系认证或认证期限已过的企业不具备投标资格。

(2) 自身能力分析

投标竞争不仅是投标报价的竞争,更是投标人综合能力的竞争。投标人参与投标竞争需要投入一定的人力、物力和财力,将影响其经济利益和今后发展。投标人应根据招标文件的要求,结合自身人员结构、质量管理、成本控制、进度管理和合同管理等方面的能力、优势和特长,对投标的可行性进行综合分析和评价,选择适合自己承受能力、产品优势较为明显、中标可能性较大的项目进行投标,避免盲目投标而带来不应有的损失。

(3) 项目特征和需求分析

投标人应当分析招标项目的使用功能、规模标准、质量、造价、工期等方面内容,梳理技术规范、施工工艺(或供货方案和服务要求)和投标报价等方面的要求,通过踏勘现场、参加投标预备会、市场调研等形式,尽可能全面准确地把握招标项目的整体特点和资源需求状况,形成分析结论。

(4) 市场竞争格局分析

投标竞争的本质是投标人在经验、技术、管理、服务和信誉等方面实力的综合比拼。投标人应当分析可能出现的竞争对手及其特长、信誉、管理特色及社会影响力等方面的综合信息,包括竞争对手在同类项目的投标信息、投标报价特点和可能采取的投标策略。据此对市场竞争格局作出全面的分析判断,以作出投标决策和制订相应的投标策略。

3. 投标决策

投标决策的内容主要包括两方面:一是投标还是不投标;二是投标的,如何投标,采用何种投标策略以达到中标目的。

投标人作出投标决策后,应当结合自身经济实力和管理水平,对投标风险和预期效益进行分析,选择合适的投标策略。所谓的投标策略,是指投标人在合法竞争的前提下,依据自身实力和条件确定的投标目标、竞争对策和报价技巧。在实践中,投标人可供选择的投标策略,从履约难易程度划分,可分为低风险投标与高风险投标;从预期效益角度划分,可分为盈利投标和保本投标。

(1) 低风险与高风险

① 低风险。低风险投标是指技术要求不高、项目管理难度较低、履约风险不高的招标项目。投标人应当对招标项目的责任和风险作出评估,并结合自身技术、设备和资金能力,积极参加投标。

② 高风险。高风险投标是指技术难度大、管理要求高、履约风险较大的招标项目。

投标人应当慎投高风险标，只有预判能够承受风险损失时，才参加投标。

(2) 盈利与保本

① 盈利投标。如招标项目是自身强项、与对手相比处于优势地位，且投标竞争不太充分时，可以考虑盈利投标。

② 保本投标。当投标人暂无后续项目，不承接项目可能出现停产停工时，为赢得竞争，以少盈利或不盈利的方式投标，即考虑保本投标。

按照我国招标投标法律的规定，投标人参加投标活动时，不得采用低于成本投标、串通投标、弄虚作假、行贿、侵犯其他投标人知识产权等不正当、不诚信竞争手段。

4. 投标团队准备

投标团队负责投标活动的组织实施、投标文件的制作、投标报价的确定等工作，投标团队成员按专业分工合作完成投标目标任务。组建一支专业结构合理、精干高效的投标团队是投标成功的重要保证。

根据项目招标要求，结合投标不同阶段的需要，应分别动态准备相应的投标团队，包括经济管理、工程技术、商务以及合同管理等方面的专业人员，必要时还可从外部聘请，以形成满足投标专业能力结构需要的工作团队，提高投标竞争能力。

5.5.2 投标要素

1. 单位负责人或法定代表人身份证明及其授权委托书

(1) 单位负责人或法定代表人身份证明

投标文件的签署、澄清、说明、提交、撤回、修改等事宜，均应由投标人单位负责人或法定代表人实施。单位负责人或法定代表人身份证明用以证明投标文件签署人的身份以及投标文件签字的有效性和真实性。

投标文件中的单位负责人或法定代表人身份证明一般应包括：投标人名称、单位性质、地址、成立时间、经营期限等投标人的一般情况，除此之外，还应有单位负责人或法定代表人的姓名、性别、年龄、职务等有关单位负责人或法定代表人的相关信息和资料。投标人填写的单位负责人或法定代表人应与其营业执照上载明的单位负责人或法定代表人一致。单位负责人或法定代表人身份证明应加盖投标人单位公章。

(2) 授权委托书

如果投标人的单位负责人或法定代表人不能亲自签署投标文件进行投标，则单位负责人或法定代表人可以委托代理人以投标人名义签署、澄清、说明、提交、撤回、修改投标文件、签订合同和处理有关事宜。

授权委托书内容包括投标人单位负责人或法定代表人姓名、代理人姓名、授权的权限和期限等。授权委托书一般规定代理人无转委托权。授权委托书必须由单位负责人或法定代表人签署。招标文件如有要求，还应加盖投标人单位公章。

2. 投标资格

投标人应当具备承担招标项目的相应能力。国家有关规定对投标人条件或者招标文件对投标人资格条件有特别规定的，投标人应当具备规定的资格条件。

投标人应当具备的投标资格条件，详见本教材的相关内容。

投标人应根据法律法规的相关规定，按照招标的要求，分别在资格预审申请文件或投标文件中提交资质证书、营业执照、安全生产许可证、相关业绩材料、财务状况证明、从业人员资料、项目团队成员和其他方面的资格证明材料。

3. 投标保证金

投标人应当按照招标文件的要求提交投标保证金，未按照招标文件规定提交投标保证金的投标文件将被否决或作不利于该投标人的量化（根据招标文件规定）。

（1）金额

投标保证金的金额应符合招标文件的规定，不得低于招标文件规定的金额。如招标文件规定投标保证金为80万元，则投标人应当提交不少于80万元的投标保证金。

（2）形式

投标保证金的形式应符合招标文件的规定。常用的投标担保形式包括银行保函、保兑支票、银行汇票或现金支票，也可以是招标人认可的其他合法担保形式。以银行保函形式提交投标保证金时，银行保函的格式和内容应符合招标文件规定，如果与招标文件规定格式不一致时，应提前征得招标人同意，否则投标文件可能将被否决或作不利于该投标人的量化（根据招标文件规定）。

（3）提交时间和提交方式

一般情况下，投标人应当在招标文件规定的截止时间前向招标人提交投标保证金。招标文件如没有特别规定，投标人也可将投标保证金连同投标文件一并提交。提交投标保证金凭证的复印件应装订在投标文件中。

依法必须进行招标项目的境内投标人（自然人除外），以现金或者支票形式提交的投标保证金，应当从投标人的基本账户中转出。采用支票形式的，应确保在投标截止前将投标保证金划入招标人银行账户。

4. 投标函及投标函附录

（1）投标函

投标函是投标人向招标人发出的对招标文件提出的有关招标范围、投标报价、完成期限、质量目标、投标有效期、投标保证金、技术标准和要求（或技术规格）等实质性要求和条件作出的总体响应。投标函一般位于投标文件的首页，是投标文件的纲领性核心要件。

投标人编写投标函时，其内容、格式必须严格按照招标文件提供的统一格式编写，不得随意增减内容。投标函格式要素与填写要点如下：

① 函件接收人。是投标人发出投标函的对象，应填写招标人名称。

② 招标项目名称。表明投标人参与投标的项目，划分标段或标包的招标项目，投标人应仔细填写所投标段号或标包号。

③ 投标报价。是投标文件价格部分的汇总金额，一般分大、小写两种形式填写，两者应保持一致。不一致时，以大写金额为准。

④ 完成期限。是投标人承诺完成招标项目的时间，投标人应根据投标文件技术部分的实施计划填写。如施工招标项目，工期应根据施工组织设计中进度计划填写。

⑤ 质量标准。须满足国家强制性标准和招标文件要求。

⑥ 投标有效期。投标人应承诺在投标有效期内不修改、撤销投标文件，如格式要求填写投标有效期的，投标人填写的投标有效期不应小于招标文件规定的投标有效期。

⑦ 投标保证金。填写投标人为本次投标所提交的投标保证金金额，金额不得少于招标文件规定的数额。

⑧ 相关承诺。如承诺在中标通知书规定的期限内与招标人签订合同等。

⑨ 相关声明。如声明不存在招标文件规定的禁止投标情形等。

⑩ 签署。投标函必须经投标人盖章和单位负责人（或其委托代理人）签字。投标函签署部分还应明确签署日期和投标人的联系方式（包括地址、网址、电话、传真、邮政编码等）等。

(2) 投标函附录

投标函附录是对投标文件中涉及关键性或实质性的内容条款进行说明或强调，一般附于投标函之后，招标文件可以将其中部分条款列为开标的内容。投标人提交的投标函附录内容、格式须严格按照招标文件提供的统一格式编写，例如工期、缺陷责任期等，不得随意增减内容。投标人中标的，其提交的投标函附录和投标函是合同文件的组成部分。

投标人填写投标函附录时，在满足招标文件实质性要求的基础上，可以提出比招标文件要求更有利于招标人的承诺。投标人对投标函附录的内容必须完全响应，否则投标将被否决。

货物投标文件中投标分项报价表和货物投标一览表，其作用与工程投标文件中的投标函附录相类似。

5. 商务和技术响应/偏差表

商务和技术响应/偏差表主要用于货物招标项目的投标文件中。投标人在编写商务和技术响应/偏差表时，应当逐条对照招标文件的商务条款和技术规格，就投标对商务条款和技术规格的响应情况和存在的偏差与例外逐条作出说明。对有具体参数要求的技术规格指标，投标人必须提供拟供应设备的具体参数值。

招标文件要求准确响应的指标，投标人必须严格按照要求进行准确响应，即响应的指标值既不能不足，也不能超过；招标文件要求达到或超出响应的指标，必须达到或超出才算符合要求。

6. 投标报价

投标报价是投标人经过测算并向招标人递交的承揽实施招标项目的费用报价，一般由总价和分项报价组成，分项报价之和应等于总价。投标报价是投标工作的核心。报价过高会失去中标机会，报价过低则会给投标人带来亏本风险。在投标活动中，如何确定合适的投标报价，是投标人需要重点分析决策的核心问题。

(1) 货物招标项目的投标报价

货物投标报价中应当按照招标文件中的要求，明确报价中已经包括的价格内容，避免产生任何歧义；由不同种货物构成的投标报价，在分项报价表中应当明确各分项内容的名称、单价、数量和总价；投标报价一般为货物运到招标人指定地点交货价，包含货物出厂价、包装费、运输费、运输保险费、各种应缴税费和技术服务等费用。机电产品国际招标的投标报价应采用 EXW、FOB、CIF、CIP、DDP 等国际贸易价格术语。

货物投标应按照招标文件的货物需求一览表和统一的表式要求进行投标报价。投标人应认真阅读招标文件中的报价说明，全面、正确和详尽地理解招标文件中的报价要求，避免与招标文件的实质性要求发生偏离。

投标人应根据招标文件规定的报价要求、价格构成和市场行情，综合考虑设备、附件、备品备件、专用工具生产成本，以及合同条款中规定的交货条件、付款条件、质量保证、运输保险及其他伴随服务等因素报出投标价格。

货物投标报价除填写价格汇总表外，还应填写分项报价表。分项报价表中要对主设备及附件、备品备件、专用工具、安装、调试、检验、培训、技术服务等项目逐项填写并报价。但简易小型的货物，一般不需要安装、培训等项目。复杂、大型成套设备，除了提交设计、安装、培训、调试、检验等的报价外，还应提交培训计划、备品备件、专用工具清单等。根据招标文件的相关要求，投标人还可能需要提交推荐的备品备件清单及报价。

填写报价表时，应逐一填写并应特别注意分项报价的准确性及与分项合价的对应性。

(2) 投标报价常用策略方法

投标人在确定投标报价时，应通过项目特征和需求分析、市场竞争格局分析，结合自身能力分析和预期效益目标及其投标策略，确定有利于自己中标的投标报价。投标人能否中标，不仅取决于自身的经济和技术水平，也取决于竞争策略和投标技巧的运用。投标人应当在不违反法律法规和招标文件规定的前提下，适当应用一些有利于自己的投标报价策略和投标技巧，以便在竞争中获得主动地位。投标人使用投标方法和技巧时应当注意以下问题。

① 突然决断法

由于投标竞争激烈，投标人为迷惑竞争对手，可在投标过程中有意泄露对该项目投标兴趣不大，不打算参加投标或准备高价投标，但投标截止前却突然投标或降低报价，使竞争对手措手不及。

② 低报价投标

低报价投标是指投标人为了占领某一市场或争取未来的优势，宁可目前少盈利或不盈利，而采用低报价甚至成本价的投标方法。

采用这种方法的前提是招标项目采用的评标方法是经评审的最低投标价法或综合评估法中对投标报价采用低价优先原则，同时要求投标人拥有较强的成本控制和项目管理能力。同时应当注意，禁止低于成本价的报价，否则将被否决投标。

③ 多标段交叉折扣报价

招标项目如有多个标段，招标文件允许投标人提供交叉折扣报价时，投标人为获得整个项目合同，对多个标段可以同时提出交叉折扣优惠。即：如果招标人将多标段作为一个合同整体授予投标人，投标人可给予整体合同更多的降价优惠，以使投标报价处于更加有利的竞争地位。例如，某公路项目有 3 个标段。投标人对各标段分别降价优惠 5%，如果招标人同时将 3 个标段合同授予投标人，投标人可给予整体优惠 7%。

7. 制造商授权

制造商可以自己参加投标，也可以委托代理商代理投标，或者授权其他企业以自己产品参加投标。如果委托代理公司代理投标，制造商应向代理公司出具投标授权书，对投标承担责任；如果授权其他企业以自己产品参加投标，应对投标产品的质量承担责任。制造商委托代理公司代理投标或授权其他企业以自己产品参加投标的，自己不得同时参加该项目投标，否则属于围标的违法行为。

投标人如果以其他制造商制造的产品投标，应按照招标文件的要求，由制造商出具授权书，或向招标人出具经销资格证明。

8. 投标有效期

投标文件的有效期应当不短于招标文件中规定的投标有效期。招标投标活动中，招标人要求投标人延长投标有效期的，投标人可同意延长投标有效期，也可拒绝延长投标有效期。投标人同意延长投标有效期的，应相应延长投标保证金有效期，但不得修改投标文件的实质性内容。

投标人拒绝延长投标有效期的，其投标在原投标有效期届满之后失效，但投标人有权收回其投标保证金及银行同期存款利息。工程设计招标项目，如招标文件中规定给予未中标的投标人补偿的，拒绝延长的投标人和同意延长的投标人一样，有权获得相应补偿。

9. 备选投标方案

招标文件允许提交备选方案的，投标人可以提交备选投标方案。投标人应在投标文件中注明主选方案和备选方案，以便招标人识别。不注明主选方案和备选方案的，可能导致投标无效。备选投标方案应实质性响应招标文件要求。备选投标方案应科学、合理、可行，且有利于合同工期（交货期）的缩短、造价或者项目运行维护费用的合理降低。

机电产品国际招标项目，一个投标人只能提交一个备选方案，否则投标被否决，备选方案的投标价格不得高于主选方案，否则不予考虑。

10. 技术投标文件

供货组织方案及技术建议书通称为技术、服务和管理方案，是投标文件的重要技术投标文件，又是编制投标报价的基础，同时也是反映投标人技术和管理水平的重要文件。

投标技术、服务和管理方案既是体现投标人技术与管理水平的重要依据，又是投标人投标决策承诺的根据，也是投标人中标后组织实施的必要准备。因此，投标人应当根据项目的特点和自身实际编制科学合理、针对性强、易于实施的技术、服务和管理方案。

投标人在编制技术文件时，应结合招标项目特点、难点和需求研究项目的技术、服务和管理方案，并根据招标文件统一的格式和要求进行阐述和编制。投标人编制的技术、服务和管理方案应当层次分明、简明扼要，逻辑性强，能够突出表现出对招标项目的重点和难点的把控能力，体现出投标人的技术水平和能力特长，同时尽可能采用一些图表形式，直观、准确地表达方案的意思和作用。

11. 货物技术性能参数及供应组织方案

投标人在编制货物投标文件的技术性能参数及供应组织方案时，应当严格按照招标文件的规定技术要求提供投标货物的详细技术说明及证明资料，以证明该投标货物的质量合格并在技术性能上能够满足招标文件的要求。

编制货物投标文件时，不得简单地复印招标文件的技术规格作为投标的应答或提供虚假的技术参数。货物技术规格的详细说明文件，应依据招标文件技术规格的要求作出具体而详尽的应答。特别是对于技术指标和参数的应答，不能简单地以"满足"来答复，应按投标产品的实际名称、型号填写真实技术参数值。为了证明所提供的货物性能及技术指标的真实性，投标人还应该提供包括产品样本、图纸、试验报告、鉴定证书等证明文件作为技术证明。如果招标文件有要求，投标人还应提供经相关用户出具的证明，以证明投标人业绩的真实性。

如招标文件要求提供设备的备品备件、专用工具、消耗品及选配件等清单，投标人应根据招标文件要求的格式分别编制相应清单，作为投标文件的组成部分；如招标文件对安装、调试、检验、验收及培训等技术服务有要求时，应按照招标文件的要求作出详细的服务方案，包括工作计划、工作制度、工作内容、服务人员、计费标准等。

大型、复杂的成套设备，投标人还需根据招标文件的要求制订详细的大件运输方案，货物交货期的安排应满足招标文件的要求；如招标文件允许对采购货物进行分包，投标人还应对分包货物进行介绍，包括分包货物名称及分包人的有关情况说明。

5.5.3 投标文件组成

投标文件一般包括资格证明文件、商务文件和技术文件三部分。价格文件和已标价工程量清单除招标文件要求单独装订外，一般列入商务文件。

根据《工程建设项目货物招标投标办法》的规定，工程货物招标项目的投标文件一般包括下列内容：

（1）投标函；
（2）投标一览表；
（3）技术性能参数的详细描述；
（4）商务和技术偏差表；
（5）投标保证金；
（6）有关资格证明文件（资格后审项目）；
（7）招标文件要求的其他内容。

5.5.4 投标文件编制

1. 编制投标文件

投标文件是反映投标人技术、经济、商务等方面实力和对招标文件响应程度的重要文件，也是评标委员会评价投标人的重要依据，也是决定投标成败的关键。因此，投标人应当认真分析研究招标文件的相关内容，严格按照招标文件的要求编制投标文件。

编制投标文件时，投标人应当对招标文件中提出的所有实质性要求和条件作出响应。实质性要求和条件是指招标文件中提出的投标资格、投标报价、施工工期（或货物供货期）、投标有效期、质量要求、技术标准和要求、服务技术指标、相关业绩等方面的要求。投标文件需对此作出全面、具体、明确的响应，不得遗漏或回避。

投标人应对照招标文件的资格条件要求全面准备相关材料；商务技术标书中的商务条件和技术条件应满足招标文件的实质性要求。货物招标项目在制作技术参数偏离表时，应对照招标文件的要求逐项作出响应，并详细标明具体性能参数，不得以"满足、达标、响应"等含糊字眼表述。

投标文件中，投标函、投标设备技术性能指标的详细描述（供货方案或技术建议书）、技术支持资料、技术服务和质保期服务计划、分项报价表等既是投标文件的重要组成部分，也是投标人竞争实力的具体表现。投标人如有自己独特的施工工艺、质量措施、保修承诺和优惠报价等，应在投标文件相应内容中作出详细说明，尽可能展现自身优势特点。

投标文件应按照招标文件提供的格式和要求编制，用不褪色墨水书写或打印，字迹端正、装订整齐，附件资料齐全，扫描件要清晰不得涂改；如有必要，可增加附页，作为投标文件的组成部分，并按招标文件要求签字盖章，注重文本编排等细节。

2. 投标文件装订与签署

（1）投标文件装订

投标文件应当严格按照招标文件规定的形式装订。如果招标文件没有对装订作详细规定，投标人应注意以下原则：

① 投标文件内容一般应逐页标注连续页码并编制目录。

② 投标文件一般采用无线胶装或精装方式，塑圈装订、铁圈装订、骑马订、夹条装订以及活页夹方式由于容易拆卸，易造成缺页、损坏或投标文件内容被替换，一般不采用。

③ 投标文件的正本与副本应分别装订成册，封面上应标记"正本"或"副本"。

④ 投标文件数量（包括正本和副本份数）应符合招标文件的规定。

（2）投标文件签署

投标文件应当严格按照招标文件规定签署，并应注意以下原则：

① 投标函及投标函附录、已标价工程量清单（或投标报价表、投标报价文件）、调价函及调价后报价明细目录等内容均应签署。招标文件要求投标文件逐页小签的，投标人应在除封面以外的所有页以签字人姓或姓名的首字母签署。

② 投标文件应由投标人的法定代表人或其授权代表签署，并按招标文件的规定加盖投标人单位印章。投标文件由授权代表签字的，应附单位法定代表人或负责人签署的授权委托书。

③ 投标文件应尽量避免涂改、行间插字或删除。如果出现上述情况，改动之处应加盖单位章或单位负责人（或其授权的代理人）签字确认。

④ 以联合体形式参与投标的，投标文件应按联合体投标协议，由联合体牵头人的法定代表人或其委托代理人按规定签署并加盖牵头人单位印章。

⑤ 招标文件要求盖投标单位法人公章的，不能以投标人下属部门、分支机构印章

或合同章、投标专用章等代替。

3. 投标文件密封

为了避免泄露投标文件内容,投标人应对包装好的投标文件密封。如果招标文件对投标文件的密封有要求,投标人必须按照招标文件的要求密封,否则投标文件被拒收。

采用电子招标投标的,投标人应当按照招标文件和电子招标投标交易平台的要求编制并加密投标文件。

5.5.5 投标文件的提交

1. 投标文件的提交与签收

(1) 投标文件提交

投标人应当在招标文件规定的投标截止时间前,将投标文件密封并送达指定地点。提交投标文件的最佳方式是自行或委托代理人直接送达,以便获得签收回执。实践中较少采用邮寄方式送达。采用邮寄方式的,投标人必须留出邮寄的时间,以保证投标文件能够在截止时间之前送达招标人指定的地点。需要注意的是,以邮寄方式送达的投标文件,投标文件的提交时间以招标人实际收到投标文件的时间为准,而不是以邮戳时间为准。

利用电子信息手段进行电子招标投标的项目,投标人应当在投标截止前完成电子投标文件的传输提交。

为防止因送达时间、密封状况等情形出现争议,投标人提交投标文件后,应向招标人索要投标文件签收回执。

(2) 投标文件的拒收情形

投标人应当掌握投标文件的拒收情形,避免在提交环节功亏一篑,进而失去了投标竞争资格。

《实施条例》规定的投标文件拒收情形有以下四种:

① 实行资格预审的招标项目,未通过资格预审的申请人提交的投标文件;

② 逾期送达的投标文件,即在招标文件规定的投标截止时间之后送达的投标文件;

③ 未按招标文件要求密封的投标文件;

④ 采用电子招标投标的,投标人未按规定加密的电子投标文件会被电子招标投标交易平台拒收。

2. 投标文件的补充与修改

投标文件的补充与修改是指对已经提交的投标文件中遗漏、不足或错误的部分进行增补与修订。投标人在投标截止时间前,可以修改和补充投标文件,并书面通知招标人,这些修改和补充文件也应当按照招标文件的要求签署、盖章,并密封送达,补充改的内容构成投标文件的组成部分。投标人不得在投标截止时间后对投标文件进行补充和修改。

3. 投标文件的澄清与说明

投标文件的澄清与说明,是指在评审过程中,投标人应评标委员会的要求,对投标文件中有含义不明确的内容、前后表述不一致、明显的文字或者计算错误而作出的书面补充或澄清。在评审过程中，投标人不得主动提出澄清、说明的要求，也不得借助澄清、说明的机会，改变投标文件的实质性内容。

评审过程中，投标人提供的澄清与说明文件对投标人具有约束力。如果中标，澄清文件可以作为签订合同的依据，或作为合同的组成部分。

4. 投标文件的撤回与撤销

投标人撤回已提交的投标文件，应当在投标截止时间前书面通知招标人。投标截止后，投标人不得撤销投标文件，否则招标人可以不退还其投标保证金。

5.5.6 投标索赔

招标投标活动本质上是一个合同的依法缔约过程。当事人在合同缔约过程中应当遵循诚实信用原则，否则可能导致承担缔约过失责任。投标索赔是指针对招标投标活动中招标人的违法行为或违背诚实信用原则，潜在投标人或投标人有权要求招标人给予相应赔偿。赔偿仅限于投标人的信赖利益损失，即与订约有关的费用支出。在招标投标实践中，投标人可以向招标人索赔的常见情形主要如下。

（1）招标人泄露机密。在项目招标过程中，招标人或其委托的代理机构泄露应当保密的与招标投标活动有关的情况和资料，或者其他可能影响公平竞争的有关招标投标情况，给投标人造成损失的，投标人可以要求招标人给予赔偿。

（2）招标人与其他投标人串通投标。招标人与投标人之间的串标行为，其本质上是一个"虚假招标"的过程，是一个"以合法形式掩盖非法目的"的过程，这种行为违背了诚实信用原则，情节严重时还构成串通投标罪。因此《招标投标法》及其实施条例禁止招标人与投标人之间串通投标，招标人与投标人因串通投标给其他投标人造成损失时，应当依法承担赔偿责任。

在招标投标活动中，投标人若发现招标人与其他投标人串通投标，除可以向行政监督部门投诉并由相关部门受理并处罚外，还可以要求招标人赔偿其为参加该项目的投标竞争活动而付出的相关费用，如投标人的差旅费用、投标文件的编制费用等。

（3）招标人终止招标。根据相关规定，招标人在发布招标公告、发出投标邀请书、招标文件或资格预审文件后终止招标的，投标人可以要求招标人退还所收取的资格预审文件、招标文件的费用；如果已经提交了投标保证金，投标人可以要求招标人退还所收取的投标保证金及银行同期存款利息。

（4）招标人违法收取投标保证金（或履约保证金）。根据《招标投标法实施条例》的规定，招标人要求投标人提交投标保证金的，投标保证金不得超过招标项目估算价的2%。招标人不按法律规定的比例收取投标保证金、履约保证金或者不按照规定退还投标保证金及银行同期存款利息，给投标人造成损失的，可以要求招标人给予赔偿。

（5）招标人不按规定定标或签约。招标人不按照规定确定中标人，无正当理由不发出中标通知书，中标通知书发出后无正当理由改变中标结果，无正当理由不与中标人订立合同，或在订立合同时向中标人提出附加条件的，由此造成中标人（或未中标的投标人）损失的，投标人可以要求招标人承担赔偿责任。

5.6 开标、评标与中标

5.6.1 开标

开标是招投标活动中的一项重要程序。招标人应当在投标截止时间的同一时间和招标文件规定的开标地点组织公开开标,公布投标人名称、投标报价以及招标文件规定的其他唱标内容,并将相关情况记录在案,使招标投标当事人了解、确认并监督各投标文件的关键信息。开标是招标投标活动中公开原则的重要体现。

招标人应邀请所有投标人参加开标会议,也可通知有关行政监督机构代表到场监督,或者邀请公证机构人员到场进行公证。

招标人邀请所有投标人参加开标是法定的义务,参加开标会议是投标人的权利。投标人或其授权代表有权出席并监督开标会议,也可以自主决定不参加开标会议,不影响投标的有效性。根据《招标投标法实施条例》的规定,如果投标人对开标有异议,应当在开标现场提出。因此,投标人不参加开标会议,将放弃对开标活动和开标记录行使确认和监督的权利。

开标会议的参加人员、开标时间、开标地点等要求,招标人都应当事先在招标文件中准确表述,并在开标前作好周密的安排。招标文件中公布的开标时间、地点、程序和内容一般不宜改变,招标人如果需要修改开标时间和地点,应以书面形式通知所有获取招标文件的潜在投标人。机电产品国际招标项目、政府采购货物和服务招标项目,招标人如果顺延投标截止时间,应当在招标文件规定的提交投标文件截止时间 3 日前,将变更时间书面通知所有获取招标文件的潜在投标人,并在指定的媒体上发布变更公告。

1. 开标准备

(1) 接收投标文件

投标人提交投标文件的方式可以是直接送达,投标人派授权代表直接将投标文件按规定的时间和地点送达。投标人应谨慎使用邮寄方式送达投标文件。投标人采用邮寄方式提交投标文件的,投标文件的送达时间应以招标人实际收到时间为准,而不是以"邮戳为准"。

当投标人采用直接送达方式提交投标文件时,招标人应安排专人在招标文件指定地点接收投标文件(包括投标保证金),并详细记录投标文件送达人、送达时间、份数、包装密封、标识等查验情况,经投标人确认后,向其出具接收投标文件和投标保证金的凭证。

在投标截止时间前,投标人书面通知招标人撤回其投标的,招标人应核实撤回投标书面通知的真实性。招标人应在接受撤回投标书面通知书及投标人授权代表身份证明并经核实后,将投标文件退回该投标人。

(2) 拒绝接收投标文件

根据《招标投标法实施条例》的相关规定,招标人应当拒收投标文件的三种情形:一是采用资格预审的项目,未通过资格预审的申请人提交的投标文件;二是逾期送达的投标文件;三是不按照招标文件要求密封的投标文件。

投标文件未按招标文件要求密封的,在投标截止时间前,招标人应当允许投标人自行更正补救;招标人也可以接受密封细微偏差的投标文件,并如实记录偏差情况,待开标时确认密封情况没有变化即可。

(3) 确认已提交投标文件的投标人数量

投标截止后,招标人应当确认成功提交投标文件的投标人数量。投标人少于3个的,不得开标,招标人应将接收的投标文件原封退回投标人,依法必须进行招标的项目,招标人在分析招标失败的原因并采取相应措施后,应当依法重新组织招标。重新招标的投标截止后投标人仍不足3个的,按国家有关规定需要履行审批、核准手续的依法必须进行招标的项目,报项目审批、核准部门审批、核准后可以不再进行招标;其他工程建设项目,招标人可自行决定是否招标。

机电产品国际招标项目因投标人少于3个不予开标或开标后由评标委员会认定投标人少于3个而终止评标的,应当重新招标。重新招标后投标人仍不足3个的,可以进行两家或一家开标评标;按国家有关规定需要履行审批、核准手续的依法必须进行招标的项目,报项目审批、核准部门审批、核准后可以不再进行招标。

对于国外贷款、援助资金项目,资金提供方规定当投标截止时间到达时,投标人少于3个可直接进入开标程序的,可以适用其规定。

政府采购货物和服务招标项目投标人不足3个的,招标人可以重新招标或经设区的市、自治州以上人民政府财政部门同意后改为采用竞争性谈判、询价或者单一来源等其他方式采购,但是原招标文件有不合理条款,其招标公告时间及程序不符合规定的,必须重新招标。

(4) 开标现场

招标人应保证接收的投标文件不丢失、不损坏、不泄密,并组织工作人员将投标截止时间前接收的投标文件、投标文件的撤回通知书等运送至开标地点。

招标人应充分准备开标必需的现场条件,提前布置好开标会议室、准备好开标需要的设备等。

(5) 开标资料

招标人应准备好开标资料,如开标记录表、标底文件(如有)、投标文件接收登记表、签收凭证等。招标人还应准备相关法律法规、招标文件及其文件保管箱等以备用。

(6) 工作人员

招标人和参与开标会议的有关工作人员应按时到达开标现场,包括主持人、开标人、唱标人、记录人、监标人等。

2. 开标程序

开标由招标人主持,也可以由招标人委托的招标代理机构主持。开标应按照招标文件规定的程序进行,一般开标程序如下。

(1) 宣布开标纪律

主持人宣布开标纪律,对参与开标会议的人员提出要求,如开标过程中不得喧哗,通信工具调整到静音状态,按规定的方式提问等。任何单位和个人不得干扰正常的开标程序。

（2）宣布有关人员姓名

主持人介绍招标人代表、监督人代表或公证人员等，依次宣布开标人、唱标人、记录人、监标人等有关人员。

（3）确认投标人代表身份

招标人可以按照招标文件的规定，当场核验参加开标会议的投标人授权代表的授权委托书和有效身份证件，确认授权代表是否有权参加开标会，并留存授权委托书和身份证件的复印件。

（4）公布在投标截止时间前接收投标文件的情况

招标人当场公布投标截止时间前提交投标文件的投标人名称、标包以及递交时间等，以及投标人撤回投标等情况。

（5）检查投标文件的密封情况

依据招标文件规定的方式，组织投标人代表或招标人委托的公证人员对投标人自己和其他投标人的投标文件进行密封检查，其目的在于检查开标现场的投标文件密封状况是否与投标文件接收时的密封状况一致。如果投标文件密封状况与接收时的密封状况不一致，或者存在拆封痕迹的，招标人应当终止开标。

（6）宣布投标文件开标顺序

主持人宣布开标顺序。招标人一般应在招标文件中事先规定开标顺序，如规定按照"先到后开、后到先开的顺序"进行开标，或规定按照"投标人递交投标文件的顺序"进行开标。

（7）公布标底

招标人可以自行决定是否编制标底，招标项目可以不设标底，进行无标底招标。《招标投标法实施条例》规定，招标项目设有标底的，招标人应当在开标时公布标底。国家发展改革委等九部委颁发的《标准施工招标文件》（2007年版）规定，标底在唱标之前公布。

（8）唱标

唱标人应根据法律规定和招标文件约定的内容和要求进行唱标，宣读投标人名称、投标价格和投标文件的其他主要内容。投标截止时间前收到的所有投标文件，开标时都应当众予以拆封、宣读。

机电产品国际招标项目，投标人的开标一览表、投标声明（价格变更或其他声明）都应当在开标时一并唱出，否则在评标时不予认可。政府采购货物和服务项目开标时，投标文件中开标一览表（报价表）内容与投标文件中明细表内容不一致的，以开标一览表（报价表）为准。开标时未宣读的投标价格、价格折扣以及是否提供招标文件允许的备选投标方案等实质内容，评标时不予承认。

在投标截止时间前撤回投标的，应宣读其撤回投标的书面通知。

（9）确认开标记录

开标会议应当认真作好书面记录。开标工作人员应认真核验并如实记录投标文件的密封检查、投标报价、投标保证金等开标情况，以及开标时间、地点、程序，出席开标会议的单位和代表，开标会议程序、公证机构和公证结果（如有）等信息。投标人代表、招标人代表、监标人、记录人等应在开标记录上签字确认，开标记录应作为评标报告的组成部分存档备查。

需要注意的是，投标人代表在开标记录上签字确认不是强制性要求。投标人是否在开标记录上签字不对其投标文件的有效性产生影响。

投标人对开标有异议的，应当场提出，招标人应当场核实并予以答复，如发生工作人员唱标或其他工作失误，应当场纠正。招标人以及监管机构代表等不应在开标现场对投标文件是否有效作出判断，应提交评标委员会评定。

（10）开标结束

开标程序完成后，主持人宣布开标会结束。

机电产品国际招标项目，招标人或招标机构应在开标后3个工作日内将开标记录上传中国国际招标网存档；属外资项目的，还应根据贷款机构要求在开标后将开标记录报送贷款机构。

5.6.2 评标

评标由招标人依法组建的评标委员会负责，评标委员会应当按照招标文件规定的评标标准和方法对投标文件进行评审。

1. 评标委员会

1）组建评标委员会

招标人应根据招标项目的特点组建评标委员会。依法必须进行招标的项目，应当按照相关法律规定组建评标委员会。

（1）评标委员会组成。依法必须进行招标的项目，评标委员会由招标人代表、技术和经济专家组成，成员人数为5人以上单数，其中技术和经济方面的专家不得少于三分之二。例如，组建7人的评标委员会时，招标人代表不得超过2人，技术和经济专家不得少于5人。

评标委员会中的招标人代表应熟悉招标项目的相关业务，能够胜任评标工作。招标人也可以授权招标代理机构的人员以招标人代表身份参加评标。

（2）评标专家的确定。依法必须进行招标的项目，其评标委员会的专家成员应当从评标专家库内相关专业的专家名单中以随机抽取方式确定。技术复杂、专业性强或者国家有特殊要求，采取随机抽取方式确定的专家难以保证其胜任评标工作的特殊项目，报相应主管部门后，可以由招标人直接确定评标专家。

（3）评标专家的回避和更换。评标专家有下列可能影响公正评标情形的，应当回避。

① 投标人或投标人主要负责人的近亲属；
② 项目主管部门或者行政监督主管部门的人员；
③ 与投标人有经济利益关系，可能影响对投标公正评审的；
④ 曾因在招标、评标以及其他与招标有关的活动中从事违法行为而受过行政处罚或刑事处罚的；
⑤ 政府采购和机电产品国际招标规定应当回避的其他情形。

被选取参加评标的专家存在上述情形的，应当主动回避。招标人也可以要求评标专家签署承诺书，确认其不存在上述法定回避情形。评标中，发现某个评标专家存在法定回避情形的，该专家已完成的评标结果无效，招标人应重新确定满足要求的专家替代，并重新进行评审。

评标过程中，评标委员会成员有回避事由、擅离职守或者因健康等原因不能继续评标的，应当按照确定评标委员会专家成员的办法予以更换。机电产品国际招标项目应当于评标当日报相应主管部门后按照所缺专家的人数重新随机抽取，及时更换。

2）评审注意事项

（1）评标委员会的职责是按照招标文件中规定的评标标准和方法，对投标文件进行系统的评审和比较。评标委员会不得制订、完善和修改招标文件中已经公布的评标标准和方法。

（2）评标委员会对招标文件规定的评标标准和方法产生疑义时，应当询问编制招标文件的招标人或招标代理机构，要求其依法公正解释。

（3）评标委员会应对评标结果负责。招标人接收评标报告时，应核查评标委员会是否按照招标文件规定的评标标准和方法进行评标，是否有计算错误、签字是否齐全等内容。如果发现问题，评标委员会应及时更正。

（4）评标委员会成员应该对评标过程严格保密，除依法公示评标结果外，不得私自泄露任何与评标相关的信息。评标结束后，评标委员会应将评标使用的各种文件资料、记录表、草稿纸交回招标人或招标代理机构。

2. 评标准备

1）确定评标时间

招标人应根据招标项目的规模、技术复杂程度、投标文件数量、评标标准和方法及评标需要完成的工作量，合理确定评标时间。在评标过程中，如果超过三分之一的评标委员会成员认为评标时间不够的，招标人应当适当延长评标时间。

评标一般应在开标后立即进行。按照相关法规，招标项目的评标应在开标当日开始进行，特殊情况当天不能评标的，应将投标文件封存，最迟在开标后48小时内开始评标。

2）准备评标需要的资料和设施

招标人或招标代理机构应为评标委员会准备评标需要的相关资料。

（1）资格预审文件及其澄清与修改、资格审查报告，招标文件及其澄清与修改、标底文件、开标记录等。

（2）全部资格预审申请文件和投标文件。

（3）电脑、打印机、投影仪、计算器等设备。

（4）采用电子评标的，应提前将电子评标系统安装调试好。

（5）根据招标文件确定的评标标准和方法，编制评标使用的相应对比和评分表格等资料。

3）其他评标准备工作

（1）评标委员会成员的手机、上网终端等电子通信设备在评标期间应当统一保管。

（2）为投标人澄清投标文件作好相关准备。如果需由评标委员会与投标人实时交流的，应采用技术手段避免泄露评标委员会成员的信息。

（3）评标现场除了评标委员会成员和承担清标整理等必要的工作人员外，无关人员不得进入。招标投标行政监督人员和招标人委托的公证人员可以依照相关规定和合适方式对评标活动依法进行监督或公证。

(4) 根据相关规定，对评标过程进行现场录音录像，以备监督部门核查。

(5) 做好评标过程的保密工作。评标委员会向招标人提交书面评标报告后，应将评标过程中使用的文件、表格以及其他资料即时归还招标人。

3. 评标原则与纪律

1) 评标原则和工作要求

(1) 评标原则。评标活动应当遵循公平、公正、科学、择优的原则。

(2) 评标工作要求。评标委员会成员应当按上述原则履行职责，对所提出的评审意见承担个人责任。评标工作应符合以下基本要求：

① 认真阅读招标文件，正确把握招标项目的特点和需求。

② 严格按照招标文件规定的评标标准和方法评审投标文件。

2) 评标依据

评标委员会依据法律法规、招标文件及其规定的评标标准和方法，对投标文件进行系统的评审和比较，招标文件没有规定的评标标准和方法，评标时不得采用。

3) 评标纪律

(1) 评标活动由评标委员会依法进行，任何单位和个人不得非法干预。无关人员不得参加评标会议。

(2) 评标委员会成员不得与任何投标人或者与招标项目有利害关系的人私下接触，不得收受投标人、中介机构以及其他利害关系人的财物或其他好处。

(3) 招标人或其委托的招标代理机构应当采取有效措施，确保评标工作不受外界干扰，保证评标活动严格保密，有关评标活动参与人员应当严格遵守保密规则，不得泄露与评标有关的任何情况。其保密内容涉及：①评标地点和场所；②评标委员会成员名单；③投标文件评审比较情况；④中标候选人的推荐情况；⑤与评标有关的其他情况等。

4. 初步评审

工程货物招标项目的初步评审内容与工程施工招标项目基本相同，初步评审也分为形式评审、资格评审和响应性评审。

根据货物招标的特点，资格评审中增加了代理商投标时对货物制造厂家授权的要求、投标人销售的许可、货物生产许可证等相关内容的审查；响应性评审增加了对货物投标文件技术指标的逐项评审，是否实质性响应招标文件的每一项技术参数。审查内容见表5-5。

表5-5 工程货物招标项目初步评审内容一览表

评审方式	评审因素	评审标准
形式评审	投标人名称	与营业执照、资质（资格）证书、生产许可证一致
	投标函签字盖章	投标函应有单位盖章或法定代表人或法定代表人授权的代理人签字或盖章
	投标文件格式	投标文件应按投标人规定的格式填写
	投标文件内容	内容应齐全，关键字迹应清晰、易于辨认
	报价唯一	不得提交两份或多份内容不同的投标文件，对同一招标项目只能有一个报价
	……	……

续表

评审方式	评审因素	评审标准
资格评审	营业执照	具备有效的营业执照
	生产许可证	符合"投标人须知"规定
	销售许可证	符合"投标人须知"规定
	货物认证	符合"投标人须知"规定
	制造商授权	代理投标授权必须为唯一授权;经销授权对同一品牌、同一型号的货物,仅能授权一个经销商参加投标
	类似业绩要求	符合"投标人须知"规定
	其他要求	符合"投标人须知"规定
	投标人名称或组织结构	应与资格预审时一致
	联合体投标	提交联合体投标协议
	关联关系	与招标人存在利害关系可能影响招标公正性的法人、其他组织或者个人,不得参加投标;单位负责人为同一人或者存在控股、管理关系的不同单位,不得参加同一标段或者项目投标
	……	……
响应性评审	投标报价	符合"投标人须知"规定
	供货范围	符合"投标人须知"规定
	交货时间	符合"投标人须知"规定
	投标有效期	符合"投标人须知"规定
	投标保证金	保证金形式、数额、有效期等应符合要求
	权利义务	符合"合同条款及格式"规定
	技术参数	符合"技术规格和要求"规定
	质量和标准	符合"技术规格和要求"规定
	服务承诺	符合"技术规格和要求"规定
	……	……

工程货物招标项目初步评审过程中,任何一项评审不合格的应作否决投标处理。

5. 详细评审

详细评审是评标委员会按照招标文件规定的评标方法、因素和标准,对通过初步评审的投标文件作进一步的评审。

采用经评审的最低投标价法,评标委员会应当根据招标文件中规定的评标价格计算因素和方法,对投标文件的价格要素作必要的调整,计算所有投标人的评标价,以便使所有投标文件的价格要素按统一的口径进行比较。招标文件中没有明确规定的因素不得计入评标价。

采用综合评估法,评标委员会可使用打分的方法或者其他方法,衡量投标文件对招标文件中规定的价格、商务、技术等各项评价因素的响应程度。

1)经评审的最低投标价法

详细评审时应当根据招标文件中已规定的方法、因素、标准,对初步评审合格投标文件的投标报价进行调整计算评标价。经评审的最低投标价法的投标报价详细评审要点如下：

（1）评标总价计算依据。一般的国内货物招标，招标人可依需要，确定投标价格以出厂价或货物交至安装地点为依据。

（2）报价扣除暂列金额。投标中包括的暂列金额一般应从投标报价中减去。

（3）报价修正和折扣计算。投标人开标的投标价格的修正和折扣，评标中应按照招标文件的规定计算。其中，报价折扣应指无条件折扣。以百分比进行折扣，必须根据投标报价中指定的基数进行折算，核实计算基数是否包括暂列金额和暂估价等；如为有条件折扣，则在评标之中不予考虑。

（4）评标货币。允许使用多种不同的货币投标时，应以算术性错误和折扣调整后的投标价格为准，按照中国银行在开标日公布的汇率中间价换算成人民币评标。

（5）投标报价数量短缺和缺漏项增加。投标中的报价数量短缺和多余，应按招标文件约定办法调整评标价。如为数量短缺，应按招标文件的规定补足数量，并以投标人相应项目的单价调整评标价；如为投标报价漏项，应按招标文件的规定以其他投标人相应项目的平均价或最高价补足漏项价格；招标文件也可规定漏项报价选择其他数据调整，如采用社会公布的价格清单等。

（6）报价范围调整。按照招标文件规定，计算对投标货物发生的运输费、保险费及有关伴随的服务费用，并据此调整增加评标价。

（7）付款条件和交货期偏差折价。投标文件存在付款条件和交货期偏差的，应按照招标文件的规定调整增加评标价。如付款条件的偏差，应按照招标文件规定的利率计算提前支付所产生的利息，并折现计入评标价；如交货或竣工时间的偏差，应按照招标文件规定的办法调整增加评标价。

（8）工程货物投标报价的评标价格计算方法应在招标文件中逐项约定。也可以参照工程施工投标价格的评标处理规则，约定货物投标报价表中的算术性错误不予调整投标总价，并参照相应规则处理。

2）综合评估法

综合评估法的详细评审因素主要有：价格、技术和商务。商务因素还可细化为财务状况、信誉、业绩、服务、对招标文件的响应程度等。上述因素及相应的分值和权重应当在招标文件中规定。

评标委员会各成员应当独立对每个初步评审合格的投标文件的评标因素在规定分值内进行评价打分，然后按照相应的比重或者权值计算每个投标人每项评分因素的得分。

6. 投标文件的澄清和说明

投标文件的澄清和说明，是指评标委员会在评审投标文件过程中，遇到投标文件中有含义不明确的内容、对同类问题表述不一致或者有明显文字和计算错误时，要求投标人作出的书面澄清和说明。投标人不得主动提出澄清和说明，也不得借提交澄清、说明的机会改变投标文件的实质性内容。评审时，投标人主动提出的澄清和说明文件，评标委员会不予接受。

若评标委员会发现投标人的投标价或主要单项工程报价明显低于同标段其他投标人报价或者在设有参考标底时明显低于参考标底价，使得其投标报价可能低于其个别成本的，应要求该投标人作出书面说明并提供相关证明材料。如果投标人不能提供材料证明该项报价有效，评标委员会应当认定低于成本价竞标，否决其投标。如果投标人提供了证明材料，且评标委员会无法证明其无效的，评标委员会应当接受该项投标报价。

投标人在评标中根据评标委员会要求提供的澄清文件，对投标人具有约束力。如果中标，对合同执行有影响的澄清文件应当作为合同文件的组成部分，并作为中标通知书的附件发给该中标人。

7. 评标报告和中标候选人

评标报告是评标委员会评标的工作成果。评标委员会完成评标后，应当向招标人提出书面评标报告，并根据招标文件的规定推荐中标候选人，或根据招标人的授权直接确定中标人。相关部门规章对评标报告的内容作了具体的规定，评标委员会应当按照相关规定编制评标报告。

1) 评标报告内容

依法必须进行招标的货物采购项目。按照《评标委员会和评标方法暂行规定》的规定，评标委员会完成评标后，应当向招标人提出书面评标报告，并抄送有关行政监督部门。评标报告应当如实记载以下内容。

(1) 基本情况和数据表；
(2) 评标委员会成员名单；
(3) 开标记录；
(4) 符合要求的投标一览表；
(5) 否决投标的情况说明；
(6) 评标标准、评标方法或者评标因素一览表；
(7) 经评审的价格或者评分比较一览表；
(8) 经评审的投标人排序；
(9) 推荐的中标候选人名单与签订合同前要处理的事宜；
(10) 澄清、说明事项纪要。

2) 评标报告签署

评标报告由评标委员会全体成员签字。对评标结论持有异议的评标委员会成员可以书面形式阐述其不同意见和理由。评标委员会成员拒绝在评标报告上签字又不陈述其不同意见和理由的，视为同意评标结果。评标委员会应当对此作出书面说明并记录在案。评标过程中使用的文件、表格以及其他资料应当即时归还招标人。评标委员会决定否决所有投标的，应在评标报告中详细说明理由。

3) 中标候选人

货物采购项目评标完成后，评标委员会应当向招标人提交书面评标报告和中标候选人名单。中标候选人应当不超过3个并标明排序。如采用综合评估法，中标候选人的排列顺序应是，最大限度符合要求的投标人排名第一，次之的排名第二，以此类推。如采用经评审的最低投标价法，中标候选人的排列顺序应是，满足招标文件实质性要求，且投标价格不低于成本的前提下，按照经评审的价格从低至高排序列出前3名。

4) 中标候选人公示

依法必须进行招标的项目评标结束后，招标人应当自收到评标报告之日起3日内在招标文件规定的媒介公示中标候选人,接受社会监督,且公示期不得少于3日。投标人和其他利害关系人对评标结果有异议的,应在公示期内向招标人或招标代理机构提出。招标人或招标代理机构应当自收到异议之日起3日内作出答复,作出答复前,应当暂停招标投标活动。

5.6.3 中标和签订合同

1. 确定中标人的程序

(1) 基本要求

① 确定中标人一般在评标结果公示期满,没有投标人或其他利害关系人提出异议和投诉,或异议和投诉已经妥善处理、双方再无争议时进行。

② 确定中标人前,招标人不得与投标人就投标价格、投标方案等实质性内容进行谈判。

③ 招标人可以授权评标委员会直接确定中标人。

(2) 履约能力审查

在发出中标通知书前,如果中标候选人的经营、财务状况发生较大变化或者存在违法行为,招标人认为可能影响其履约能力的,应当请原评标委员会按照招标文件规定的标准和方法审查确认。

(3) 确定中标人

招标人应在评标委员会推荐的中标候选人中确定中标人。中标人的投标应当符合下列条件之一:

① 能够最大限度地满足招标文件中规定的各项综合评价标准;

② 能够满足招标文件的实质性要求,并且经评审的投标价格最低,但投标价格低于成本的除外。

国有资金占控股或者主导地位的依法必须进行招标的项目,招标人应当确定排名第一的中标候选人为中标人。排名第一的中标候选人放弃中标、因不可抗力不能履行合同、不按照招标文件要求提交履约保证金,或者被查实存在影响中标结果的违法行为等情形,不符合中标条件的,招标人可以按照评标委员会提出的中标候选人名单排序依次确定其他中标候选人为中标人,也可以重新招标。

(4) 中标候选人公示

依法必须招标项目的中标候选人公示应当载明以下内容:

① 中标候选人排序、名称、投标报价、质量、工期(交货期),以及评标情况;

② 中标候选人按照招标文件要求承诺的项目负责人姓名及其相关证书名称和编号;

③ 中标候选人响应招标文件要求的资格能力条件;

④ 提出异议的渠道和方式;

⑤ 招标文件规定公示的其他内容;

⑥ 依法必须招标项目的中标结果公示应当载明中标人名称。

(5) 向行政监督部门报告招标投标情况

依法必须进行招标的项目,招标人应当自确定中标人之日起15日内,向有关行政监督部门提交招标投标情况的书面报告。

依法必须进行招标的机电产品国际招标项目，招标人应当在中标结果公告后 20 日内向中标人发出中标通知书，并在中标结果公告后 15 日内将评标情况的报告提交至相应的主管部门。

2. 中标通知书

中标通知书是指招标人在确定中标人后向其发出的书面文件。中标通知书的内容应当简明扼要，但至少应当包括告知投标人已中标，签订合同的时间和地点等内容。中标通知书发出后，对招标人和中标人具有法律约束力，如果招标人改变中标结果的，或者中标人放弃中标项目的，应当依法承担法律责任。

（1）中标人确定后，招标人应当向中标人发出中标通知书，并同时将中标结果通知所有未中标的投标人。

（2）中标通知书应在投标有效期内发出。

（3）中标通知书需要载明签订合同的时间和地点。需要对合同细节进行谈判的，中标通知书上需要载明合同谈判的有关安排。

（4）中标通知书可以载明提交履约保证金等中标人需注意或完善的事项。

（5）对合同执行有影响的澄清、说明事项，是中标通知书的组成部分。

3. 签订合同

招标人和中标人应当在投标有效期内并在自中标通知书发出之日起 30 日内，按照招标文件和中标人的投标文件订立书面合同，明确双方责任、权利和义务。合同的标的、价款、质量、履行期限等主要条款应当与招标文件和中标人的投标文件的内容一致。招标人和中标人不得再行订立背离合同实质性内容的其他协议。签订合同时，双方在不改变招标投标实质性内容的条件下，对非实质性差异的内容可以通过协商取得一致意见。招标文件要求中标人提交履约保证金的，中标人应当提交。货物合同文件一般由下列文件组成：

（1）合同协议书；
（2）中标通知书；
（3）投标书及投标函；
（4）专用合同条款；
（5）通用合同条款；
（6）技术要求；
（7）货物分项报价；
（8）其他补充文件。

上述合同文件应能互相补充和解释，如有不明确或不一致之处，以约定的优先次序为准。

5.7 机电产品的国际招标

5.7.1 机电产品国际招标概述

按《机电产品国际招标投标实施办法（试行）》（商务部令 2014 年第 1 号，下文简称1号令）规定，机电产品是指机械设备、电气设备、交通运输工具、电子产品、电器产品、仪器仪表、金属制品等及其零部件、元器件。

5.7.2 机电产品国际招标范围

1号令主要从项目性质（关系社会公共利益、公众安全）和资金来源（使用国有资金投资、国家融资、国外贷款、援助资金）两方面进一步明确机电产品国际招标的范围。

通过招标方式采购原产地为中国关境外的机电产品，属于下列情形的必须进行国际招标：

（1）关系社会公共利益、公众安全的基础设施、公用事业等项目中进行国际采购的机电产品；

（2）全部或者部分使用国有资金投资项目中进行国际采购的机电产品；

（3）全部或者部分使用国家融资项目中进行国际采购的机电产品；

（4）使用国外贷款、援助资金项目中进行国际采购的机电产品；

（5）政府采购项目中进行国际采购的机电产品；

（6）其他依照法律、行政法规的规定需要国际招标采购的机电产品。

已经明确采购产品的原产地在中国关境内的，可以不进行国际招标。必须通过国际招标方式采购的，任何单位和个人不得将前款项目化整为零或者以国内招标等其他任何方式规避国际招标。

根据1号令的规定，机电产品范围见表5-6。

表5-6 机电产品范围

商品类别	海关商品编号
一、金属制品	7307～7326、7412～7419、75072、7508、7609～7616、7806、7907、8007、810192～810199、810292～810299、81039、81043、81049、81059、8106009、81079、81089、81099、8110009、8111009、811219、811299、第82～83章
二、机械及设备	第84章
三、电器及电子产品	第85章
四、运输工具	第86～89章（8710除外）
五、仪器仪表	第90章
六、其他 （含磨削工具用磨具、玻壳、钟表及其零件、电子乐器、运动枪支、飞机及车辆用坐具、医用家具、办公室用金属家具、各种灯具及照明装置、儿童带轮玩具、带动力装置的玩具及模型、健身器械及游艺设备、打火机等）	680421、6804221、6804301、6805、7011、91章、9207、93031～93033、9304、93052、93059、93061～93063、94011～94013、9402、94031、94032、9405、9501、95031、95038、95041、95043、95049、95069、9508、9613

5.7.3 机电产品国际招标实务

1. 机电产品国际招标文件编制

机电产品国际招标应采用商务部编制的标准招标文件——《机电产品国际招标标准招标文件（试行）》编制招标文件。

《机电产品国际招标标准招标文件（试行）》共八章，分装两册。各册的内容如下：

1）第一册
（1）第一章 投标人须知
（2）第二章 合同通用条款
（3）第三章 合同格式
（4）第四章 投标文件格式
2）第二册
（1）第五章 投标邀请
（2）第六章 投标资料表
（3）第七章 合同专用条款
（4）第八章 货物需求一览表及技术规格

第一册内容为标准格式，招标文件应原封不动予以采纳。第二册中"第六章投标资料表""第七章合同专用条款"分别是对"第一册第一章投标人须知""第二章合同通用条款"的完善、补充和修改，如果与第一册内容不同时，应以第二册内容为准。

投标人须知。《机电产品国际招标标准招标文件（试行）》投标人须知的内容包括说明、招标文件、投标文件的编制、投标文件的递交、开标与评标、授予合同等内容。

（1）说明。说明部分主要说明招标人、招标项目、招标机构等信息，明确投标人资格、投标货物及服务的原产地规定及投标费用的承担。

① 招标机构资格条件。承办机电产品国际招标的招标机构，应符合以下条件：具备从事招标代理业务的营业场所和相应资金；具备能够编制招标文件（中英文）和组织评标的相应专业力量；拥有一定数量的取得招标职业资格的专业人员；招标机构从事机电产品国际招标业务的人员应当为与本机构依法存在劳动合同关系的员工。

② 投标人资格。投标人是响应招标、参加投标竞争的法人或其他组织。接受委托参与项目前期咨询和招标文件编制的法人或其他组织不得参加受托项目的投标，也不得为该项目的投标人编制投标文件或者提供咨询。

机电产品国际招标的投标人国别必须是中国或与中国有正常贸易往来的国家或地区。只有在法律上和财务上独立、合法运作并独立于招标人和招标机构的供货人才能参加投标。

投标人应在中国国际招标网上免费注册。已成功注册过的投标人，如需年检，还应通过年检。否则投标人将不能进入招标程序，由此产生的后果将由投标人自己负责。

（2）招标文件。招标文件部分包括招标文件的编制依据和构成、招标文件的澄清和修改。机电产品国际招标文件的编制依据是《招标投标法》《招标投标法实施条例》和《机电产品国际招标投标实施办法（试行）》。招标文件以中文或中、英文两种文字编写。以中、英文两种文字编写时，两种文字具有同等效力；中文本与英文本如有差异，以中文本为准。电子介质招标文件与纸质招标文件具有同等法律效力。除另有规定外，两者出现不一致时，以纸质招标文件为准。

（3）投标文件的编制。内容包括投标语言、投标文件构成、投标文件的编写、投标报价、投标货币、资格证明文件、投标响应文件、投标保证金、投标有效期、投标文件签署等。

① 投标报价。机电产品国际招标的投标报价应采用《国际贸易术语解释通则》（INCOTERMS）规定的国际贸易价格术语。招标经常采用的价格术语包括 EXW、FOB、CIF、CIP、DDP 等。招标文件应明确投标人报价可以采用的价格术语。

投标人应区分关境内制造的货物、投标截止时间前已经进口的货物和关境外提供的货物分别报出不同的价格术语。境内制造的货物应报 EXW、仓库交货价、展室交货价或货架交货价，投标截止时间前已经进口的货物应报仓库交货价、展室交货价或货架交货价，关境外提供的货物应报 FOB、FCA、CIF 或 CIP 价格。招标人可以要求投标人除按照国际贸易价格术语报价外，还报出国内运保费、伴随货物交运的有关费用等，以便评标使用。如果投标人中标，招标人有权按照投标人的报价价格术语签订合同，并不限制招标人以上述任何条件订立合同的权利。

② 投标货币。招标文件应规定投标人从关境内提供的货物用人民币报价；从关境外提供的货物用外币报价，并明确具体的外国货币名称。外国投标货币应该是可自由兑换、汇率稳定的货币。

③ 资格证明文件。投标人应提交资格证明文件，证明其中标后能履行合同。需要提交的资格证明文件包括下列文件：如果制造商委托代理商投标，应向代理商出具授权书，并对投标承担责任；证明投标人已具备履行合同所需的财务、技术和生产能力的文件；证明投标人满足业绩要求的文件；投标人开户银行在开标日前三个月内开具的资信证明原件或复印件；其他资格证明文件。

④ 证明货物符合要求的文件。投标人应以文字资料、图纸和数据等形式详细说明货物主要技术指标和性能。投标人还应对照招标文件技术规格，逐条说明所提供货物已对招标文件的技术规格作出了实质性的响应，并声明与技术规格条文的偏差和例外。特别对有具体参数要求的指标，投标人必须提供所投标设备的具体参数值。投标人对加注"*"号的重要技术条款或技术参数应当在投标文件中提供技术支持资料。技术支持资料以投标货物制造商公开发布的印刷资料或检测机构出具的检测报告或招标文件中允许的其他形式为准。凡不符合上述要求的，将视为无效技术支持资料。

⑤ 投标保证金。投标保证金的货币一般应与投标货币相同。招标人应对提供投标保函的外国银行的资信和等级作出规定，要求投标保函由境外信誉好的银行出具。如果出具投标保函的银行不符合要求，评标时可以否决该投标。

投标保证金不予退还的情形，除了法规规定的投标人在投标截止后撤销投标、投标人中标后拒绝签订合同或提交履约保证金等情形外，还增加了投标人中标后不按招标文件规定交纳招标服务费的情形。

⑥ 投标文件签署。机电产品国际招标对投标文件的签署有严格要求，投标文件格式中应注明需要签字的位置，这些位置必须由法定代表人或其授权代表签字。投标文件的报价部分和重要的商务和技术条款或参数（标记"*"号的条款或参数响应的内容），

每一页都应由法定代表人或其授权代表小签,即用姓或姓名缩写签字。投标文件除应符合规定的签字要求外,必要时招标人还可要求其同时加盖投标人单位公章。规定签字和盖章要求时,应明确签字是否包括手签章,盖单位公章是否包括投标专用章等具体细节。

(4) 投标文件的递交。内容包括投标文件的密封和标记、投标截止时间、迟交的投标文件、投标文件的修改与撤回等。

(5) 开标与评标。内容包括开标程序、评标委员会和评标办法。评标办法应规定以下内容:

① 评标货币。为了便于评标和比较,如果投标报价中有多种货币,以开标当日中国银行总行首次发布的外币对人民币的现汇卖出价进行投标货币对评标货币的转换,以便计算评标价。招标文件可以规定评标货币。选择评标货币应本着简便、实用、本国货币优先选用的原则,尽量选择以人民币为评标货币,或根据潜在投标人的情况选择多数投标人采用的投标货币为评标货币。

② 评标方法。机电产品国际招标有两种评标方法,即最低评标价法和综合评价法。招标文件应明确采用的评标方法。一般招标项目应采用最低评标价法,技术含量高、工艺或技术方案复杂的大型或成套设备招标项目可采用综合评价法进行评标。

③ 评标因素。招标文件应明确评标考虑的具体因素。

(6) 授予合同。内容包括履约能力审查、中标人的确定、终止招标或否决所有投标、中标通知书、签订合同、履约保证金等。

(7) 合同条款。《机电产品国际招标标准招标文件(试行)》合同条款包括通用合同条款和专用合同条款。专用合同条款应对通用合同条款的内容作补充、完善和细化。

(8) 货物需求一览表及技术规格。货物需求一览表中包括采购货物的名称、规格、数量、交货期、交货批次、运输方式、安装要求、调试、售后服务等内容。技术规格包括技术细节要求。其中关键技术指标前应当以"＊"号标记。对关键技术指标标记"＊"号需要注意,应当明确其涵盖的范围。如果"＊"号标记在某个指标前,则这个指标为关键指标;如果"＊"号标记在某个条款前,则整个条款都属于关键指标。

(9) 机电产品国际招标项目的招标文件应根据项目需求特点,统一规定投标报价选择采用《国际贸易术语解释通则》(INCOTERMS)规定中的 EXW、FOB、CIF、CIP、DDP 等国际贸易价格术语及其具体含义。明确了投标报价采用的价格术语,即明确了招标人和投标人各自承担的费用、责任和风险。国际招标项目无论投标人选择哪种价格术语报价,招标文件中应保留招标人在签订合同时重新选择使用价格术语的权利。

2. 机电产品国际招标项目投标文件的编制

根据《机电产品国际招标投标实施办法(试行)》的规定,机电产品国际招标的投标文件一般包括下列内容:

(1) 投标书。

(2) 开标一览表。

(3) 投标分项报价表。

(4) 产品说明一览表。

(5) 技术规格响应(偏离)表。

(6) 商务条款响应（偏离）表。
(7) 投标保证金。
(8) 单位负责人授权书。
(9) 资格证明文件。
(10) 要求投标人提供的其他材料。
(11) 机电产品国际招标项目投标应使用中文或招标文件规定的语言为投标语言。投标人提交的支持资料和已印刷的文献可以用其他语言，但相应内容应附有中文或招标文件规定投标语言的翻译本，在解释投标文件时以翻译本为准。
(12) 注意事项。

① 机电产品国际招标的部分招标投标程序和管理在中国国际招标网上进行。投标人必须于投标截止时间前在中国国际招标网上成功注册，才能有效地提交投标文件并进入评标程序。

② 机电产品国际招标项目，投标人在投标有效期内撤销投标、中标后未在规定期限内签订合同或提交履约保证金、未按规定交纳招标服务费的，投标保证金不予退还。

③ 机电产品国际招标项目关于投标资格要求的限制性规定包括以下内容：

《机电产品国际招标投标实施办法（试行）》第三十二条规定，在机电产品国际招标时，与招标人存在利害关系可能影响招标公正性的法人或其他组织不得参加投标；接受委托参与项目前期咨询和招标文件编制的法人或其他组织不得参加受托项目的投标，也不得为该项目的投标人编制投标文件或者提供咨询；单位负责人为同一人或者存在控股、管理关系的不同单位，不得参加同一招标项目投标，共同组成联合体投标的除外。

3. 机电产品国际招标项目评审

1）组建评标委员会

依法必须进行招标的机电产品国际招标项目，评标专家应在商务部建立的评标专家库相关专业类别中采用随机抽取的方式产生。机电产品国际招标评标专家的特殊要求：

(1) 确定评标专家应在开标前 3 个工作日之内；

(2) 一次招标金额在 1000 万美元以上的项目包，所需专家的 1/2 以上应从国家级专家库中确定；

(3) 评标委员会中来自同一法人单位的专家不得超过评标委员会总人数的 1/3；

(4) 与投标人或其制造商有利害关系的人不得进入相关项目的评标委员会，评标专家不得参加与自己有利害关系的项目评标，且应当主动回避，已经进入的应当更换；

(5) 主管部门的工作人员不得担任本机构负责监督项目的评标委员会成员。

2）机电产品国际招标项目的初步评审

机电产品国际招标项目的初步评审程序分为符合性检查、商务评议和技术评议。

(1) 符合性检查。符合性检查的内容是投标文件的完整性。

(2) 商务评议。商务评议是对投标文件商务内容的响应性进行审查。

(3) 技术评议。技术评议是对投标文件技术内容的响应性进行审查，主要审查投标文件对招标文件技术部分的响应程度。主要技术参数是否响应招标文件要求，应依据投标文件中的技术支持资料作出判断,而不能仅依据投标人的承诺。技术支持资料是指制造商公开发布的印刷资料、检测机构出具的检测报告或招标文件规定的其他资料。任何一项主要参数不满足招标文件要求的,视为对招标文件的实质性不满足,投标应被否决。一般参数可以允许偏离,但偏离的范围或项数都不得超过招标文件规定的最大范围或最多项数。

机电产品国际招标项目初步评审时发现两家以上投标人投标产品为同一家制造商或集成商生产的,应按一家投标人认定。对两家以上集成商或代理商使用同一制造商相同产品作为其投标的一部分,且相同产品的价格总和均超过该项目各自投标总价60%的,按一家投标人认定。认定投标人少于3个的应当停止评标。

(4) 机电产品国际招标项目初步审查内容见表5-7。

表5-7 机电产品国际招标项目初步审查内容一览表

评审内容	评审因素	评审标准
符合性检查	投标书	已经提供
	投标保证金	已经提供
	法定代表人授权书	已经提供
	资格证明文件	已经提供
	技术文件	已经提供
	投标分项报价表	已经提供
	……	……
商务评议	投标人的合格性	投标人应是响应招标、参加投标竞争的法人或其他组织; 投标人应是中国或与中国有正常贸易往来的国家或地区的法人或其他组织; 投标人或其制造商不得与招标人存在利害关系可能影响招标公正性; 投标人不得接受委托参与项目前期咨询和招标文件编制; 投标人单位负责人不得与其他投标人为同一人或者与其他投标人存在控股、管理关系; 投标人应在法律上和财务上独立、合法运作并独立于招标人和招标机构; 投标人是联合体的,提交联合体投标协议,并符合"投标人须知"规定
	投标的有效性	由法定代表人签署,逐页小签; 由授权代表签署的,应附法定代表人有效授权书
	投标有效期	符合"投标人须知"规定
	投标保证金	金额、有效期、保函格式符合"投标人须知"规定
	投标人资格声明	符合"投标文件格式"规定
	制造厂家资格声明	符合"投标文件格式"规定
	制造商授权书(如适用)	符合"投标文件格式"规定
	货物认证证书	符合"投标文件格式"规定
	银行资信证明	是投标截止时间前三个月由投标人基本账户开户银行出具的原件或复印件
	经营范围	符合"投标人须知"规定
	类似业绩	符合"投标人须知"规定

续表

评审内容	评审因素	评审标准
商务评议	交货期	符合"投标人须知"规定
	质量保证期	符合"投标人须知"规定
	付款条件和方式	符合"合同条款"规定
	适用法律	符合"合同条款"规定
	仲裁	符合"合同条款"规定
	其他	符合"投标人须知"和"合同条款"规定
	……	……
技术评议	主要参数	必须满足招标文件技术规格中加注"＊"号的重要条款（参数）要求，加注"＊"号的重要条款（参数），应依据制造商公开发布的印刷资料、检测机构出具的检测报告或招标文件中允许的其他形式的技术支持资料
	一般参数	不满足招标文件"技术规格"要求的一般参数项数或范围超过"投标人须知"规定的，应作否决其投标处理
	其他	投标文件有以下情况的应作否决其投标处理： 投标文件技术规格中的响应与事实情况不符或虚假投标的； 投标人复制招标文件的技术规格相关部分内容作为其投标文件中一部分的； 存在招标文件中规定的否决投标的其他技术条款的
	……	……

（5）机电产品国际招标项目初步评审过程中，均应进行符合性检查和商务评议、技术评议，并对所有未通过评审的情况进行说明，任何一项评审不合格的应作否决投标处理。

3）机电产品国际招标项目详细评审

机电产品国际招标项目采用不同评标方法评标时，详细评审的内容也不同。

（1）最低评标价法。当采用最低评标价法评标时，详细评审的内容是对投标价进行评审和调整，将各种不同货币、不同价格术语、不同供货范围和不同技术水平的投标调整为统一标准下的评标价进行比较。计算评标价以货物到达招标人指定的国内交货地点为依据。国外贷款项目计算评标价应以货物到达中国关境前（即 CIF 或 CIP 价格）为依据。

计算投标价格应按以下步骤进行。

① 算术性错误修正。单价计算的结果与总价不一致的，以单价为准修改总价；大写表示的数值与小写表示的数值不一致的，以大写为准。

② 价格调整。如投标人提交了投标报价修改函，应按照修改函的声明对投标价进行调整。

③ 评标货币转换。按照开标当日中国银行总行首次发布的外币对人民币的现汇卖出价将投标货币转换为评标货币。使用国内资金的项目一般应以人民币为评标货币；使用国外资金的项目应以资金提供方规定的货币为评标货币。

④ 计算 CIF 或 CIP 价格。关境外货物一般应以 CIF 或 CIP 为投标价格术语。如果

投标人采用 EXW、FOB、CFR 或 CPT 价格术语投标的,应转换为 CIF 或 CIP 价格术语。相关计算公式为:

$$CIF 价格 = FOB 价格 + 国际运费 + 国际运输保险费 \tag{5-10}$$

$$国际运输保险费 = CIF 价格 \times 国际运输保险费率 \times 投保加成系数 \tag{5-11}$$

$$国际运输 = \frac{(FOB 价格 + 国际运费) \times 国际运输保险费率 \times 投保加成系数}{1 - 国际运输保险费率 \times 投保加成系数} \tag{5-12}$$

$$CIF 价格 = \frac{FOB 价格 + 国际运费}{1 - 国际运输保险费率 \times 投保加成系数} \tag{5-13}$$

(2) 综合评价法。机电产品国际招标项目一般应采用最低评标价法进行评标,技术含量高、工艺或技术方案复杂的大型或成套设备招标项目可采用综合评价法评标。采用综合评价法时,价格权重不得低于 30%,技术权重不得高于 60%;对于必须进行资格预审的招标项目,综合评价法不得再将资格预审的相关标准和要求作为评价内容。

① 价格打分。在进行价格打分之前,应首先对各项价格要素进行调整,调整后应使所有投标价格为一个统一的尺度。价格要素的调整方法与最低评标价法的价格调整方法相同。但应注意,不应对技术要素和与价格无关的商务要素进行价格调整。

价格打分可以采用公式计算或列表对比的方法,并应符合低价优先的原则,即评审后价格最低的应为最高分值,价格打分的最大可能分值和最小可能分值应当分别为价格满分和 0 分。

② 商务和技术因素打分。各项商务和技术因素都应采用客观评审的方法,应当明确规定各项评审因素评价分值的具体标准和计算方法。一项具体指标应当对应唯一的分值,不应对应一个分数段。只有对于技术方案的评价等确实难以量化的因素,才可以采用主观评价法。采用主观评价法时,还必须采用两步法评价。

③ 投标人评分及排序。评标委员会成员对投标人的投标文件独立打分,计算各投标人的商务、技术、服务及其他评价内容的分项得分和综合评分。

评标委员会成员对同一投标人的商务、技术、服务及其他评价内容的分项评分结果出现差距时,应遵循以下调整原则:

评标委员会成员对某一投标人的分项评分偏离超过评标委员会全体成员的评分均值 ±20%,该成员的该项分值将被剔除,以其他未超出偏离范围的评标委员会成员的该项评分均值替代;各评标委员会成员对某一投标人的分项评分偏离均超过评标委员会全体成员的该项评分均值 ±20%,则以评标委员会全体成员的该项评分均值作为该投标人的分项得分。

评标委员会根据综合评分对各投标人进行排名。综合评分相同的,价格得分高者排名优先;价格得分相同的,技术得分高者排名优先,并依照商务、服务及其他评价内容的分项得分优先次序类推。评标委员会应当推荐综合排名第一的投标人为推荐中标人。

综合评价法明确规定投标人出现下列情形之一的,将不得被确定为推荐中标人:

a. 投标人的评标价格超过全体有效投标人的评标价格平均值一定比例的;

b. 投标人的技术得分低于全体有效投标人的技术得分平均值一定比例的。

上述规定比例由招标文件具体规定,a 项中所列的比例不得高于 40%,b 项中所列的比例不得高于 30%。

4）推荐中标候选人、撰写评标报告

机电产品国际招标项目，评标完成后，评标委员会应当向招标人提交书面评标报告和中标候选人名单。中标候选人应当不超过 3 个，并标明排序。采用最低评标价法评标的，在商务、技术条款均实质性满足招标文件要求时，评标价格最低者为排名第一的中标候选人；采用综合评价法评标的，在商务、技术条款均实质性满足招标文件要求时，综合评价最优者为排名第一的中标候选人。

《机电产品国际招标投标实施办法（试行）》规定，评标委员会的每位成员在评标结束时，必须分别填写评标委员会成员评标意见表，评标意见表是评标报告必不可少的一部分。评标报告包括：

（1）项目简介；

（2）招标过程简介；

（3）评标过程；

（4）评标结果；

（5）开标一览表；

（6）符合性检查表；

（7）商务评议表；

（8）技术参数比较表；

（9）评标价格比较表；

（10）授标建议。

采用综合评价法评标的，评标报告还应当详细载明综合评价得分的计算过程，包括但不限于以下表格：评标委员会成员评价记录表、商务最终评分汇总表、技术最终评分汇总表、服务及其他评价内容最终评分汇总表、价格最终评分记录表、投标人最终评分汇总及排名表和评审意见表。

5）公示中标候选人

依法必须进行招标的机电产品国际招标项目，招标人或招标机构应当依据评标报告填写《评标结果公示表》，并自收到评标委员会提交的书面评标报告之日起 3 日内在中国国际招标网上进行评标结果公示。评标结果应当一次性公示，公示期不得少于 3 日。

机电产品国际招标项目采用最低评标价法评标的，《评标结果公示表》中的内容包括中标候选人排名、投标人及制造商名称、评标价格和评议情况等。每个投标人的评议情况应当按商务、技术和价格评议三个方面在《评标结果公示表》中分别填写，填写的内容应当明确说明招标文件的要求和投标人的响应内容。对一般商务和技术条款（参数）偏离进行价格调整的，在评标结果公示时，招标人或招标机构应当明确公示价格调整的依据、计算方法、投标文件偏离内容及相应的调整金额。

机电产品国际招标项目采用综合评价法评标的，《评标结果公示表》中的内容包括中标候选人排名、投标人及制造商名称、综合评价值、商务、技术、价格、服务等大类评价项目的评价值和评议情况等。每个投标人的评议情况应当明确说明招标文件的要求和投标人的响应内容。

依法必须进行招标的机电产品国际招标项目,投标人或者其他利害关系人对评标结果有异议的,应当于公示期内向招标人或招标机构提出,并上传中国国际招标网。招标人或招标机构应当在收到异议之日起3日内作出答复,并将答复内容上传中国国际招标网;作出答复前,应当暂停招标投标活动。

5.8 货物项目采购案例

5.8.1 招标项目简介

M厂二期工程是我国重点建设项目之一,建设项目规模为年产100万吨氧化铝,分两期建设,计划20××年建成投产后,成为我国重要的氧化铝生产基地。工程采用烧结法和拜尔联合生产工艺,其中拜尔法高压熔出工艺是从法国引进的技术。

决定进行招标的设备为高压容器,共计6种47台,要求交货期为20××年。高压容器属非标准设备,其中16台压煮器的制造工艺复杂,国内仅有少数专业化公司才有能力制造,所以本工程采用邀请招标方式确定供货商。

5.8.2 招标工作的主要内容

1. 招标准备阶段

(1)委托招标代理机构。由M厂出具委托书,委托N单位共同组织压力容器招标工作。

(2)组建招标工作小组和领导小组。招标工作小组由M厂和N单位的7人组成,负责研究制定招标工作计划并予以实施。招标领导小组主要的任务是审定招标文件、标底和最终确定中标人。

(3)申请公证。本次招标为使各投标单位都能在平等的地位上进行竞争,向××市公证处申请了公证。××市公证处两名公证员对招标全过程以及招标的全部文件实施了法律监督。招标结束后出具了公证书。

(4)招标技术交底会。由于这批容器技术要求高,制造难度大,因此事先在行业内对有关单位做了调查,最后选定13家有制造条件且质量信誉高的厂商作为初选的邀请投标人参加技术交底会。开会的目的是通过技术交底使投标人及早了解招标设备的情况,有充分时间考虑自身的投标能力;同时,招标工作小组和P设计院也能通过会议适时地听取制造厂家的意见,以便在招标文件的编制和图纸转化过程中予以考虑。会上,P设计院根据初步设计图纸向各厂商介绍了M厂二期工程的工艺流程、各种招标压力容器的技术参数、技术要求和制造说明。工作组对各厂的概况进行了初步调查,着重了解各单位是否持有劳动人事部门颁发的压力容器制造许可证,厚钢板的卷板机以及大型厚壁封头的制造、退火等设备情况。

(5)编制招标文件。编制招标文件时,参照了国内外通用的招标文件,并根据实际需要进行了适当的删减和修正。其中的合同条款则参照机电设备采购合同惯例来拟定,兼顾了招标人和投标人双方的利益。

编制招标文件时,除仔细推敲各条款外,对确定的"标的"也进行了认真分析。拟招标的47台压力容器外径、壁厚各不相同,基本要求不等。壁厚容器必须有大型设备才能加工制造,大直径的容器又必须在现场加工制造,而有些企业由于设备、技术基本能力的限制,不能承担全部47台设备的供货任务,但可以承接其中一部分。为了使更多的企业有机会参加竞争,发挥投标人各自的优势,将6种47台压力容器按类别、加工特点、壁厚、压力等分成3个标进行招标。

(6) 计算标底。本次招标的标底由M厂、P设计院及其他单位人员共同参与编制。标底是评标工作的主要依据。而制订标底要做到准确,就必须充分掌握机电产品价格信息。压力容器属非标准设备,没有现成的价格。制订标底前,首先作了大量的调查工作,收集资料,掌握了压力容器价格估算方法和计价时应考虑的因素,以及近几年压力容器的价格信息。最后采用统一的计算方法,计算得出了标底方案。标底包括两个内容,一是标底价格,二是投标价格上限数,亦即需方能够接受的最高限额。标底经领导小组审定确认后,密封并交给公证员保存。从投标结果看,指定的三个标底都分别介于三个标的最高和最低报价之间,说明这些标底是合理的。

2. 招标投标阶段

(1) 发投标邀请函,出售招标文件。根据技术交底会对各单位情况的了解以及有关调查结果,招标工作小组最后向11个单位发出了投标邀请函,正式邀请他们参加本工程设备采购的投标。收到投标邀请函后,各单位分别在邀请函规定的时间内购买了招标文件。

(2) 组建评标小组。为确保评标工作的严肃性、权威性和公正性,招标工作小组精心安排了评标小组的人员构成。评标小组由9人组成,除邀请与招标工作有关的各方面人员参加外,特聘请焊接压力容器方面的3名专家以及××银行投资部1人。评标时评标小组全体成员修改并通过了由工作小组拟订的评标原则、程序及方法,并以此为依据进行工作。公证人员据此实施监督。

(3) 编制和递交投标文件。在招标文件规定的投标截止日期之前,共有10个单位递交了投标文件。

3. 决标成交阶段

(1) 开标

招标工作小组于招标文件规定的日期、地点组织召开了开标会议,设备需方、招标代理机构、××市公证处、各投标人、评标小组、有关主管部门及其他有关单位代表、报社记者等约200人出席了大会。会上按投标顺序依次开标宣读各单位的主要报价,并写在大张排表上,便于与会人抄录、监督和比较。同时,作开标记录(如表5-8),存档备查。整个开标过程由××市公证处实施了公正监督。

(2) 评标

评标前由招标工作小组负责对全部投标文件进行初审,初审内容为:
① 投标人资格证明文件是否齐全、合格,如营业执照、压力容器制造许可证等;
② 投标文件的内容、格式是否符合招标文件要求;
③ 投标文件是否齐全;
④ 投标文件以及对投标文件的补充修正是否都有授权代表的签字;
⑤ 价格计算是否有误;

⑥ 依照标底和投标上限价，对投标文件进行初选。

表 5-8 M 厂二期工程压力容器开标记录　　　　　　（单位：万元）

投标单位	标上编号					
	×××－A		×××－B		×××－C	
	吨价	总价	吨价	总价	吨价	总价
辽宁锦西化机厂	0.365	600.425			0.312	60.473
中国石油化工设备成套公司	0.410	675.58	0.563	60.2	0.319	61.874
中国通用成套公司	0.504	829.58	0.42	44.74	0.38	73.6
大连造船厂	0.506	831.75				
南华公司	0.580	955				
衡阳有色机械厂	0.608	1000.98	0.498	53.35	0.533	103.41
太原重型机器厂	1.8	3042			1.60	310
山西永济化工机械厂			0.363	39.06	0.393	76.165
沈阳有色冶金机械厂			0.494	52.8	0.454	87.85
国营 404 厂					0.567	107.97

初审结果由工作小组向评标小组详细汇报。

评标小组本着严肃、公正、公平的原则，在招标工作小组的配合下，对通过初审的各单位的报价、措施方案、交货期、制造经验、质量信誉、企业装备等内容进行讨论、评议和比较。在评标过程中，还邀请了中国石油化工设备成套公司、山西永济化工机械厂两个单位对他们的投标文件进行答疑。经过充分讨论、比较，采取无记名投票的方式排出投标人的名次，并推荐排名第一位的单位为中标人。最后，将评议情况和投标结果写成书面材料。

（3）决标

评标工作结束后，由领导小组进行决标。领导小组听取了评标小组的汇报后，对推荐方案进一步作认真细心的讨论，最后批准了评标小组的建议，写出决标书，确定了中标单位。如表 5-9 所示。

表 5-9 中标单位和中标价格

标段划分	中标单位	中标价格（万元）
A 标	中国石油化工设备成套公司	675.58
B 标	山西永济化工机械厂	39.60
C 标	中国石油化工设备成套公司	61.874

中国石油化工设备成套公司以其投标报价低、制造厂质量信誉高，战胜了竞争对手，夺得了 A、C 两个主要标。该公司组织了兰州石油化工机械厂和金州重机厂联合承包，他们是国内制造各类压力容器的知名厂家。在报价上，该公司虽排在第二位，但由于报价最低单位的投标文件中有不符合国家关于制造压力容器的有关规定，在最终资格评审时，被取消了资格。中国石油化工设备成套公司以质优价廉的绝对优势获胜。

山西永济化工机械厂夺得 B 标，该厂规模不大，但能生产中等壁厚的压力容器。除了价格最低外，因厂址靠近M厂，运输距离近，制作大型内蒸槽时可以在本厂加工后经公路运至现场，不需组织队伍去现场制造，故受到买方欢迎。

（4）签订合同

招标工作小组向中标人提出中标通知。同时，M厂和招标小组共同组织召开了落标单位座谈会，会上向各单位介绍了评标结果，感谢他们对招标工作的支持，并听取各单位对招标工作的意见。最后，买方与中标人在招标文件规定的日期和地点举行了合同签字仪式。

5.8.3　招标文件样本

M厂二期工程压力容器招标文件的主要内容如下。

标书编号：××××

目录

第一部分　招标内容及要求

第二部分　投标人须知

第三部分　投标书格式

第四部分　投标数量及报价格式

第五部分　合同条款

附件

1. 压力容器制造说明及技术要求
2. 设计图（7张）（略）
3. 焊条、焊丝、焊剂明细表（略）
4. 进口钢板及封头明细表（略）
5. 压煮器加热装置管束直明细表（略）

第一部分　招标内容及要求

招标机构受M厂（以下简称需方）委托，共同组织M厂二期工程高压熔出系统的二类18台压力容器（引进法国××公司的技术，由P设计院提供制造图）进行招标。

1. 标书编号：××××××

2. 招标内容

（1）见压力容器明细表。

（2）压力容器制造说明及技术要求。

3. 要求和说明

（1）以上二类18台需成套投标，否则无效。

（2）投标人可以联合协作单位共同制造，但协作内容和协作单位必须在投标文件中写明。

（3）以上二类18台设备的封头毛坯全部由需方引进，按核定的数量无偿提供给需要者（供方）。具体交接方式见合同条款。

（4）以上二类18台设备主体所需钢板、钢管以及制造所需焊条焊丝、焊剂全部由需方引进，按核定的数量无偿提供给供方。具体交接方式见合同条款。其他材料由供方自己解决。

（5）如供方认为核定的钢板、钢管及焊接材料数量不能满足制造需要，需方可在备用数量内有偿提供给供方。

（6）压煮器退火用的支撑因暂时缺图，计价时可不包括，待施工图提供后，供需双方另议。

（7）交货方式：由供方代办托运。

（8）到货地点：地址从略。

(9) 要求交货期：见明细表。

表　技术参数一览表

序号	设备名称	主要参数			需要量	质量（kg）		技术要求
		外径（mm）	壁厚（mm）	压力（kN）		单位质量	总质量	
1	压煮器	2800	62	52	16		1555	附件
	其中：壳体				16	82	1312	
	搅拌器				16	15	195	
	管束				16	3	48	
2	脉冲缓冲器				2		73	附件
	其中	2500	80	80	1	39	39	
		2500	52	52	1	34	34	
	总计				18		1628	

第二部分　投标人须知

1. 招标文件

(1) 招标文件包括目录所列 5 个部分及附件和 7 张设计图。

(2) 投标人应按招标文件的全部要求提供投标书和资料，否则投标书无效。

2. 招标文件的解释

(1) 招标人将于××××年××月××日（具体地点另外通知）公开对招标文件进行说明，并解答投标人所提出的问题。

(2) 投标人如对招标文件有疑问，可用信函、电报方式向招标人询问。但信函和电报最迟必须在开标日期前 15 天即××××年××月××日（具体地点另外通知）送达。对以后所有取得招标文件的投标人作第二次公开解答。

3. 招标文件的补充

(1) 招标人可以对招标文件用补充的方式进行修正，修正件必须在投标截止日期 5 天以前使投标人收到。

(2) 当对招标文件作较多补充修正时，为使投标人有充分时间按补充的文件修正投标文件，招标人可以推迟投标截止日期。

(3) 对招标文件的补充，应通知所有投标人。

4. 投标资格文件

投标人需作资格介绍，应将下列文件作为投标文件的一部分送交招标人。

(1) 生产厂或公司全称、性质、地址、电话、邮编、开户行、账号；

(2) 营业执照复印件；

(3) 压力容器生产许可证复印件；

(4) 法定代表人名称。

5. 关于投标书

(1) 投标人应按招标文件中所报供的投标书格式和投标数量及价格表格式逐项填写。

(2) 招标人不接受任何选择价，每项报价只能有一个不变价格。

(3) 投标书有效期：从招标人决定开标日期（包括推迟）30 天内，投标书保持有效。

(4) 投标书如有修改，应有代表人的签字。

6. 投标文件的组成

(1) 按第（4）项规定，提供证明投标人有合法的投标资格的文件。

(2) 投标书和投标数量及价格表。

(3) 投标人完成制造任务的设备能力、工艺方案和措施。

① 投标人制造高、中压力容器的历时，现有生产能力（吨/年），过去曾生产的具有代表性的压力容器产品名称、参数及使用单位；

② 重要设备的型号、参数以及制造厂生产日期（卷板机、锻造法兰接管锻件的退火炉、射线探伤设备、起重

设备);

③ 容器整体退火压煮器上下法兰间同心度和垂直加工方法和监测手段,接管法兰的整体锻造能力。

(4) 其他说明(投标人对招标文件中合同条款等规定有异议须作修改时,应在此项内说明)。

7. 投标文件份数

投标人须准备投标文件一式五份,分别标以正本、副本四份。如正本和副本之间有任何差别以正本为准。

8. 投标文件的密封和标记

(1) 投标人应分别把正本和副本投标文件用封套加以密封,并在封套上标明正本、副本。

(2) 封套上须写明

① 招标人;

② 招标人地址;

③ 标书编号:×××××;

④ 招标项目名称,M厂二期工程压力容器;

⑤ 投标人名称、地址、电话、邮编。

(3) 投标人需另备一份投标人投标资格文件[按第(4)项规定单独封签,并在投标时交招标人验证]。

9. 投标截止日期

投标文件必须在××××年××月××日上午××时至下午××时派人交到招标人所在地。

10. 投标文件的修补、补充和撤回

投标后若对投标文件有修改、补充或撤回必须在开标前两个小时内使招标人收到通知,并有法定代表人签字,否则以原标书为准。

经法定代表人正式签署的修改和补充文件组成投标文件内容的部分,份数和密封要求同投标文件一致。

11. 开标

招标人定于××日××时在××地开标。

12. 投标文件的解释

应评标小组的要求,投标人可对投标文件进行解释,但不能对实质性的内容加以修改。

13. 标书的评定

招标人邀请需方设计单位、设备总承包单位、××银行等单位及有关的技术、经济专家组成评标小组,对全部标书进行评定。评定结果由定标小组决标。

14. 中标的标准

(1) 标书基本符合招标文件的要求。

(2) 具有良好的执行合同的能力和条件。

(3) 报价对需方最有利。

(4) 保证质量,保证交货期,并提供最佳售后服务。

15. 中标的通知

招标人在开标后十日内通知中标人(以交出信函的邮戳为准),同时通知所有其他未中标人。

16. 签订合同

中标人在收到中标通知后十天以内,以投标文件为依据,前来与需方签订合同。如中标人不履行通知要求,拒绝签订合同,应按投标总价1%赔偿需方的损失。

第三部分 投标书格式

投标书

投标书编号:

我们收到了你们的××号招标文件。经详细研究,我们决定参加投标。

1. 愿按照招标文件中的条款及要求,提供×类×台压力容器。

2. 总标价为:(分别用大写和阿拉伯数字书写),明细见投标数量及价格表。

3. 如果我们的投标文件被接受,我们可以对招标文件规定的承制内容按期保质、保量完成交货。

4. 我们同意按照招标文件的规定,本投标书的有效期为开标后30天。如果中标,从开标直至合同生效的日期止,本投标书继续有效。

5. 我们同意提供招标人在招标文件中要求的所有资料。

6. 所有有关本标书的函电请寄到下列地点。

地址：

电话：

邮编：

投标人名称：

法定代表人签字：

职务：

第四部分　技术要求（略）

第五部分　合同条款

合同号：×××

根据××××号招标文件及中标人投标文件，M厂（以下简称需方）与中标人（以下简称供方）就压力容器加工制造问题，同意按下列条款签订本合同。

1. 供货范围

压力容器供货明细及数量如下：

容器技术要求按招标文件的规定和P设计院提供的制造图纸加工制造。

2. 关于加工制造图纸

（1）招标文件所附图纸是基本设计图纸，加工制造图纸将由P设计院提供。

（2）加工制造图纸一式六份。图纸的解释、修改权在P设计院，在制造过程中，供方如需修改和变更图纸，由供方直接与P设计院联系。经确认后由P设计院交出修改图纸和变更通知单给供方和需方。

3. 关于材料

（1）主体设备所需封头毛坯、钢板、钢管以及制造所需的焊条丝、焊剂由需方进口，按核定数量无偿提供给供方（附件）。需方于×月底前在港口或中转仓库内向供方交接以上几种材料，由供方组织交通，其运费由供方自理。越过核定数量，需方可在备用数量内提供给供方，其数量和价格由双方比照实际进口发生的费用在签订合同时商定。

（2）除进口材料外，其他材料均由供方自行解决。

（3）材料的代用，供方需事先征得P设计院的同意，并出具材料代用通知单。

4. 价格与支付

（1）各类压力容器单价和总价按招标文件所附基本设计图纸上每台设备质量计价，如加工图纸提供的质量与基本设计的图纸的质量不一样时，按以下办法处理：单设备质量（按净质量计）相差5%以内（含5%）时价格不动；超出±5%时，按每吨单价调整。

（2）设备劳检费、包装费、支撑费应计入设备价格，铁路发货保险、运杂费另计，不计入设备价格中。

（3）合同生效后一个月内需方付给供方合同总价15%的预付款，货到后（10天内）付给供方合同价的80%，预留的5%在设备质量保证期满后付清（设备质量保证期为从安装联动调试完毕算起六个月，但最长不得超过供方设备交货日期18个月）。

5. 交货条件

（1）交货期：按照招标文件第一部分压力容器明细表中要求的交货期交货，交货期以铁路运单戳记为准。如因加工制造图纸或进口材料、封头毛坯未按时提供，交货期相应顺延。

（2）由供方代办托运到站：××。

（3）供方对出厂的容器应按照《压力容器涂敷与运输包装》（NB/T 10558—2021）的规定执行。如由于包装支撑不当造成损坏或丢失，应由供方负责修复和补齐。

（4）设备交货应按《压力容器安全技术监察规程》的有关规定随时提供技术资料。

6. 质量与检查

（1）供方严格按照P设计院提供的加工制造图纸和有关技术要求进行生产和检验，确保产品质量。

（2）需方根据情况可派人或小组参加供方的设备出厂检查，供方于出厂检查前十天通知需方。这类检查并不代表安装调试阶段的检查,也不能解除供方在设备质量保证期内的责任。

(3) 需方检验小组(或个人)去供方检验时,供方应按《锅炉压力容器安全监察规程》的有关规定,提供有关技术资料。

(4) 对设备在质量保证期内出现的制造质量问题,供方应予保修、保换,费用由供方负责。如因需方保管不当造成的质量问题,供方也应负责修理,费用由需方负责。

7. 现场服务

(1) 设备在安装调试阶段,根据需方的要求,供方及时派出现场服务人员,对出现的质量问题进行处理。

(2) 如发现设备有缺损或不合格的零部件(属供方责任范围),供方应及时换补或修理。

(3) 需方应向供方现场服务人员提供食宿条件,其费用由供方自理。

8. 违约罚款

供方延期交货,应向需方偿付延期违约金,按单台设备价每日 0.3‰ 支付,但总金额不超过单台设备价的 5%,交货期延期不能超过 6 个月。

需方延期付款时(正当拒付者除外)应向供方偿付延期付款违约金,每日按托收金额的 0.3‰ 计算。

9. 合同生效及其他

(1) 供需双方签字加盖公章后,本合同即行生效。

(2) 合同在执行过程中出现未尽事宜,双方在不违背本合同招标文件的原则下进行友好协商,协商结果以"纪要"的形式为本合同的附件,与本合同有同等的效力。

(3) 下列文件均为本合同不可分割的部分:

① 投标书。

② 投标数量及价格表。

③ 压力容器明细表及技术要求图纸。

④ 合同条款。

供方:　　　　　　　　　　　需方:

法定代表人(签字)

第6章 建设工程总承包招标投标

6.1 工程总承包项目招标概述

6.1.1 工程总承包的含义

工程总承包模式是国际上运用广泛的工程承包模式，源于国际咨询工程师联合会（FIDIC）1995 年出版的《设计—建造和交钥匙（工程）合同条件》；1999 年出版的《生产设备和设计—建造合同条件》《EPC/交钥匙项目合同条件》；2007 年《设计—建造—运营合同条件》等国际工程总承包普遍使用的合同范本。

2011 年我国出版了《建设项目工程总承包合同示范文本》（GF－2011—0216）。2012 年出版了《标准设计施工总承包招标文件》。2020 年出版制定了《建设项目工程总承包合同（示范文本）》（GF－2020—0216）。2020 年 3 月 1 日住房城乡建设部、国家发展和改革委员会联合印发的《房屋建筑和市政基础设施项目工程总承包管理办法》生效以来，工程总承包模式已成为我国在公路、水利、电力、市政等多行业工程建设领域大力推广主要模式之一。

《住房城乡建设部关于进一步推进工程总承包发展的若干意见》（建市〔2016〕93 号）文指出："工程总承包是指从事工程总承包的企业按照与建设单位签订的合同，对工程项目的设计、采购、施工等实行全过程的承包，并对工程的质量、安全、工期、造价全面负责的承包方式。工程总承包一般采用设计—采购—施工总承包或者设计—施工总承包模式。建设单位也可以根据项目特点和实际需要。按照风险合理分担原则和承包工作内容采用其他工程总承包模式。

6.1.2 工程总承包的常用模式

工程总承包项目根据合同约定包含勘察、设计、采购、施工、试运行、运营等全部或部分内容，常用的工程总承包模式如下。

1. 设计—采购—施工/交钥匙总承包 (E＋P＋C)

设计采购施工总承包（EPC），即 Engineering（设计）、Procurement（采购）、Construction（施工），是指工程总承包企业按照合同约定，承担工程项目的设计、采购、施工、试运行服务等工作，并对承包工程的质量、安全、工期、造价全面负责，是总承包模式中最主要的一种。

2. 设计＋施工总承包（D＋B）

指工程总承包企业按照合同约定，承担工程项目设计和施工任务，并对承包工程的质量、安全、工期、造价全面负责。也是总承包模式中主要的一种。

3. 设计采购与施工管理总承包模式（E＋P＋CM）

设计采购与施工管理总承包（EPCM），即 Engineering（设计）、Procurement（采购）、Construcion management（施工管理）的组合，是国际建筑市场较为通行的项目支付与管理模式之一。EPCM 承包商是通过业主委托或招标而确定的，承包商与业主直接签订合同，对工程的设计、材料设备供应、施工管理进行全面的负责。根据业主提出的投资意图和要求，通过招标为业主选择、推荐最合适的分包商来完成设计、采购、施工任务。设计、采购分包商对 EPCM 承包商负责，而施工分包商则不与 EPCM 承包商签订合同，但其接受 EPCM 承包商的管理，施工分包商直接与业主具有合同关系。因此，EPCM 承包商无须承担施工合同风险和经济风险。当 EPCM 总承包模式实施一次性总报价方式支付时，EPCM 承包商的经济风险被控制在一定的范围内，承包商承担的经济风险相对较小，获利较为稳定。

4. 设计—采购总承包（E＋P）

指工程总承包企业承担工程项目设计和设备材料的采购工作，并对承包工程设计、采购质量负责。

5. 采购—施工总承包（P＋C）

指工程总承包企业承担工程项目的采购和施工，并对承包工程的质量、安全、工期、造价全面负责。

6. 建设—运营—移交总承包（B＋O＋T）

指具有投融资能力的工程总承包商，对项目的勘察（或有）、设计（或有）、采购、施工、试运行实现工程总承包，项目竣工后按合同运营维护项目，特许经营期满后移交业主，业主按合同约定支付总承包商项目投资及利息、利润。

6.1.3 工程总承包模式的优点

（1）减少项目实施责任主体，几种工程总承包模式都在一定层次上减少了项目实施主体。一方面有利于追究工程质量责任和确定工程质量责任的承担人。另一方面有利于业主把精力侧重于项目前期决策。

（2）EPC、DB、EP 等模式强调和发挥设计在整个工程建设中的主导作用。有利于工程项目建设整体方案的优化。

（3）有效克服设计、采购、施工相互制约和相互脱节的矛盾，有利于设计、采购、施工各阶段工作的合理衔接，实现建设项目的进度、成本和质量控制符合建设工程承包合同约定。

（4）总承包方式确保获得更好的投资效益，有助于承包方进行设计优化推动，通过合同约定双方共同分享优化收益。

（5）相比设计、施工独立招标，业主可以更有效转移建设风险给总承包人。

6.2 工程总承包招标方案

6.2.1 工程总承包项目的特征和需求分析

编制工程总承包招标方案应当首先研究、分析、把握以下影响和制约项目主要特征和需求目标的相关因素。

1. 工程总承包项目的特征

（1）工程建设项目的基本特征
（2）工程建设项目的总承包模式选择和项目内容
（3）工程外部条件
（4）工程的行业和规模
（5）工程质量控制要求
（6）工程造价控制要求
（7）工程工期进度要求
（8）工程安全、环境管理要求
（9）其他要求

2. 工程总承包项目需求分析

工程总承包项目需求视业主选择的模式确定，具体内容主要包括：

（1）勘察方案

初勘可验证工程选址的正确性；详勘为设计提供地基的详细物理、力学指标，为工程设计和施工提供依据。

（2）设计方案

重大项目和特殊项目采用三阶段设计：方案设计、初步设计、施工图设计。可以选择全部或部分设计放入总承包项目中。最常见的是将施工图设计纳入工程总承包合同。

（3）材料、设备采购
（4）建筑项目施工
（5）设备安装工程
（6）生产设备调试与试运营
（7）运营

根据业主对总承包项目的需要确定总承包的模式，模式划分详见"6.1.2 工程总承包的常用模式"。

6.2.2 工程总承包招标方式

1. 工程总承包招标的方式与流程

按照竞争开放的程度，分为公开招标与邀请招标两种方式。招标项目应依据法律规定的条件，结合招标项目需要的技术、管理特点以及市场竞争供应的状态，选择合适的招标方式。图6-1为工程总承包招标的基本流程。

第6章 建设工程总承包招标投标

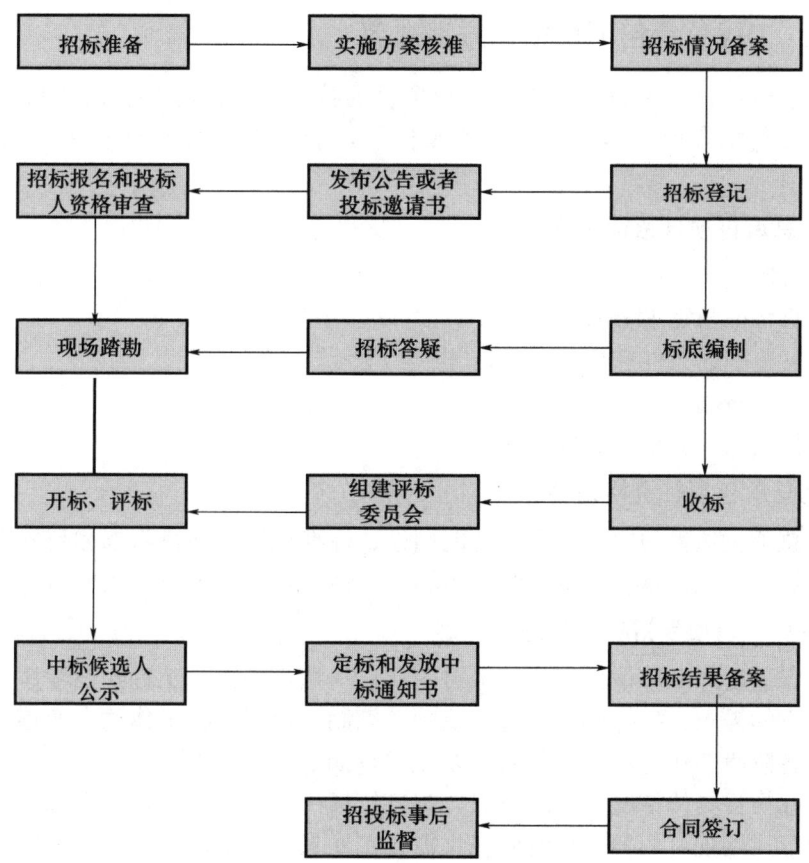

图 6-1 工程总承包招标的基本流程

2. 招标组织形式

（1）自行招标

《招标投标法》第十二条规定："招标人具有编制招标文件和组织评标能力的，可以自行办理招标事宜。"

（2）委托招标

《招标投标法》第十二条规定："招标人有权自行选择招标代理机构，委托其办理招标事宜。"

3. 招标方式选择

（1）公开招标

公开招标是政府采购的主要采购方式，是指采购人按照法定程序，通过发布招标公告，邀请所有潜在的不特定的供应商参加投标，采购人通过某种事先确定的标准，从所有投标供应商中择优评选出中标供应商。

（2）邀请招标

邀请招标也称选择性招标，是由采购人根据供应商或承包商的资信和业绩，选择一定数目的法人或其他组织（不能少于3家），向其发出投标邀请书，邀请他们参加投标竞争。

6.2.3 工程总承包项目招标方案内容

工程总承包项目招标方案应依据工程项目的技术、经济特征和需求目标进行策划和编写，应当科学合理，具有可行性和操作性，能够有效指导项目招标工作的组织实施。

1. 工程总承包项目招标方案内容

（1）项目概况；
（2）项目特征与需求分析；
（3）招标范围、条件和招标方式；
（4）合同标段划分；
（5）项目质量、安全、进度需求。

2. 工程总承包项目资格条件

应根据总承包项目的内容范围、功能用途、标准规模、项目需求和技术管理特点以及资质标准规定的工程承包范围，结合市场竞争情况合理设定投标人资质条件。

3. 工程总承包项目招标工作进度计划

招标工作进度计划应该依据招标项目的特点、招标条件、工程建设程序和总体进度计划、招标人的需求、招标必需的时间及顺序编制，包括招标工作的专业性与规范性要求以及招标各阶段工作内容、工作时间及完成日期等目标要求。

根据招标项目具体情况和需求特点，制订招标工作进度计划，可以以表格、横道图或网络图的形式展现。招标工作时间安排需特别注意法律法规对某些工作时间的强制性要求，并应充分考虑各项工作衔接对进度的影响因素。

具体需要在招标工作进度计划中明确的时间包括：编写资格预审文件、刊登资格预审公告或招标公告、发售资格预审文件、递交资格预审申请文件、组织资格评审并确定合格投标人、编写招标文件、发售招标文件、递交投标文件、组织开标、评标、公示评标结果、处理异议与投诉、发中标通知书和合同签订等工作需要的时间和完成节点要求。

实践中，大型工程建设项目通常制订了整个工程建设项目的实施计划。因此，在制订某个项目招标方案的工作进度计划时，应以整个工程建设项目的实施计划为指导和约束依据，以避免因某一次招标工作滞后而导致整个项目的工期延误。

6.3 资格审查

6.3.1 资格审查分类

1. 资格预审

《中华人民共和国招标投标法实施条例》第十五条规定："招标人采用资格预审办法对潜在投标人进行资格审查的，应当发布资格预审公告、编制资格预审文件。"

资格预审可采取合格制和有限数量制两种方式。大中型、复杂项目多采用合格制预审模式。项目工艺和方案较简单，投标人较多的项目宜采用有限数量制预审模式。

2. 资格后审

《中华人民共和国招标投标法实施条例》第二十条规定"招标人采用资格后审办法对投标人进行资格审查的，应当在开标后由评标委员会按照招标文件规定的标准和方法对投标人的资格进行审查。"

采用资格后审的项目主要有：
(1) 项目规模较小的项目；
(2) 投标人数量不多的项目；
(3) 邀请招标的项目。

3. 常见地方政府规定

《江苏省房屋建筑和市政基础设施项目工程总承包招标投标导则》规定：工程承包项目可以采用合格制资格预审，或者资格后审，不得采用有限数量制的资格预审；《福建省房屋建筑和市政基础设施项目工程总承包招标投标管理办法》规定：依法必须公开招标的项目，应当采用资格后审方式，等等。

6.3.2 对投标人资格条件的审查

1. 投标人企业资质条件设定

工程总承包企业资质确定根据工程总承包模式的不同进行设定，应当具有与工程规模相适应的工程设计资质和施工资质，或者由具有相应资质的设计单位和施工单位组成联合体。

取得施工总承包资质的企业（以下简称施工总承包企业），可以承接施工总承包工程。施工总承包企业可以对所承接的施工总承包工程内各专业工程全部自行施工，也可以将专业工程或劳务作业依法分包给具有相应资质的专业承包企业或施工劳务企业，施工总承包企业依法分包专业工程的，除总承包合同约定的分包外，必须经发包单位审核认可。同时取得施工总承包资质的企业，可以从事资质证书许可范围内的相应工程总承包和工程项目管理业务。施工总承包资质专业和等级划分见表6-1。

表6-1 施工总承包资质专业和等级划分表

施工总承包资质类别	类别数量	等级划分
建筑工程、公路工程、铁路工程、港口与航道工程、水利水电工程、电力工程、矿山工程、冶金工程、石油化工工程、市政公用工程	10	特级、一级、二级、三级
通信工程、机电工程	2	一级、二级、三级

将建筑业企业资质分为施工综合资质、施工总承包资质、专业承包资质和专业作业资质4个序列。其中施工综合资质不分类别和等级；施工总承包资质设有13个类别，分为2个等级（甲级、乙级），详见表6-2。

表 6-2 新旧资质对照表

现行资质	2022 年征求意见稿
建筑工程施工总承包资质	房屋建筑工程施工总承包资质
公路工程施工总承包资质	公路工程施工总承包资质
铁路工程施工总承包资质	铁路工程施工总承包资质
港口与航道工程施工总承包资质	港口与航道工程施工总承包资质
水利水电工程施工总承包资质	水利水电工程施工总承包资质
电力工程施工总承包资质	电力工程施工总承包资质
矿山工程施工总承包资质	矿山工程施工总承包资质
冶金工程施工总承包资质	冶炼工程施工总承包资质
石油化工工程施工总承包资质	化工石油工程施工总承包资质
市政公用工程施工总承包资质	市政公用工程施工总承包资质
通信工程施工总承包资质	通信工程施工总承包资质
机电工程施工总承包资质	机电安装工程施工总承包资质
	民航工程施工总承包资质

《工程设计资质标准（征求意见稿）》中，工程设计资质分为工程设计综合资质、工程设计行业资质、工程设计专业资质、建筑工程设计事务所资质 4 个序列。工程设计综合资质是指涵盖所有行业、专业和事务所的工程设计资质，不分类别、等级。工程设计行业资质是指涵盖某个行业中的全部专业的工程设计资质，设有 14 个类别和甲级、乙级（部分资质只设甲级）。工程设计专业资质是指某个行业资质标准中的某个专业的工程设计资质，其中包括可在各行业内通用，且可独立进行技术设计的通用专业工程设计资质，设有 67 个类别和甲级、乙级（部分资质只设甲级）。建筑工程设计事务所资质是指由专业设计人员依法成立，从事建筑工程专业设计业务的工程设计资质，设有 3 个类别，不分等级。

2. 对投标人资质条件的设定

招标人应根据招标工程的性质、规模、技术特点、工程内容等因素，结合资质标准规定的工程承包范围合理设定投标人资质条件。设定的投标人资质条件不得低于资质标准规定的工程承包范围，但设定的资质条件也不宜过高，否则属于排斥或限制潜在投标人的情形。

房屋建筑和市政基础设施项目工程总承包单位应当同时具有与工程规模相适应的工程设计资质和施工资质，或者由具有相应资质的设计单位和施工单位组成联合体。工程总承包单位应当具有相应的项目管理体系和项目管理能力、财务和风险承担能力，以及与发包工程相类似的设计、施工或者工程总承包业绩。设计单位和施工单位组成联合体的，应当根据项目的特点和复杂程度，合理确定牵头单位，并在联合体协议中明确联合体成员单位的责任和权利。联合体各方应当共同与建设单位签订工程总承包合同，就工程总承包项目承担连带责任。

6.3.3 对投标人类似项目业绩和能力的审查

招标人应对投标人完成类似项目的规模、质量和数量等反映其是否具有承接招标项目施工的经验能力进行审查。招标人可要求投标人提供证明这些类似项目情况的中标通知书、合同协议书或工程竣工验收证明文件等资料。需要注意的是，对于依法必须招标的项目，不能要求特定行政区域或特定行业的类似项目业绩作为资格审查条件、评审加分条件或者中标条件。规模较大的工程总承包招标项目，还应考察其已经承接的正在施工工程的规模和数量，以了解投标人可以调动的剩余施工资源，从而反映其是否具备承担该招标工程的能力。

6.3.4 对投标人可投入的技术和管理人员的审查

招标人应对投标人可投入招标项目的主要技术管理人员，包括项目经理、施工管理、技术质量管理、安全管理、合同管理、环保管理以及设备、材料管理的负责人进行审查。

招标人应根据招标项目的技术管理要求设定项目技术管理人员的任职条件：专业技术职业资格、技术职务以及已经完成的类似项目业绩条件，项目经理一般应提供工作简历、身份证明、建造师执业资格、专业技术职称、安全生产考核合格、完成类似项目业绩、目前工作岗位、行政或技术职务等身份和工作能力的证明材料。

6.3.5 对投标人财务状况、可投入设备的审查

（1）招标人应对投标人在一定时期内财务状况进行审核。评审财务状况的主要目的：一是投标人处于正常经营状态，不会濒临破产；二是能够为施工提供足够的生产流动资金。因此资格审查时，应分析和判断投标人的净资产、获利能力、偿债能力等财务指标。

需要注意的是，《建筑业企业资质标准》（建市〔2014〕159号）取消了注册资本金要求，提高了对企业净资产的要求，取消了根据注册资本金确定资质等级标准和划定承包范围的规定。

（2）招标人对投标人的可投入设备审查，主要指投标人现有的设备能力，以及可投入施工设备的来源、规格（型号、容量）、数量、制造年份、现值、功率、工况、所在地、可到达项目现场时间等，可以评定其是否具有完成招标项目的设备能力。例如，为土石方开挖工程配备的挖、装、运设备，彼此是否匹配，在容量与数量上能否满足规定的施工强度要求等。

6.3.6 对投标人信誉以及限制情形的审查

（1）投标人信誉是指投标人履行合同的市场信誉情况和银行资信状况。投标人应按资格审查要求提供指定年份经营活动中发生的工程重大安全和质量事故（明确事故性质、范围、级别）、违法犯罪行为记录（明确犯罪类别和量刑）及有关行政处罚（明确处罚主体和处罚种类）等相关情况的声明和证明材料，包括法院或仲裁机构作出的判决、裁决，行政机关的处罚决定等法律文书；银行在规定期限内出具的资信状

况证明。招标人可以要求投标人提交一定时期内达到一定涉案金额的诉讼和仲裁案件，其中对诉讼和仲裁事件应根据招标项目的特点和履行合同的需要，在招标文件中载明。

招标人还可以谨慎运用国务院或全国相关行业组织评选或授予的至今仍有效且与招标项目有关的企业奖项、重合同守信用企业、高科技企业等自设的投标人主体资格，但依法必须进行招标的项目不得以特定行政区域或者特定行业的奖项作为投标资格和评分条件。

（2）招标人应根据国家有关法律法规，为确保施工招标的公平公正，应对投标人提出一定的限制和回避要求。招标人可根据《中华人民共和国招标投标法》及其实施条例，《标准施工招标文件》有关规定，在招标文件中明确规定投标人不得存在的情形。

6.4 招标文件

招标文件既是投标人编制投标文件的依据，又是发包人与中标单位签订合同的基础。编制招标文件是一项十分重要而又非常烦琐的工作，应有有关专家参加，必要时还要聘请咨询专家参加。

6.4.1 招标文件的特点

（1）工程总承包项目涉及的专业内容比较广泛，包含设计、勘察、施工、采购、运营全部或部分内容，且每个招标项目均具有一定的个性特点；

（2）工程总承包项目要求的资质条件应包含工程项目包含的各专业和各项目内容；

（3）工程总承包项目合同约定应覆盖项目所包含的设计、施工、运营等各方面专业内容；

（4）编写项目招标文件的人员，需要具有较强的专业知识和一定的实践经验，并与招标人充分沟通，细化形成招标文件。

6.4.2 招标文件的编制原则

其主要程序为：确定招标方式→编制招标文件→发布招标公告→发售招标文件→组织现场踏勘和答疑→开标→评标→发布项目预中标公告→发放中标通知书→签订合同。其中编制招标文件是招标工作的源头，也是最为关键的环节。

招标文件的编制应遵循"合法、公正、科学、严谨"的原则。

6.4.3 招标文件的内容

编写工程总承包招标文件通常采用《标准设计施工总承包招标文件》（2012年版）。共包含封面格式和三卷七章的内容，具体内容如下：

1. 第一卷

（1）第一章招标公告（未进行资格预审）；

（2）第一章投标邀请书（适用于邀请招标）；

(3) 第一章投标邀请书（代资格预审通过通知书）；
(4) 第二章投标人须知；
(5) 第三章评标办法（综合评估法）；
(6) 第三章评标办法（经评审的最低投标价法）；
(7) 第四章合同条款及格式。

2. 第二卷

(1) 第五章发包人要求；
(2) 第六章发包人提供的资料。

3. 第三卷

第七章投标文件格式。

6.5 投标文件

6.5.1 投标文件的组成

指投标人应招标文件要求编制的响应性文件，一般包含商务部分、技术部分、报价部分。

商务部分包含公司资质，公司情况介绍等一系列内容，同时还包含招标文件要求提供的其他文件等相关内容，包括公司的业绩和各种证件、报告等。技术部分包括工程的描述、设计和施工方案等技术方案，人员配置、图纸、表格和技术相关的资料等。价格部分包括投标报价说明、投标总价、工程量清单、主要材料价格表等。

6.5.2 投标文件的内容

根据《标准设计施工总承包招标文件》（2012年版）的规定，工程施工项目投标文件一般包括下列内容：(1) 投标函及投标函附录；(2) 法定代表人身份证明；(3) 联合体协议书；(4) 投标保证金；(5) 价格清单；(6) 承包人建议书；(7) 承包人实施计划；(8) 资格审查资料；(9) 其他材料。

6.6 开标与评标

开标是招标投标活动中公开原则的重要体现。招标人应当在投标截止时间的同一时间和招标文件规定的开标地点组织公开开标，公布投标人名称、投标报价以及招标文件规定的其他唱标内容，并将相关情况记录在案，使招标投标当事人了解、确认并监督各投标文件的关键信息。开标是招标投标活动中公开原则的重要体现。

6.6.1 开标

招标人应准备好开标资料，如开标记录表、标底文件（如有）、投标文件接收登记表、签收凭证等。招标人还应准备相关法律法规、招标文件及其文件保管箱等以备用。

招标人和参与开标会议的有关工作人员应按时到达开标现场,包括主持人、开标人、唱标人、记录人、监标人等。由招标人或代理机构委托人按招标文件规定的开标程序进行开标。

6.6.2 评标委员会

评标委员会组成。依法必须进行招标的项目,评标委员会由招标人代表及技术、经济专家组成,成员人数为5人以上单数,其中技术和经济方面的专家不得少于三分之二。评标委员会中的招标人代表应熟悉招标项目的相关业务,能够胜任评标工作。招标人也可以授权招标代理机构的人员以招标人代表身份参加评标。

评标委员会在评标过程中,需要注意以下事项:

(1) 评标委员会的职责是按照招标文件中规定的评标标准和方法,对投标文件进行系统的评审和比较。评标委员会不得制订、完善和修改招标文件中已经公布的评标标准和方法。

(2) 评标委员会对招标文件规定的评标标准和方法产生疑义时,应当询问编制招标文件的招标人或招标代理机构,要求其依法公正解释。

(3) 评标委员会应对评标结果负责。招标人接收评标报告时,应核查评标委员会是否按照招标文件规定的评标标准和方法进行评标,是否有计算错误、签字是否齐全等内容。如果发现问题,评标委员会应及时更正。

(4) 评标委员会成员应该对评标过程严格保密,除依法公示评标结果外,不得私自泄露任何与评标相关的信息。评标结束后,评标委员会应将评标使用的各种文件资料、记录表、草稿纸交回招标人或招标代理机构。

6.6.3 评标

1. 国内评标制度

(1) 经评审的最低投标价法。

(2) 综合评估法。

综合评估法可采取明标或暗标模式。暗标模式:为保证公平、公正的原则,第一阶段先评审技术标(技术标为暗标),第二阶段再评审商务标和报价标。

(3) 法律、行政法规允许的其他评标方法。

2. 初步评审

初步评审分为形式评审、资格评审和响应性评审。采用经评审的最低投标价法时,初步评审的内容还包括对施工组织设计和项目管理机构的评审。形式评审、资格评审和响应性评审分别是对投标文件的外在形式、投标资格、投标文件是否响应招标文件实质性要求进行评审。

3. 详细评审

招标人应根据招标项目的规模、技术复杂程度、投标文件数量、评标标准和方法及评标需要完成的工作量,合理确定评标时间。在评标过程中,如果超过三分之一的评标委员会成员认为评标时间不够的，招标人应当适当延长评标时间。

评标一般应在开标后立即进行。机电产品国际招标项目的评标应在开标当日开始进行，特殊情况当天不能评标的，应将投标文件封存，最迟在开标后 48 小时内开始评标。

由招标人依法组建的评标委员会负责，评标委员会应当按照招标文件规定的评标标准和方法对投标文件进行评审。评标活动应当遵循公平、公正、科学、择优的原则。

招标人或招标代理机构应为评标委员会准备评标需要的相关资料。然后评标委员会依据法律法规、招标文件及其规定的评标标准和方法，对投标文件进行系统的评审和比较，招标文件没有规定的评标标准和方法，评标时不得采用。

6.7　定标与合同签订

6.7.1　定标

1. 评标委员会推荐模式

评标委员会按照招标文件的规定评定出中标候选人，确定中标人一般在评标结果公示期满，没有投标人或其他利害关系人提出异议和投诉，或异议和投诉已经妥善处理、双方再无争议时进行。

招标人应在评标委员会推荐的中标候选人中确定中标人。中标人的投标应当符合下列条件之一：①能够最大限度地满足招标文件中规定的各项综合评价标准；②能够满足招标文件的实质性要求，并且经评审的投标价格最低，但投标价格低于成本的除外。国有资金占控股或者主导地位的依法必须进行招标的项目，招标人应当确定排名第一的中标候选人为中标人。排名第一的中标候选人放弃中标、因不可抗力不能履行合同、不按照招标文件要求提交履约保证金，或者被查实存在影响中标结果的违法行为等情形，不符合中标条件的，招标人可以按照评标委员会提出的中标候选人名单排序依次确定其他中标候选人为中标人，也可以重新招标。

2. 评定分离模式

评定分离是指招标人在招标文件中明确评审规则和定标规则，由依法组建的评标委员会根据评审规则向招标人提出书面报告并推荐合格的定标候选人，招标人根据定标规则从合格的定标候选人中确定中标候选人。

常用的定标模式如下。

（1）排名定标法。根据评标委员会推荐的排名，确定排名第一的中标候选人中标，如排名第一的中标候选人放弃中标，则确定排名第二的中标候选人中标，依次类推。

（2）抽签定标法。此法由招投标人确定成交价格，投标人不竞价，在所有报名单位中，通过随机抽签方式确定中标人。优点：招投标程序简单，没有廉政风险和廉政压力。缺点：既不择优、又不竞价。建议：从敢于担当或对建设工程负责的角度出发，一般招投标项目不建议采用直接抽签定标法。

（3）价格竞争定标法。此法是指以投标价格作为定标主要依据的方法，具体方法由招投标人在招投标文件中加以约定。该方法可以引申出多种定标方法，比如最低投标价法、次低价法、第 N（事先约定的数字）低价法、平均值法等。优点：招投标程序较简单，有竞价。缺点：没有择优功能。建议：一些小型工程或技术简单工程可以采用，但不建议采用可能引发恶性竞价的价格竞争法（如最低价法），而平均值法或第 N 低价中标价会相对合理一些。

（4）票决定标法。此法是指招投标人组建定标委员会以直接票决或者逐轮票决等方式确定中标人的方法。直接票决有简单多数的一次票决法或两两比对排序法。优点：择优功能突出，具备一定的竞价功能。缺点：招投标人主要负责人的廉政压力和定标委员的廉政风险较大。建议：重大项目或技术复杂项目可以采用，一般项目慎用。

（5）票决抽签定标法。此法是指招投标人组建定标委员会以票决方式确定不少于3名投标人，再通过随机抽签方式确定中标人的方法。票决入围的投标人越多，择优功能越弱。优点：既能够进行适当竞价、相对择优，又没有较大的廉政风险和廉政压力。缺点：内控机制较好的招投标人能够实现择优与竞价有机结合，缺乏内控机制的招投标人既不体现竞价又有较大廉政风险。建议：一般招投标项目事先确定价格入围切线，再在入围投标人中进行择优。重大项目或技术复杂项目抬高价格入围切线，以择优为主。

（6）集体议事法。此法是指招投标人法定代表人或者主要负责人担任定标委员会组长，组建定标委员会进行集体商议，定标委员各自发表意见，最终由定标委员会组长确定中标人的定标方法。该方法实质是赋予招投标人法定代表人或者主要负责人个人定标权。优点：招投标人法定代表人或者主要负责人个人有定标权，既可以是择优也可以是竞价，还可以是择优与竞价的有机结合。缺点：招投标人法定代表人或者主要负责人个人廉政压力与廉政风险巨大。建议：招投标人如果没有完善的集体议事规则加以规避廉政风险、化解廉政压力，则不建议采用集体议事法。

6.7.2 合同签订

招标人在公示期满后向其确定的中标人发出的"中标通知书"的书面文件。发包人有接受和拒绝任何或所有投标的权利。对受影响的投标人不承担任何责任，也无义务向受影响的投标人解释采取这一行动的理由。

招标人和中标人应当在投标有效期内并在自中标通知书发出之日起三十日内，按照招标文件和中标人的投标文件订立书面合同，明确双方责任、权利和义务。合同的标的、价款、质量、履行期限等主要条款应当与招标文件和中标人的投标文件的内容一致。招标人和中标人不得再行订立背离合同实质性内容的其他协议。签订合同时，双方在不改变招标投标实质性内容的条件下，对非实质性差异的内容可以通过协商取得一致意见。招标文件要求中标人提交履约保证金的，中标人应当提交。

工程总承包合同文件一般由下列文件组成：

（1）合同协议书；
（2）中标通知书；

(3) 投标函及投标函附录；
(4) 专用合同条款；
(5) 通用合同条款；
(6) 技术标准和要求；
(7) 设计图纸；
(8) 已标价工程量清单；
(9) 其他合同文件。

上述合同文件应能互相补充和解释，如有不明确或不一致之处，以约定的优先次序为准。

6.8 工程总承包项目招标案例分析

6.8.1 项目概况

某市政道路提升改造工程一标段设计采购施工（EPC）总承包项目，西起东西大道以西，东至创远路以东，桩号为K0+000—K3+630，性质为城市快速路。全线采用隧道＋地面快速路型式，其中隧道全长约3.13km，车道规模为隧道双向4车道＋连续式紧急停车带，共设置3处平行匝道，地面为双向6车道。工程全线内容包括隧道工程、道路工程、桥梁工程、管网工程、景观绿化和其他配套附属工程等。

6.8.2 招标过程

2019年11月28日，招标方发布公开招标公告。

2019年12月30日上午10:00，在规定的投标截止时间前，有9家投标人按要求递交了投标文件，并参加了开标会议。

招标人依法组建了评标委员会，评标委员会由5人组成，其中，施工技术3人，建筑造价1人，业主代表1人。评审后推荐三名中标候选人。

2020年1月3日，招标人发布中标通知书给第一中标候选人。

总承包项目合同于2020年1月30日签订。

6.8.3 招标文件

1. 资格审查

采用资格后审方式组织本次招标投标活动。

2. 投标报价

本项目工程概算（含不可预见费）274660万元，中标单位报价为243721.65万元（概算下浮11.26%）。计划工期840日历天（包含设计工期），采用了工程量清单单价合同。为此，招标文件提供了工程量清单。

3. 评标标准与方法

采用综合评估法，评审标准分为初步评审标准和详细评审标准两部分。

(1) 初步评审标准

① 形式评审标准；

② 资格评审标准；

③ 响应性评审标准。

(2) 详细评审标准

评审对象为通过初步评审的有效投标文件。详细评审采用百分制打分的方法，小数点后保留两位，第三位四舍五入。技术方案采取暗标模式，先行评审技术方案。综合打分标准见表6-3。

表6-3 综合打分标准

评分因素	标准分	评分标准
承包人建议书	设计理念 (10分)	设计理念科学先进得10.00分 可行得4.00~8.00分 一般得0.01~4.00分 不可行或缺项0分
	工程详细说明 (10分)	对本项目应有较为详细的介绍，要从工程设计、施等各个环节把挖全面完善得10.00分 可行得4.00~8.00分 一般得0.01~4.00分 不可行或缺项0分
	设计图纸 (15分)	设计图纸是否完善、美观大方，是否能体现设计思路和建设要求
资信业绩评分	(3分)	投标人具备已承揽的工程造价在59347.55万元及以上或道路总长15.21kmEPC市政道路，每1条路得1分
投标报价	综合单价 (20分)	1. 有效报价：投标人通过资格审查、形式响应性评审且没有其他原因被否决，则投标人为有效，其报价为有效报价； 2. 评标基准价：所有有效报价（投标人超过7家时，去掉一个最高报价和一个最低报价后计算）的算术平均值作为评标基准； 3. 投标人总报价等于评标基准的，得20分； 4. 投标人总报价每比评标基准正偏差1%，减0.2分； 5. 投标人总报价每比评标基准负偏差1%，减0.1分； 6. 中间值按插入法计算。
承包人实施方案评分标准	(42分)	总体实施方案（10分） 质量控制措施要点（8分） 进度控制措施要点（8分） 安全控制措施要点（8分） 文明施工措施要点（含大气防治措施）（8分）

6.8.4 开标

2019年12月30日上午10：00，在规定的投标截止时间前，有9家投标人按要求递交了投标文件，并参加了开标会议。

6.8.5 评标

招标人依法组建了评标委员会，评标委员会由5人组成，其中，技术专家3人，造价专家1人,业主代表1人。评审后推荐3名中标候选人。

6.8.6 合同谈判与签订

中标人公示3天后,招标人发中标通知书给第一名中标候选人,双方在约定时间进行合同谈判,对合同中未明确项增加了条款"若无造价管理部门发布的正刊信息价的材料价格,则由发包人、承包人、审计单位、监理单位共同进行市场询价后确定价格,此价格不参与建安工程下浮……",随后进行了合同签约活动。

第 7 章 建设工程 PPP 项目招标采购

7.1 PPP 理论与发展

PPP（Public—Private Partnership）作为国际公认的市场参与公共资源配置的有效途径之一，在我国被译为"政府与社会资本合作模式"。《财政部关于推广运用政府和社会资本合作模式有关问题的通知》（财金〔2014〕76号）对 PPP 的定义为：政府和社会资本合作模式是在基础设施及公共服务领域建立的一种长期合作关系。通常模式是由社会资本承担设计、建设、运营、维护基础设施的大部分工作，并通过"使用者付费"及必要的"政府付费"获得合理投资回报；政府部门负责基础设施及公共服务价格和质量监管，以保证公共利益最大化。《国家发展改革委关于开展政府和社会资本合作的指导意见》（发改投资〔2014〕2724号）对 PPP 的定义为：政府和社会资本合作（PPP）模式是指政府为增强公共产品和服务供给能力、提高供给效率，通过特许经营、购买服务、股权合作等方式，与社会资本建立的利益共享、风险分担及长期合作关系。《关于在公共服务领域推广政府和社会资本合作模式的指导意见》（国办发〔2015〕42号）对 PPP 的定义为：政府和社会资本合作模式是公共服务供给机制的重大创新，即政府采取竞争性方式择优选择具有投资、运营管理能力的社会资本，双方按照平等协商原则订立合同，明确责权利关系，由社会资本提供公共服务，政府依据公共服务绩效评价结果向社会资本支付相应对价，保证社会资本获得合理收益。总的来说，PPP 就是政府和社会资本在基础设施和公共服务领域达成的合作关系，在合作中各有分工，合作双方共担风险，利益共享。

7.1.1 PPP 模式的特点

1. 稳定合作关系，共同合作发展

PPP 模式中政府与社会资本之间是一种合作关系，而不是管理关系、从属关系、命令关系乃至于对抗关系；合作关系强调地位平等，自愿有偿。二者共同目标：在某个具体的项目上，以最少的资金，合理利用资源，提供最多的产品，实现最优质的服务供给，社会资本实现自身利益的追求，公共部门实现公共福利和利益的追求。民生工程项目需要较多的投资，单凭政府的力量无法保证如期投产运营，与社会资本合作可以加快项目和基础设施事业的快速发展，有效解决政府财政紧缺的问题，从而保障项目建设的快速完成。

2. 降低合作风险，提高服务质量

政府和社会资本共同参与公共基础的建设和运营，政府与社会资本双方依照约定签订合同、共同合作经营，政府通过合同规定了社会资本应提供的服务类型与标准，合同各方在规定时间内都必须完成约定的义务，包括在预算范围内完成服务的项目，据此可以大大提高效率，降低项目风险，有效减少超工期、超预算等问题，使服务质量和服务水平得到有效保证。

3. 分配项目效益，实现利益共享

政府和社会资本以特许权协议为基础进行全程合作，双方共同对项目运行的整个周期负责。需要明确的是，PPP模式中政府方与社会资本之间并不仅仅是分享利润，还需要对社会资本可能获取的高额利润进行控制，不允许社会资本在PPP项目执行过程中获取暴利。其主要原因在于，任何PPP项目都具有一定的公益性或准公益性，不以利润最大化为目的，不得不合理地增加政府方债务或使公众/使用者承受负担。但无利可图的基础设施项目是吸引不到社会资本的投资的，采取PPP模式，政府可以给予社会资本相应的政策扶持或经济补助，如税收优惠等。通过实施这些政策可提高社会资本项目投资的积极性。与此同时，共享利益除了共享PPP的社会成果，还包括作为参与者的社会资本等取得的长期稳定的合作关系、投资回报。通过两者间的合作，互补管理，实现利益共享。

7.1.2 PPP项目的依据

加快公共产品的供给，解决不断加深的政府债务危机，PPP模式对打造大众创业、万众创新和增加公共产品供给起到了有力的促进作用。

1. 国家政策支持

增加公共产品的供给效率是我国发展PPP项目的主要目的之一，PPP项目为"一带一路"打开了通道，而加快公共产品的供给最终目的让社会大众受益，所以，我国的PPP模式绝不能直接照搬照抄国外的模式，需结合中国国情探索一条适合我国经济发展的PPP模式，我国发展PPP过程中需体现"公益性"三个字，政府和社会资本不能盲目一味地追求利润或者互相扯皮推卸责任，需要严格地以社会效益为导向，进行PPP项目的建设。

十八届三中全会"决定"中提到"推进城市建设管理创新，建立透明规范的城市建设投融资机制，允许地方政府通过发债等多种方式拓宽城市建设融资渠道，允许社会资本通过特许经营等方式参与城市基础设施投资和运营……"中央和地方陆续推出大量的PPP项目。为保障PPP项目的有序开展，国务院和中央各部委相继出台了多项政策性文件（如表7-1所示），为PPP项目的实施给予指导。

表7-1 国务院和中央有关部委颁布的PPP行政法规、部门规章、政策性文件

发布时间	发文单位	文件名称
2014.9	国务院	《国务院关于加强地方政府性债务管理的意见》（国发〔2014〕43号）
2014.11	国务院	《国务院关于创新重点领域投融资机制鼓励社会投资的指导意见》（国发〔2014〕60号）
2015.5	国务院	《国务院办公厅转发财政部发展改革委人民银行关于在公共服务领域推广政府和社会资本合作模式指导意见的通知》（国办发〔2015〕42号）

续表

发布时间	发文单位	文件名称
2019.7	国务院	《国务院办公厅关于加快推进社会信用体系建设构建以信用为基础的新型监管机制的指导意见》（国办发〔2019〕35号）
2014.9	财政部	《关于推广运用政府和社会资本合作模式有关问题的通知》（财金〔2014〕76号）
2014.11	财政部	《关于政府和社会资本合作示范项目实施有关问题的通知》（财金〔2014〕112号）
2014.12	财政部	《政府和社会资本合作项目政府采购管理办法》（财库〔2014〕215号）
2016.9	财政部	《政府和社会资本合作项目财政管理暂行办法》（财金〔2016〕92号）
2017.3	财政部	《政府和社会资本合作（PPP）咨询机构库管理暂行办法》（财金〔2017〕8号）
2017.11	财政部	《关于规范政府和社会资本合作（PPP）综合信息平台项目库管理的通知》（财办金〔2017〕92号）
2019.3	财政部	《财政部关于推进政府和社会资本合作规范发展的实施意见》（财金〔2019〕10号）
2020.3	财政部	《政府和社会资本合作（PPP）项目绩效管理操作指引》（财金〔2020〕13号）
2020.12	财政部	《〈政府会计准则第10号——政府和社会资本合作项目合同〉应用指南》（财会〔2020〕19号）
2021.12	财政部	《政府和社会资本合作（PPP）综合信息平台信息公开管理办法》（财金〔2021〕110号）
2014.5	发展改革委	《国家发展改革委关于发布首批基础设施等领域鼓励社会投资项目的通知》（发改基础〔2014〕981号）
2016.8	发展改革委	《国家发展改革委关于切实做好传统基础设施领域政府和社会资本合作有关工作的通知》（发改投资〔2016〕1744号）
2016.10	发展改革委	《国家发展改革委关于印发〈传统基础设施领域实施政府和社会资本合作项目工作导则〉的通知》（发改投资〔2016〕2231号）
2017.7	发展改革委	《国家发展改革委关于加快运用PPP模式盘活基础设施存量资产有关工作的通知》（发改投资〔2017〕1266号）
2019.6	发展改革委	《国家发展改革委关于依法依规加强PPP项目投资和建设管理的通知》（发改投资规〔2019〕1098号）
2015.4	六部门	《基础设施和公用事业特许经营管理办法》（六部委令第25号）

2. 各地积极开展

国务院、财政部、发展改革委等相继发布有关PPP模式政策指导意见，开启了地方PPP模式的总动员，政企合作模式起航。安徽省、江西省、河南省、河北省、江苏省、湖南省、广东省、贵州省、甘肃省、浙江省、辽宁省、北京市等根据财政部和发改委相关文件精神，陆续出台了有关PPP模式的地方性政策文件，各地区PPP项目日益增多。

根据国家发展改革委资料统计，2021年我国PPP审批类项目6974个，占比89%，总投资93932亿元；核准类项目442个，占比6%，总投资11563亿元；备案类项目394个，占比5%，总投资4320亿元。贵州PPP项目数量共计606个、总投资9429亿元，江西PPP项目数量共计549个、总投资5246亿元，广东PPP项目数量共计530个、总投资4995亿元，安徽PPP项目数量共计497个、总投资4726亿元，山东PPP

项目数量共计 468 个、总投资 3714 亿元。

3. 开展试点项目

"PPP 示范项目影响力日渐增强，规模逐年扩大，已覆盖全国 30 个省份以及市政、交通、环保、水利、农业、旅游、养老、教育、文化、体育等 18 个行业领域。"财政部有关负责人表示。已落地示范项目中先后涌现出了云南大理洱海环湖截污项目、安徽池州污水处理厂网一体化项目、河北张家口桥西区集中供热项目等一批兼具经济、社会、环境效益的正面典型，验证了 PPP 模式的优势，提振了各方推进改革的信心通过项目示范，一方面在市政、交通、环保等成熟领域探索项目打包、"肥瘦搭配"等创新模式，加大 PPP 推广力度；另一方面，通过 PPP 模式引入市场机制和资源，推进教育、文化、医疗等领域市场化改革，增加和改善公共服务供给。

7.2 PPP 项目操作流程

伴随着 PPP 模式在我国风生水起，PPP 项目在各地区遍地开花，财政部第一批、第二批、第三批、第四批 PPP 示范项目名单的公布，给予观望者十足的信心和勇气，至此 PPP 项目与日俱增，PPP 项目主要包括项目识别阶段、项目准备阶段、项目采购阶段、项目执行阶段和项目移交阶段等五个阶段。

7.2.1 项目识别阶段

PPP 项目各参与方应按照公平、公正、公开和诚实信用的原则，依法、规范、高效实施 PPP 项目，前期需进行项目识别，项目识别过程包括项目发起、项目筛选、物有所值评价和财政承受能力论证四个方面。

1. 项目发起

PPP 项目的发起通常需要开展大量的前期准备工作，涉及项目筛选、初步方案设计、可行性研究等内容，依据现行的政策法规文件，项目发起方式主要有两种，分别是政府发起和社会资本发起。

（1）政府发起

财政部门（政府和社会资本合作中心）应负责向交通、住建、环保、能源、教育、医疗、体育健身和文化设施等行业主管部门征集潜在政府和社会资本合作项目。行业主管部门可从国民经济和社会发展规划及行业专项规划中的新建、改建项目或存量公共资产中遴选潜在项目。

（2）社会资本发起

社会资本应以项目建议书的方式向财政部门（政府和社会资本合作中心）推荐潜在政府和社会资本合作项目。

2. 项目筛选

项目发起后，财政部门（政府和社会资本合作中心）会同行业主管部门应对国民经济何时会发展规划及行业专项规划中的新建、改建项目或存量公共资产中的潜在项目进行评估筛选，确定备选项目。

财政部门（或政府和社会资本合作中心）应根据筛选结果制订项目年度和中期开发计划。对于列入年度开发计划的项目，项目发起方应按财政部门（政府和社会资本合作中心）对新建、改建项目及存量项目的要求提交相关资料。新建、改建项目应提交可行性研究报告、项目产出说明和初步实施方案等；存量项目应提交存量公共资产的历史资料、项目产出说明和初步实施方案等。

3. 物有所值评价

财政部门（政府和社会资本合作中心）会同行业主管部门，从定性和定量两方面开展物有所值评价工作。并积极利用第三方专业机构和专家力量。

（1）定性评价

定性评价重点关注项目采用政府和社会资本合作模式与采用政府传统采购模式相比能否增加供给、优化风险分配、提高运营效率、促进创新和公平竞争等，主要包括全生命周期整合程度、风险识别与分配、绩效导向与鼓励创新、潜在竞争程度、政府机构能力、可融资性等六项基本评价指标。

（2）定量评价

定量评价主要通过对政府和社会资本合作项目全生命周期内政府支出成本现值（PPP值）与公共部门比较值（PSC值）进行比较，计算项目的物有所值量值，判断PPP模式是否降低项目全生命周期成本。该定量评价可作为项目全生命周期内风险分配、成本测算和数据收集的重要手段，以及项目决策和绩效评价的参考依据。

4. 财政承受能力论证

《财政部关于推进政府和社会资本合作规范发展的实施意见》（财金〔2019〕10号）（以下简称10号文）提到："确保每一年度本级全部PPP项目从一般公共预算列支的财政支出责任，不超过当年本级一般公共预算支出的10%。新签约项目不得从政府性基金预算、国有资本经营预算安排PPP项目运营补贴支出。建立PPP项目支出责任预警机制，对财政支出责任占比超过7%的地区进行风险提示，对超过10%的地区严禁新项目入库。"

《政府和社会资本合作项目财政承受能力论证指引》（财金〔2015〕21号）指出："各级财政部门（或PPP中心）要以财政承受能力论证结论为依据，会同有关部门统筹做好项目规划、设计、采购、建设、运营、维护等全生命周期管理工作。"

通过物有所值评价和财政承受能力论证的项目，可进行项目准备。

7.2.2 项目准备阶段

在项目准备阶段，项目实施机构应根据项目立项文件、历史资料，结合PPP模式特点，编制项目实施方案，对项目概况、风险分配基本框架、项目运作方式、交易结构、合同体系、监管架构和采购方式选择七个方面进行介绍，项目实施方案编制完成后，财政部门（政府和社会资本合作中心）应对项目实施方案进行物有所值和财政承受能力验证，通过验证的，由项目实施机构报政府审核；未通过验证的，可在实施方案调整后重新验证；经重新验证仍不能通过的，不再采用政府和社会资本合作模式。

7.2.3 项目采购阶段

10号文指出："规范的PPP项目应采用公开招标、邀请招标、竞争性磋商、竞争性谈判等竞争性方式选择社会资本方"。项目实施机构应根据项目采购需求特点，依法选择适当采购方式进而选定社会资本方，据此，在项目采购阶段，首先应选择采购方式，并在项目实施方案的"采购方式选择"中写明。

确定采购方式后，项目实施机构应根据项目需要进行采购。

7.2.4 项目执行阶段

在项目执行阶段，社会资本可依法设立项目公司，政府可指定相关机构依法参股项目公司，并落实融资工作，在项目融资时，财政部门（政府和社会资本合作中心）和项目实施机构应做好监督管理工作，防止企业债务向政府转移。项目合同中涉及政府支付义务，财政部门应统筹结合综合预算，按照预算管理规定进行资金下拨，财政部门（政府和社会资本合作中心）和项目实施机构应建立政府和社会资本合作项目政府支付台账，严格控制政府财政风险。在政府综合财务报告制度建立后，政府和社会资本合作项目中的政府支付义务应纳入政府综合财务报告。

项目实施机构应根据项目合同的约定，监督社会资本或项目公司履行合同义务，定期监测项目产出绩效指标，编制季报和年报，并报财政部门（政府和社会资本合作中心）备案。社会资本或项目公司违反项目合同约定，威胁公共产品和服务持续稳定安全供给，或危及国家安全和重大公共利益的，政府有权临时接管项目，直至启动项目提前终止程序。在项目合同执行和管理过程中，项目实施机构应重点关注合同修订、违约责任履行和争议解决等工作。

项目实施机构还应每3～5年对项目进行中期评估，重点分析项目运行状况和项目合同的合规性、适应性和合理性；及时评估已发现问题的风险，制定应对措施，并报财政部门（政府和社会资本合作中心）备案。

7.2.5 项目移交阶段

对于PPP项目合同中约定期满移交的项目，项目运营期结束即须移交。通常情况下，对项目设施，项目土地使用权及项目用地相关的其他权利，与项目设施有关的设备、机器、装置、零部件、备品备件及其他动产，项目实施相关人员，运营维护项目设施所要求的技术和技术信息，项目设施有关的手册、图纸、文件和资料，移交项目所需的其他文件共计七个方面进行移交。

首先，根据具体PPP项目情况的不同，项目公司应当在PPP项目开始移交之前，根据PPP项目合同的要求及项目实际情况制定项目移交计划，包括不限于项目移交范围、技术转让方案、备品备件的移交保险和承包商保证的转让方案、移交费用等内容。其次，项目公司应当按照PPP有关政策法规文件要求和PPP项目合同的约定，组织、设立负责项目移交事宜的机构（通常为项目移交委员会），项目移交机构由项目公司及政府方委派的代表共同组成，共同约定具体的职责内容。最后，需要对整个项目运营期进行项目移交验收，项目移交验收由项目公司配合项目移交机构完成。

项目移交完成后，由政府财政部门（政府和社会资本合作中心）组织有关部门对项目的产出、成本效益、监管成效、可持续性、PPP模式应用等方面进行绩效考核与评价，按照相关规定公开评价结果。绩效评价的结果作为政府付费和开展PPP管理工作决策的依据。

7.3 项目资格审查

7.3.1 资格审查方式

项目实施机构应根据项目需要准备资格预审文件，发布资格预审公告，邀请社会资本和与其合作的金融机构参与资格预审，验证项目能否获得社会资本响应和实现充分竞争，并将资格预审的评审报告提交财政部门（政府和社会资本合作中心）备案。

7.3.2 资格审查内容

1. 社会资本方的资格条件

（1）设置原则

① 采购人设置的资格条件必须满足法律法规的相关要求。

② 社会资本方的资格条件设置必须首先满足《招标投标法》第十八条和《中华人民共和国政府采购法》第二十二条的相关规定。

③ 另外，由于PPP项目的招标范围复杂性，采购人设置的社会资本方资格条件也会相应复杂，针对国家其他法律法规政策文件有特别规定的，也应遵照执行。

④《基础设施和公用事业特许经营管理办法》（六部委第25号令）第十七条规定，实施机构应当公平择优选择具有相应管理经验、专业能力、融资实力以及信用状况良好的法人或者其他组织作为特许经营者。

⑤《传统基础设施领域实施政府和社会资本合作项目工作导则》第十三条规定，依法通过公开招标、邀请招标、两阶段招标、竞争性谈判等方式，公平择优选择具有相应投资能力、管理经验、专业水平、融资实力以及信用状况良好的社会资本方作为合作伙伴。

⑥《政府和社会资本合作项目财政管理暂行办法》（财金〔2016〕92号）第十二条规定，项目实施机构应当根据项目特点和建设运营需求，综合考虑专业资质、技术能力、管理经验和财务实力等因素合理设置社会资本的资格条件，保证国有企业、民营企业、外资企业平等参与。

（2）采购人可根据项目实际需求设定不同的资格条件

① 企业实力及投融资能力。如要求社会资本方具有不超出项目实际需要的注册资本金、一定的资产规模、资产负债率低于一定的比例、具有银行存款证明或融资意向函等条件。

② 运营管理能力和经验。如要求在近三年或近五年内签订不少于一定数量的类似PPP项目合同。

③ 专业能力。如要求社会资本方具备项目所需的专业领域技术人才及管理人才。

并且还需具备相关职业能力证明及投资、运营管理业绩。

④ 信用状况。如要求社会资本方无重大违法失信记录、无责任重大的合同违约情况、银行资信及信用机构评级需达到规定的等级等。

（3）采购人不应设定与项目投融资、建设、运营无关的资格条件

如采购人不应设定超过项目实际需要的注册资本金、资产规模、银行存款证明或融资意向函等条件。

（4）注意事项

① 单位负责人为同一人或者存在直接控股、管理关系的不同供应商，不得参加同一合同项下的采购活动，也不得加入不同联合体参加同一项目的采购竞争。

根据《政府采购法实施条例》第十八条规定：单位负责人为同一人或者存在直接控股、管理关系的不同供应商加入不同联合体参加同一项目的采购竞争的情形，违反该条法律规定，相关的响应应无效。另外，前期为PPP项目提供整体设计、规范编制或者项目管理、监理、检测等服务供应商，不得参与社会资本方采购活动。

② 本级政府所属融资平台公司作为社会资本方参与采购竞争的条件。

根据《关于在公共服务领域推广政府和社会资本合作模式的指导意见》（国办发〔2015〕42号）第十三条的规定和精神，非本级政府所属融资平台公司可以作为社会资本；本级政府所属融资平台公司在达到国办发42号文件中相关要求后，可作为社会资本参与本级政府的PPP项目。

③ 国有企业、民营企业、外资企业应平等参与竞争。

根据国务院及相关投资主管部门的规定，在参与PPP项目社会资本方采购时，应享受平等市场主体待遇。但在实践中，部分外商社会资本无法按照采购文件中要求的格式提供相应的资质、人员社保和业绩等证明文件。因此，在资格条件设置时应注意区别对待，避免造成对外商资本的歧视和限制。

④ 对联合体资质的认定。

以联合体形式参与社会资本方采购的，联合体各方应当签订联合体协议，明确约定联合体各方拟承担的工作和责任，并将联合体协议连同响应文件一并提交采购人。联合体被确认为成交方的，联合体各方应当共同与采购人签订合同，就成交项目向采购人承担连带责任。

鉴于PPP项目的特点，在联合体组建上鼓励"强强联合"，即由不同专业的社会资本方组成联合体，共同合理分担项目的可转移风险，从而实现项目的物有所值目标。联合体应具备承担PPP项所需的相应资质和能力，即应具备满足采购文件规定的资格条件和能力。在联合体的资质认定上，可以约定同一专业分工由两个及以上单位共同承担的，按照就低不就高的原则确定联合体的资质；不同专业分工由不同单位分别承担的，按照各自的专业资质确定联合体的资质。

⑤ PPP项目合同生效前联合体成员不允许发生改变。

按照《招标投标法》第三十一条和《中华人民共和国政府采购法》第二十四条的规定，联合体中标的，联合体各方应当共同与采购人（招标人）签订采购合同，就采购合同约定的事项对采购人（招标人）承担连带责任，该采购合同的主体是采购人及联合体全部成员。

因此，在提交了响应文件后、签订PPP项目合同前，联合体成员发生变更的，均改变了响应方主体，依据相关法律法规，其响应文件无效，如果联合体已被确认为成交方，联合体成员变更的法律后果是该联合体不能按照法律规定与采购人签订PPP项目合同且该联合体应当承担缔约过失责任。

PPP项目合同签订后，除非另有约定，联合体成员也不能发生变更，否则因联合体成员变更给采购人造成损失的，应由联合体各方承担连带责任。

2. 资格预审

资格预审是指采购人发放采购文件之前对获取资格预审文件并提交资格预审申请文件的潜在响应人（即社会资本方）进行资格审查的一种方式。

（1）资格预审文件的构成

① 资格预审公告。其内容主要包括：项目名称、项目编号、项目授权主体、项目实施机构、项目概况及采购需求、采购预算、资格条件、购买资格预审文件的时间及地点、是否接受联合体、是否限定参与竞争的合格响应人（即社会资本方）的数量及限定的方法和标准，以及提交资格预审申请文件的时间和地点、公告发布网址、采购人和采购代理机构的联系方式等。

② 申请人须知。申请人须知是对资格预审的程序性规定，内容包括：申请人须知前附表，总则，资格预审文件的组成、澄清或者修改，资格预审申请文件的编制要求，资格预审申请文件的递交，资格预审申请文件的补充、修改与撤回，资格预审申请文件的审查，以及需要补充的其他内容。

③ 资格审查办法。资格预审文件中应当明确采取合格制或有限数量制的方法，内容包括：审查准备，初步审查，详细审查，澄清、说明或补正，推荐通过资格预审申请人，编制及提交评审报告。

④ 项目概况及采购需求。包括PPP项目实施方案的核心内容，如项目基本情况、主要权利义务、项目运作方式、交易结构、风险分担等实质性内容。应当将项目边界条件在资格预审文件中向潜在社会资本方充分披露，以测试市场反应，验证项目的可行性，进而达到开展资格预审实现充分竞争的目的。

⑤ 资格预审申请文件格式。

（2）资格预审的程序

① 发布资格预审公告。

资格预审公告应在省级及以上人民政府财政部门指定的政府采购信息发布媒体上发布。资格预审公告及资格预审文件同时发布，发布时间不少于5个工作日。资格预审公告内容应当以省级以上财政部门指定媒体发布的公告为准。公告期限自省级以上财政部门指定媒体最先发布公告之日起算。

② 资格预审的评审。

提交资格预审申请文件的时间自公告发布之日起不得少于15个工作日，潜在社会资本方应按资格预审文件的要求按时提交资格预审申请文件，资格预审的评审工作由资格审查委员会负责。资格审查委员会由采购人代表和评审专家组成，成员数量为5人以上单数，其中采购人代表不多于资格审查委员会成员总数的三分之一。评审专家中一般应包括1名财务专家和1名法律专家，还可包括金融、资产评估（存量项目）等经济方面专家以及行业技术和管理等方面专家。

评审专家可由采购人或采购代理机构从评审专家库中随机抽取，也可由项目实施机构自行选定。项目实施机构代表不得以评审专家身份参加项目的评审，采购代理机构工作人员不得参加由本机构代理的项目的评审。

③ 通过资格预审的社会资本方不足3家时的处理办法。

采购工作的开展需要至少3家响应人（即社会资本方）参与。若通过资格预审的响应人（即社会资本方）不足3家时，采购人应重新组织资格预审；若重新资格预审后，通过资格预审的响应人（即社会资本方）仍不足3家时，采购人向财政部门提出申请，经财政部门批准后，可采用其他采购方式采购。

④ 资格预审结果告知。

资格预审结果应当告知所有参与资格预审的响应人（即社会资本方），并将资格预审的评审报告提交财政主管部门且上传至财政部PPP合作中心网站备案。

实践中，由于相关政策文件中未明确资格预审结果告知的方式，部分地方财政主管部门要求以网站公告的形式将所有通过资格预审的社会资本方名称予以公示，此举与现行法律法规中关于在响应文件递交截止时间前应对参与竞争的社会资本方的数量名称等信息进行保密的规定相冲突，可能影响采购活动的公平和公正性。建议单独以书面形式分别向每个社会资本方告知其自身是否通过资格预审，如未能通过，应在通知中向其说明原因。

7.4 招标采购实施过程

社会资本方的招标采购方式有多种形式，本节以公开招标为例，对招标采购实施过程进行阐述，给予读者参考、借鉴。

7.4.1 采购文件编制与发售

1. 编制依据

社会资本方采购文件应当依据法律规定，依据批复的PPP项目实施方案，并结合项目特点和需求编制。

新建项目采购文件的编制依据一般包括：项目实施方案、物有所值评价报告、财政承受能力论证报告等，项目所有的批复文件、项目建议书、可行性研究报告等前期资料文件。

存量项目采购文件的编制依据一般包括：项目全部历史资料、项目产出说明及第三方出具的资产评估报告等。

2. 采购文件的构成

采购文件的主要内容应当包括采购邀请书，响应人须知（包括密封、签署、盖章要求等），响应人应当提供的资格、资信及业绩证明文件，政府对项目实施机构的授权，项目实施方案的批复，项目相关审批文件、采购程序、响应文件编制要求，提交响应文件截止时间、开启时间及地点，保证金交纳数额和形式，评审方法和评审标准，政府采购政策要求，PPP 项目合同草案及其他法律文本，采购结果确认谈判中项目合同可变的细节和接收质疑函的方式、联系部门、联系电话和通信地址等信息等内容。项目采购文件中还应当明确项目合同报请本级人民政府审核同意是项目合同生效的必要条件。

3. 评标办法的设置

《招标投标法》中规定两种评标办法，分别为综合评审法和经评审的最低评标价法；《政府采购法实施条例》中规定两种评标办法，分别为最低评标价法和综合评分法。若其他相关法律法规或地方性法规对评标办法有其他规定的，采购各方应当遵守。

考虑到 PPP 项目具备服务需求较为复杂、投资规模大、双方合作时间长、服务质量直接影响公共利益等特点，一般应采用综合评分法。实践中，为防止低价恶意竞争，在采购文件中可提出相关要求，例如：当响应人的报价低于采购预算金额或最高响应限价的一定比例时，可要求响应人对其报价是否低于成本价做出书面说明并提供相关证明材料，如响应人不能合理说明或者不能提供相关证明材料的，评审委员会可作出低于成本价的认定。

1) 评审因素的设置

PPP 项目的评审因素主要包括：响应报价、响应人综合实力、技术管理方案、财务方案和法律方案等。各评审因素的权重由采购人根据项目实际情况自行决定。

（1）响应报价

报价评审权重一般为 20%～30%，通常采用低价优先法或均值偏离法。

① 低价优先法。即满足采购文件要求且价格最低的响应报价为评审基准价，其相应报价得分为满分。其他响应人的报价得分统一按照下列公式计算：

$$A = \frac{L}{B} \times 100 \tag{7-1}$$

式中　A——有效响应报价得分；

　　　B——有效响应报价；

　　　L——评标基准价。

评审过程中，不应去掉有效响应报价中的最高报价和最低报价。

按政府采购政策进行报价调整的，以调整后的价格计算评审基准价和响应报价。

② 均值偏离法。即各有效响应报价的平均值（算数、加权、方差等）乘以下浮系数为评标基准价。响应报价为评审基准价时，得满分；响应报价高于或低于评审基准价时，按其偏离值相应减分。

例如：所有有效响应报价的算术平均值为评标基准价，当响应人的响应报价等于评标基准价时，得满分 100 分，当响应人的响应报价每低于评标基准价的 1%，减 0.5 分；每高于评标基准价的 1%，减 1 分；中间值采取插值法计算，保留两位小数，减满为止。

（2）响应人实力和信誉

响应人实力和信誉评审权重一般为 10%～20%，因素包括财务状况、融资能力、技术实力、类似项目业绩、企业信誉等。

（3）技术方案

PPP 项目技术方案评审权重一般为 20%～30%，通常包括对技术方案的合理化建议、建设管理方案、运营维护方案和移交方案等子方案，内容应全面详尽，并满足技术方案评审的要求。

技术方案的评审一般应对其包含的子方案分别设置评审权重。PPP模式的核心在于运营，采购人及采购代理机构需高度重视运营方案的评审，并适当提高运营方案的评审权重。

(4) 财务方案

财务方案评审权重一般为10%～20%，通常包括投资估算、融资方案和财务评价等，根据项目特点合理设置分数。

① 融资方案。明确项目自有资金与债务资金的比例，说明自有资金和债务资金的筹措方案、融资交割方案及保障措施；特别是融资渠道的落实和融资风险的控制措施等。

② 财务评价。财务评价的内容包括营业收入估算、成本费用估算、财务评价报表和评价指标等。

(5) 法律方案

法律方案评审权重一般为5%～10%，通常包括项目公司组建计划、对采购文件中PPP项目合同草案的响应程度合理化建议和其他优惠条件等，可根据项目特点对这些内容分别设置合理的评审权重。

(6) 根据项目特点设置评审因素权重

合理的评审办法及具体的评审标准及权重，最终取决于采购项目的实际特点和竞争环境及相应的采购策略。如项目主要可转移风险为技术管理部分，则适当加大技术管理方案的评审因素权重，鼓励技术管理能力强的社会资本方承担相应的风险，从而降低项目全寿命周期整体成本，也进一步激励社会资本方通过提高专业能力获取更多的合理收益。

如果通过资格预审的社会资本方均能满足完成本项目的基本要求且企业信誉、专业能力等方面相当，则价格因素可作为主要的竞争因素，适当加大报价权重或采用最低响应报价优先的原则。同时要注意防范低价成交后项目无法实施的风险，例如采用差价保函等方法。

在设置多个不同的价格竞争变量时，由于竞争变量权重设置不合理，可能会出现成交价格较低而政府为项目合作期的支出较高的不利结果。多个不同竞争变量设置时应注意权重的合理性和竞争性，既保证社会资本方充分竞争，又要考虑做到项目合作期的物有所值。

2) 竞争变量的设置

(1) 竞争变量的设置

竞争变量是选择社会资本的关键因素，竞争变量选择应于实现公共服务上遵循激励相容原则，而不是单纯要求社会资本方一味让渡利益和承担风险。在设置竞争变量时，建议考虑以下因素。

① 采购人或代理机构编制采购文件时需充分理解PPP项目风险分担和交易结构等内容，熟悉财务测算模型，找出可竞争的变量。

② 设置财务指标时，需要考虑PPP项目模式回报机制因素，如在完全政府付费

情况下，为了合理降低政府支出，又要确保建设质量，不可能无限制地降低成本支出。

③ 设置竞争变量也要考虑各个指标在项目收益计算过程中的性质和作用。比如拆迁、项目的设计等其他费用，一般属于固定性的支出，不由社会资本方控制，不宜作为竞争变量，而建筑安装费用在合理限度内则可以做出一定的降低，可以作为竞争变量。

④ 将影响项目合作期投资回报的有一定弹性或敏感性系数高，可体现激励相容的重要参数作为采购竞争指标，以确定完整的项目回报的计算方式。

(2) 竞争变量类型

根据 PPP 项目回报机制的不同，可考虑设定不同类型的竞争变量。

① 使用者付费类项目：如果收费价格是政府定价或政府指导价，则可竞争项目合作期限、特许经营权使用费等；如果收费价格是市场自主定价，则可锁定项目合作期限、竞争付费单价、最低需求量、特许经营权使用费等变量。

② 可行性缺口补助类项目：缺口补助金额总价、缺口补助金额单价、单价确定情况下的最低需求量等。

③ 政府付费类项目：可用性付费年值、施工图预算下浮率、投资回报率、合理利润率及折现率、可用性付费纳入年度绩效考核的比例等。

④ 存量项目：一般可设定存量项目权经营转让价格的竞争变量，也可锁定转让价格以付费单价、项目合作期为竞争变量等。

4. 采购文件的发售

(1) 采购人应依据相关法律法规要求，在相关的媒体上发布采购公告。

(2) 采购文件应发售给所有通过资格预审的社会资本方。

(3) 适用招标投标法律法规体系社会资本方采购的项目，招标文件的发售期不得少于 5 日；自发售招标文件之日起，至递交投标文件止，应不少于 20 日。

7.4.2 现场勘察或答疑

(1) 采购人一般组织所有已获得采购文件的响应人（社会资本方）进行现场考察或者召开采购前答疑会，响应人（社会资本方）可以自行决定是否参与现场勘察和答疑会，但采购人不得组织部分或单一响应人（社会资本方）参加的现场勘查和答疑会。

(2) 采购人可于现场勘察和答疑会召开之前收集响应人（社会资本方）的疑问，于现场勘察和答疑会现场统一解答。涉及澄清的，响应人（社会资本方）应在采购文件规定的时限内向采购人书面提出，采购人应当以书面形式答复并作为采购文件的澄清说明，提供给所有购买采购文件的响应人（社会资本方）。采购人认为必要时，也可以按采购文件规定，在考察项目现场后，组织预备会公开解答社会资本方提出的疑问，并以书面答复为准。回复文件中不得体现提问单位名称等相关信息。

(3) 采购人应做好参加现场考察及答疑会的社会资本方的保密工作，如社会资本方签到时应注意单独签到，会议交流时避免提及社会资本方的名称等。

7.4.3 开标

1. 接收响应文件

响应人应当在采购文件规定提交响应文件的截止时间前，将响应文件密封送达采购文件规定的具体地点。采购人或采购代理机构收到响应文件后，应当如实记载响应文件的送达时间和密封情况，签收保存，并向响应人出具签收回执。

2. 开标

采购活动的开标程序应当在招标文件确定的开标时间（提交响应文件的截止时间）进行。开标由采购人或者采购代理机构主持，邀请所有响应人（社会资本方）参加。采购人或者采购代理机构应当对开标现场活动进行全程录音录像。录音录像应当清晰可辨，音像资料作为采购文件一并存档。

开标时，由响应人法定代表人或其授权代理人检查投标文件的密封情况；经响应人代表确认无异议后，由采购人或者采购代理机构工作人员当众拆封，宣布响应人名称、投标价、服务周期和采购文件规定的需要宣布的其他内容。

提交响应文件截止时间后，响应人不足3家的，不得开标，采购人应重新组织采购活动。

7.4.4 评标

1. 评标委员会组建

评标委员会由采购人代表和评审专家组成，成员数量为5人以上单数，其中采购人代表不多于资格审查委员会成员总数的三分之一。评审专家中一般应包括1名财务专家和1名法律专家，还可包括金融、资产评估（存量项目）等经济方面专家以及行业技术和管理等方面专家。

评审专家可由采购人或采购代理机构从评审专家库中随机抽取，也可由项目实施机构自行选定。项目实施机构代表不得以评审专家身份参加项目的评审，采购代理机构工作人员不得参加由本机构代理的项目的评审。

2. 评标组织工作

评标工作由评标委员会负责。评标的组织工作由采购人或者采购代理机构负责。采购代理机构或采购人组织评标工作时，不得向评标委员会的评审专家作倾向性、误导性的解释或者说明，应认真履行以下职责：

（1）核实评标委员会的评审专家身份信息以及采购人评标代表的授权委托书，并要求评标委员会签署《签到表》。

（2）宣布评审纪律，要求评标委员会签署《廉洁从业承诺函》。

（3）公布响应人名单，告知评标委员会应当回避的情形，要求评标委员会签署《回避承诺函》。

（4）组织评标委员会推选评标组长，注意采购人代表不能担任组长。

（5）在评标期间收取所有评标委员会成员的通信工具，保证评标活动保持公正、公平，不受外界干扰。

（6）根据评标委员会的要求介绍采购文件。

（7）维护评标秩序，督促评标委员会成员按照采购文件中规定的评审程序、评审方法和评审标准分别进行独立评审。发现评标委员会成员的倾向性语言或其他涉嫌违法违规的行为，及时制止；情节严重的，须及时向相关部门报告。

（8）汇总并复核评标结果，当发现评分中分项得分不符合采购文件中规定的评审标准范围、各项合计分值出现计算错误、评标委员会成员对客观评审因素评审结论不一致，及时与评标委员会复核并纠正错误；若出现评分畸高、畸低的情况，要求评标委员会复核或者书面说明理由，评标委员会拒绝的，应予如实记录并向相关部门报告。

（9）评标完成后，按照规定向评审专家支付劳务报酬和异地评审差旅费，不向评审专家以外的其他人员支付评审劳务报酬。

（10）处理与评审有关的其他事项。

采购人可以在评审前说明项目背景和采购需求，说明内容不得含有歧视性、倾向性意见，不得超出采购文件所述范围。说明应当提交书面材料，并随采购文件一并存档。

3. 通过符合性审查的响应人不足 3 家情况的处理

实质性响应采购文件的响应人不足 3 家的，按照《评标委员会和评标方法暂行规定》（七部委令 12 号）及相关法律法规的规定进行处理：有效响应人不足 3 家，但评标委员会认为投标仍具有竞争性的，可以推荐中标候选人或经采购人授权直接确定中标人；因有效响应人不足 3 家使得投标明显缺乏竞争的，评标委员会可以否决全部投标。

4. 响应文件的澄清或说明

对于响应文件中含义不明确、同一问题前后表述不一致或者有明显计算错误的内容，评标委员会应当以书面形式要求响应人（社会资本方）作出必要的澄清、说明或者补正。

响应人（社会资本方）的澄清、说明或者补正应当采用书面形式，并加盖公章，或者由法定代表人或其授权的代理人签字。响应人（社会资本方）的澄清、说明或者补正不得修改响应文件的实质性内容。

5. 对响应文件进行比较和评价

（1）技术方案评审

主要涉及前文所述的技术方案、财务方案、法律方案等内容评审。

（2）商务及报价评审

评标委员会认为响应人的报价明显低于其他通过符合性审查响应人的报价，有可能影响项目质量或者不能诚信履约的，应当要求其在评标现场合理的时间内提供书面说明，必要时提交相关证明材料；响应人不能证明其报价合理性的，评标委员会应当将其作为无效响应处理。在中标结果确定前，不得就实质性内容进行谈判。

实践中，采购文件通常会明确"响应人的报价明显低于其他响应人的报价时，将被认定为低于成本报价，进而该响应人的响应文件将被否决"。

6. 编写评标报告、推荐中标候选人

（1）编写评审报告

采购项目的评审报告，主要应包括以下内容：

① 招标公告刊登的媒体名称、开标日期和地点；

② 响应人名单和评标委员会成员名单；

③ 评标方法和标准；

④ 开标记录和评标情况及说明，包括无效响应人名单及原因；

⑤ 评标结果，确定的中标候选人名单或者经采购人委托直接确定的中标人；

⑥ 其他需要说明的情况，包括评标过程中响应人根据评标委员会要求进行澄清说明或者补正，以及评标委员会成员更换等。

（2）推荐候选社会资本方

由评标委员会对社会资本方提交的最终响应文件进行综合评分，编写评审报告并向项目实施机构提交候选社会资本方的排序名单。

7.4.5 谈判

PPP项目社会资本方采购过程实际上是合作双方在利益分配、责任和风险分担方面的博弈过程。社会资本方采购在评审结束、明确成交候选人后、最终确定成交人前，双方对合同条款进行进一步的谈判，落实相关合同细节，对合同内容在较长时间内保持稳定，尽量规避合同纠纷风险是十分必要的。

目前，政府采购法律法规体系对相关程序和要求进行了规定，采购人与社会资本方的合同谈判应按照相关部门规章规定的采购结果确认谈判程序和要求开展。现行招标投标法律法规体系只规定了招投标活动中合同谈判通用的原则性限定，并未对社会资本方招标时的合同谈判做出程序性的特别规定。

本小节将依据政府采购法律法规体系的相关规定，以采购结果确认谈判为例，对社会资本方采购过程中的合同谈判及合同签署工作中应考虑和注意的问题进行说明。

1. 采购结果确认谈判工作组的组建及职责

谈判工作组成员及数量由项目实施机构确定，但应当至少包括财政预算管理部门行业主管部门代表，以及财务、法律等方面的专家。涉及价格管理、环境保护的项目谈判工作组还应当包括价格管理、环境保护行政执法机关代表。评标委员会采购人代表可以作为谈判工作组成员参与采购结果确认谈判。

采购人可根据项目具体情况和需要，邀请政府法制办、发改、国土等其他参加项目实施方案联审的部门代表参与采购结果确认谈判。政府出资人代表和项目咨询机构代表也可以作为谈判工作组成员参与谈判。

采购人应允许参与谈判的成交候选人以及与成交候选人相关联的融资方、法律顾问、咨询方等机构的代表人员参与谈判。

2. 采购结果确认谈判的内容及注意事项

（1）谈判原则

谈判内容原则上不得与批准的项目实施方案及采购文件的内容和要求发生冲突，不得涉及法律法规及采购文件明确规定不可谈判的核心条款内容。谈判仅对项目合同草案内容进行细化、解释和补充，不得改变响应文件中的实质性内容。

（2）谈判内容

为提高谈判效率和完善合同内容，采购人应以采购文件中的合同草案条款为基础根据候选社会资本方提出的合同条款偏差表、合同谈判的书面问题清单以及政府各部门（如财政部门、政府法制办、采购监管部门等参加项目联审部门）对合同的书面意见，编制谈判的内容及条件。

社会资本方可将其认为需要谈判的合同草案文件未列明的细节和可变的细节内容填写在合同条款偏差表（法律文件条款偏差表）中，采购结果确认谈判内容原则上仅限于评标委员会推荐的中标候选人在合同条款偏差表中提出的偏差内容，且这些内容属于确需补充和细化的合同内容，不得改变采购文件合同草案条款的实质性内容。

（3）谈判过程的几个注意事项

① 为了减少项目合同履行过程中的纠纷，谈判还应考虑项目合同条款的合理性、合法性和可操作性，以及合同条款之间、合同体系之间的严谨性、逻辑性。

② 为了保证PPP项目合同的顺利签署，采购人应合理安排谈判所需要的时间。谈判所需的时间加上采购结果公示、合同报批、发出成交通知书以及签署合同所需要的时间不应超过采购文件规定的响应有效期。否则需要向成交候选人发出延长响应有效期的通知，成交候选人不同意延长时，会将导致采购失败。

③ 参与谈判的各方均应对谈判过程和内容负有保密义务。

④ 采购人不得与评标委员会推荐的成交候选人之外的社会资本方进行谈判，否则需要承担相应的法律责任。

7.4.6 公示

1. 中标结果公示

项目实施机构应当在预中标社会资本方确定后10工作日内，与预中标社会资本方签署确认谈判备忘录，并将预中标结果和根据采购文件、响应文件及有关补遗文件和确认谈判备忘录拟定的项目合同文本在省级以上人民政府财政部门指定的政府采购信息发布媒体上进行公示，公示期不得少于5个工作日。

2. 中标结果公告及中标通知书

项目实施机构应当在预中标结果公示期满无异议后2个工作日内，将中标结果在省级以上人民政府财政部门指定的政府采购信息发布媒体上进行公告，同时发出中标通知书。

中标结果公告内容应当包括：项目实施机构和采购代理机构的名称、地址和联系方式；项目名称和项目编号；中标或者成交社会资本方的名称、地址、法定代表人；中标或者成交标的名称、主要中标条件（包括但不限于合作期限、服务要求、项目概算、回报机制）等；评标委员会和采购结果确认谈判工作组成员名单。

7.4.7 合同签订

1. 项目合同的签署时限

政府方应当在中标通知书发出后30日内，与中标社会资本方签订经本级人民政府审核同意的PPP项目合同。

PPP项目合同应在采购文件规定的响应有效期内签署，如政府方发出中标通知书之日距响应有效期结束之日不足30日，请注意签署合同的时间应在响应有效期内。

2. 项目合同签署应注意的问题

（1）不需要成立项目公司情形下的合同签署

在PPP项目合同中，没有明确约定社会资本方需设立专门项目公司的，PPP项目合同仅需由政府方与成交社会资本方签署。

（2）需要成立项目公司情况下的合同签署

在PPP项目合同中，明确约定社会资本方需设立专门项目公司的，政府方通常先与成交社会资本方签订PPP项目合同，待项目公司成立后，由政府方与项目公司签署项目合同，或签署关于承继项目合同的补充合同。

实践中，也可以在项目公司成立前，政府方与成交社会资本方先签署一份PPP项目合作协议（两方协议），待项目公司成立后，政府方与项目公司再签署PPP项目合同。在这种情况下，由于两份合同的主体不同，合同主体的权利义务不完全相同，因此，应注意这两份合同的法律关系及法律责任的衔接。

如果出现上述问题，建议通过政府方与成交社会资本方以及项目公司签署相关的备忘、纪要或补充协议来解决两份合同主体之间权利义务不同的问题。

7.5 PPP项目招标采购案例分析

7.5.1 PPP项目招标采购案例分析

1. 项目基本情况

1）项目名称：××××项目。

2）项目类型：新建项目。

3）项目情况。

项目位于市中心城区南部。根据市总体规划，为推进海绵城市建设，政府决定启动并授权本项目实施机构。

（1）建设内容

本项目试点区域位于市中心城区南部，规划用地面积约16.7km^2。项目建设内容主要分为泵站初期雨水治理、公园工程、道路与管网、建筑小区海绵改造等4大类共21项新建项目，建设期3年，运营期12年。

（2）运营维护内容

本项目运营养护的范围为：公园工程由项目公司运营；泵站初期雨水治理工程由项目公司运营；道路与管网工程项目由项目公司运营；小区改造项目，建设期结束后由项目公司转交物业公司运营。

（3）项目运作方式

本项目拟采用建设—运营—移交（BOT）模式运作，通过政府采购公开招标程序引进社会资本作为本项目的社会资本合作方，与政府方出资代表共同设立PPP项目公司（SPV公司）。实施机构与中标的社会资本草签《PPP项目合同》，待项目公司成立后实施机构与项目公司签订《PPP项目合同》，授权项目公司在合作期内负责本项目的前期工作、投融资、建设及运营维护。

政府通过向项目公司支付购买服务费用（包括可用性服务费和运维绩效服务费），以覆盖本项目的全部建设投资及合理回报。合作经营期届满后，项目公司应按照PPP项目合同的约定，将项目设施无偿完好移交实施机构或其指定机构。

（4）计划合同履约日期（或服务期限）

项目合作期约为15年，其中建设期3年，运营期12年。

（5）招标标的年度可用性服务费。

2. 资格预审

1）资格审查方式

根据相关规定，在对社会资本方资格审查时，本项目采取资格预审方式。

2）资格预审

资格预审的流程如图7-1所示。

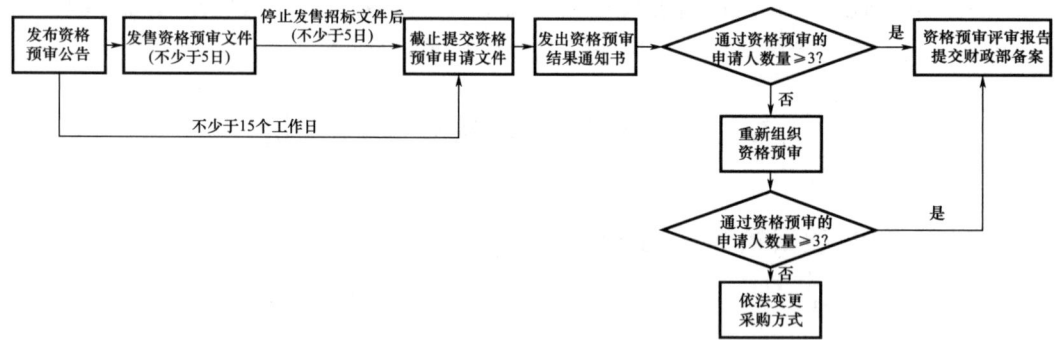

图7-1 案例1中的PPP模式资格预审流程图

（1）发布资格预审公告

资格预审公告在指定的政府采购信息发布媒体上发布。

资格预审公告及资格预审文件同时发布，发布时间不少于5个工作日。

（2）资格条件

① 合规性要求

a. 法成立并有效存续的境内企业法人或其他组织；

b. 不得存在法律规定的禁止参加投标的情形；

c. 符合《中华人民共和国政府采购法》第二十二条供应商参加政府采购活动应当具备的条件且无行贿犯罪记录；

d. 供应商须在项目所在地政府采购网上完成注册并为合格供应商；

e. 不得存在其他法规政策规定的禁止作为社会资本参与PPP项目的情形。

② 财务及融资要求

申请人应具有良好的银行资信、财务状况以及相应的偿债能力，应保证近三年无亏损；如申请人为联合体，则联合体中牵头人必须满足上述条件。

③ 主体要求

申请人可以是独立法人实体或其他组织，也可以是由法人实体或其他组织组成的联合体。如以联合体形式参与投标,则联合体内的成员不得超过4名。以联合体形式参与投标的,联合体各方不得再单独或与其他供应商另外组成联合体在本次招标活动中投标,否则,相关投标均视为无效投标。资格预审后,联合体牵头人变更、联合体增减、更换成员的,其投标无效。单位负责人为同一人或者存在控股、管理关系的不同单位,不得同时分别参加本项目资格预审申请(母子公司组成同一联合体的除外)。申请人应与资格预审报名登记时的单位名称保持一致。如以联合体形式参加本项目资格预审申请的,联合体成员中至少有一名成员与资格预审报名登记时的单位名称保持一致。

3)资格预审的评审

提交资格预审申请文件的时间自公告发布之日起不得少于15个工作日,潜在社会资本方应按资格预审文件的要求按时提交资格预审申请文件,资格预审的评审工作由资格审查委员会负责。

资格预审评审小组由7人组成,评审小组中包含1名法律专家、2名财务专家、2名技术专家和2名实施机构代表,资格预审现场由全体资格预审评审小组成员推举产生评审小组组长1名,主持本项目资格预审工作。

4)资格预审结果告知

资格预审结果应当告知所有参与资格预审的投标人(即社会资本方),评标报告提交财政部门(政府和社会资本合作中心)备案。

3. 招标采购实施过程

公开招标的流程图如图7-2所示。

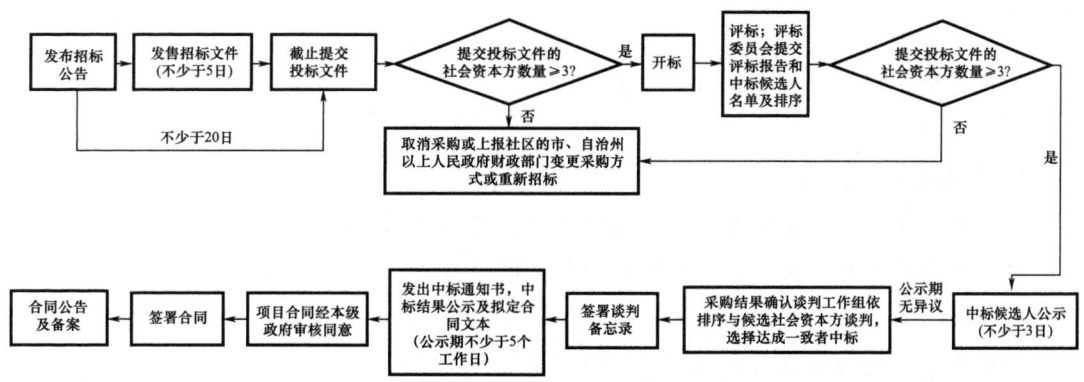

图7-2 案例1中的PPP模式公开招标流程图

(1)采购文件。采购文件发售与招标公告同时发出。

(2)采购文件编制依据。

(3)项目实施方案、物有所值评价报告、财政承受能力论证报告等,项目所有的批复文件、项目建议书、可行性研究报告等前期资料文件。

4. 采购文件的构成

1)第一卷 投标人须知
2)第二卷 PPP项目合同

3）第三卷合资合同与公司章程

4）第四卷项目相关资料（方案可行性研究报告、PPP项目实施方案、PPP相关批复文件等。）

5. 评标办法的设置

1）项目评审采用综合评分法

2）评审因素的设置

综合考虑供应商的商务报价、综合实力、技术方案、财务方案和法律方案。

（1）商务报价

低价优先法。年可用性服务费报价以全部合格投标人报价最低值为基准值，其价格分为满分，其他的报价得分统一按下列公式进行计算。

$$P = N \times \frac{F_p}{F_n} \tag{7-2}$$

式中 P——投标报价得分；

N——商务报价评审权重；

F_n——各合格投标人的投标报价；

F_p——评标基准价（为各全部合格投标人报价最低值）。

（2）投标人实力和信誉

投标人实力和信誉评审因素包括财务实力、业绩实力、技术实力。

（3）技术方案

PPP项目技术方案通常包括项目公司管理方案、设计方案、建设方案、运营与养护方案。

（4）财务方案

财务方案包括融资方案和财务评价。

（5）法律方案

6. 现场勘察或答疑

采购人不集中组织现场勘察，由投标人自行进行现场勘察。

答疑会召开时间：发售文件截止后至开标前。

7. 开标

采购人邀请所有投标人出席开标会议。

采购活动的开标程序应当在招标文件确定的开标时间（提交响应文件的截止时间）进行。开标由采购代理机构主持，开标现场活动进行全程录音录像，音像资料作为采购文件一并存档。

开标时，由投标人法定代表人或其授权代理人检查投标文件的密封情况；经投标人代表确认无异议后，由采购代理机构工作人员当众拆封，宣布投标人名称、投标价、服务周期和采购文件规定的需要宣布的其他内容。

8. 评标

1）评标委员会

评标委员会由9人组成。其中，包含2名法律专家、2名经济专家、2名政府方代表，3 名技术专家。

2）评标组织工作

评标工作由评标委员会负责。评标的组织工作由采购人或者采购代理机构负责。采购代理机构或采购人组织评标工作时，不得向评标委员会的评审专家作倾向性、误导性的解释或者说明，应认真履行以下职责。

① 核实评标委员会的评审专家身份信息以及采购人评标代表的授权委托书，并要求评标委员会签署《签到表》。

② 宣布评审纪律，要求评标委员会签署《廉洁从业承诺函》。

③ 公布投标人名单，告知评标委员会应当回避的情形，要求评标委员会签署《回避承诺函》。

④ 组织评标委员会推选评标组长。

⑤ 在评标期间收取所有评标委员会成员的通信工具，保证评标活动公正、公平，不受外界干扰。

⑥ 维护评标秩序，督促评标委员会成员按照采购文件中规定的评审程序、评审方法和评审标准分别进行独立评审。发现评标委员会成员的倾向性语言或其他涉嫌违法违规的行为，及时制止；情节严重的，须及时向相关部门报告。

⑦ 汇总并复核评标结果，当发现评分中分项得分不符合采购文件中规定的评审标准范围、各项合计分值出现计算错误、评标委员会成员对客观评审因素评审结论不一致，及时与评标委员会复核并纠正错误；若出现评分畸高、畸低的情况，要求评标委员会复核或者书面说明理由，评标委员会拒绝的，应予如实记录并向相关部门报告。

⑧ 评标完成后，按照规定向评审专家支付劳务报酬和异地评审差旅费，不向评审专家以外的其他人员支付评审劳务报酬。

3）评标委员会对投标文件进行比较和评价

4）编写评标报告、推荐中标候选人

① 编写评审报告

采购项目的评审报告，主要应包括以下内容：

a. 招标公告刊登的媒体名称、开标日期和地点；

b. 投标人名单和评标委员会成员名单；

c. 评标方法和标准；

d. 开标记录和评标情况及说明，包括无效投标人名单及原因；

e. 评标结果，确定的中标候选人名单或者经采购人委托直接确定的中标人；

f. 其他需要说明的情况，包括评标过程中投标人根据评标委员会要求进行澄清说明或者补正，以及评标委员会成员更换等。

② 推荐候选社会资本方

由评标委员会对社会资本方提交的最终响应文件进行综合评分，编写评审报告并向项目实施机构提交候选社会资本方的排序名单。

9. 谈判

依据《财政部关于印发〈政府和社会资本合作项目政府采购管理办法〉的通知》（财库〔2014〕215 号文）规定，本项目实施机构，依法成立了采购人采购结果确认谈判工作组。采购人谈判组按照本项目评审小组所推荐的成交候选人排名,依法与排名第一的成交候选人举行了采购结果确认谈判。

中标候选人能与谈判小组达成一致并签订采购结果确认谈判备忘录。

10. 公示

1) 预中标结果公示

预中标结果和根据采购文件、投标文件及有关补遗文件和确认谈判备忘录拟定的项目合同文本在省级以上人民政府财政部门指定的政府采购信息发布媒体上进行公示,公示期5个工作日。

2) 中标结果公告及中标通知书

项目实施机构应当在预中标结果公示期满无异议后2个工作日内,将中标结果在省级以上人民政府财政部门指定的政府采购信息发布媒体上进行公告,同时发出中标通知书。

11. 合同签订

确定中选社会资本后,依照采购文件所附的合同文本,由项目实施机构与中选社会资本草签《PPP项目合同》,以明确双方的关键权利义务。待项目公司成立后,项目实施机构与项目公司正式签署《PPP项目合同》或关于承继上述合同的补充协议。

7.5.2 项目总结

(1) PPP项目执行过程中环节多、流程长,从确认需求、制定文件、评审、谈判,涉及面广、专业要求高,故顺利做好一个项目应从多方面进行组织。

(2) 首先咨询公司应成立专业的工作小组,制定项目的招标计划,对所有环节的时间节点、需要的前置要件、可能存在的风险问题进行综合梳理。

(3) 项目启动前咨询公司应积极与业主单位沟通,同时协助业主与财政部门、发改部门、规划部门、审批部门等相关部门的沟通与汇报,了解清楚项目特点,期望目标等内容。咨询公司应及时开展物有所值评价和财政承受能力论证,并在此基础上编制项目实施方案和特许经营协议。而后进行资格预审及招标文件的编制,尤其招标文件编制过程中,应结合项目特点从财务及融资要求、业绩及奖项要求、设计、建设方案、管理方案等多方面进行综合评定。

(4) 文件发出后建议对潜在的社会资本方进行一次统一的答疑,使各方对项目的要求更清晰,投标的方案编制更有针对性,更准确。

(5) 抽取评委阶段为了确保评审工作的严谨性,应做好评委名单的保密工作,同时保证项目评审工作能顺利进行,建议项目在开标前24小时内完成评委抽取工作。评委抽取时,可以请当地财政局协助,利用政府采购专家抽取系统平台帮助完成抽取。也可以请建委招标处协助,利用建委的工程招投标平台把专家库名单录入系统中,用系统自动抽取。同时建议随机抽取全过程,通过录像监控及公证机构进行现场监督。

(6) 开标及评标现场也可由公证机构进行现场监督、公证,以保证评审过程公开、公平、公正。

第 8 章　建设工程全过程工程咨询招标采购

8.1　建设工程全过程咨询概述

8.1.1　建设工程全过程咨询的特点

2017 年 2 月，《国务院办公厅关于促进建筑业持续健康发展的意见》（国办发〔2017〕19 号），首次明确提出"全过程工程咨询"的概念。全过程咨询的全称是"全过程工程咨询服务模式"，是对建设工程项目从前期研究和决策以及工程项目实施和运行（或称运营）的全生命周期，提供组织、管理、经济和技术等各有关方面的工程咨询服务。

我国工程咨询行业原有的服务模式中，各个工程咨询服务的业务模块相互割裂，需要业主具备相当的工程相关专业知识，分别与各个单项工程咨询服务团队谈判对接。对于业主来说，承担了较高的工作负担和风险。全过程工程咨询服务可采用多种组织方式，为项目决策、实施和运营持续提供局部或整体解决方案及管理服务。它是一种大力发展以市场需求为导向、满足委托方多样化需求的新型咨询服务模式。

全过程工程咨询是时代发展的产物，标志着我国建筑工程咨询行业在"新时代、新思想、新使命、新征程"的时代背景下，开始由碎片化向集约化转变。其推进为我国建设工程咨询行业的发展提供了千载难逢的契机，也是各类工程咨询企业创新发展的历史机遇。

8.1.2　建设工程全过程咨询的服务范围及内容

国务院办公厅《关于促进建筑业持续健康发展的意见》中关于"全过程工程咨询"的描述是这样的："鼓励投资咨询、勘察、设计、监理、招标代理、造价等企业采取联合经营、并购重组等方式发展全过程工程咨询，培育一批具有国际水平的全过程工程咨询企业。制定全过程工程咨询服务技术标准和合同范本。政府投资工程应带头推行全过程工程咨询，鼓励非政府投资工程委托全过程工程咨询服务。在民用建筑项目中，充分发挥建筑师的主导作用，鼓励提供全过程工程咨询服务。"此文件旨在完善工程建设组织模式，培育全过程工程咨询服务市场；培育一批具有国际水平的全过程工程咨询企业。

全过程咨询的服务内容有：涉及建设工程全生命周期内的策划咨询、前期可研、工程设计、招标代理、造价咨询、工程监理、施工前期准备、施工过程管理、竣工验收及运营保修等各个阶段的管理服务均属于全过程工程咨询服务内容。全过程咨询旨在高度整合工程咨询服务，实现提高项目品质、控制投资成本、缩短建设工期、细化项目管理等目的，并有效地规避投资风险。实现全过程工程咨询既是政策导向，也是行业进步的体现。

8.2 招标方案

8.2.1 建设工程全过程咨询项目的特征与需求分析

1. 建设工程全过程咨询的特征与优势

（1）全过程工程咨询服务模式下设计人员参与项目决策，设计人员可以在决策阶段充分了解项目的建设意图，随着论证的逐步深化，完善设计工作。

（2）便于造价工程师实现全过程造价控制。项目设计阶段开始进行造价咨询服务，造价工程师可以辅助设计人员实现限额设计工作，并在招标、施工、竣工结算等各个环节掌握投资变化情况，实现造价动态控制。

（3）全过程工程咨询可以优化传统模式下冗长繁多的招标次数和期限，简化合同关系、优化项目组织，减少设计、招标、造价、监理之间责任分离等矛盾，加快进度，缩短工期。

2. 全过程工程咨询实施中的要点分析

纵观建设工程项目的全生命周期，可以将全过程工程咨询划分为四个阶段：决策阶段、设计阶段、施工阶段、运维阶段。

（1）决策阶段要根据使用者需求对项目进行可行性研究论证、投资及融资策划。具体咨询工作包括：调查研究、规划设计、方案比选、制定融资方案、编制可行性研究报告、环境影响评估、风险评估、实施策划等。决策阶段对于建设项目的影响重大，是全过程工程咨询的主要阶段。在这一阶段，工程咨询人员要清楚地认识到使用者直接和潜在的所有需求，通过技术经济分析，将需求转化为设计方案，确定合理的建设规模、测算实现效益最大化的投资额度。

（2）设计阶段是将规划意图进行具体描述的过程，具体咨询工作包括：场地勘察、工程设计、造价咨询等。根据项目的复杂程度，可以进行两个阶段设计或三个阶段设计。设计阶段是把科学技术有效地运用到实际施工中，以实现项目最大经济效益的关键环节。

（3）施工阶段是项目的实施阶段，也是项目从无到有的实现过程，具体咨询工作包括：工程采购（招投标）、合同管理、工程监理、竣工结算等。在施工阶段，工程咨询的主要任务是监督、管理、控制。施工阶段应当准确进行工程量计算，控制工程变更，依据合同督促施工进度，控制施工成本。工程监理的职责主要是控制项目的质量、进度和成本，在全过程工程咨询领域，工程监理更应担负起施工过程中项目管理的作用。

（4）运维阶段是项目全过程咨询的最后一个阶段，也是检验项目是否实现决策目标的关键环节，运维阶段工程咨询的主要任务是检查工程质量是否达到设计要求，复核工程投资是否合理,在投产或投入使用过程中验证项目的建设效果是否达到预期要求。

8.2.2 建设工程全过程咨询招标方案的基本内容

在招投标活动中,招标方案是针对一次招标组织实施工作的总体策划,是科学、规范、有效地组织实施招标采购工作的必要基础和主要依据。在制定全过程工程咨询项目的招标方案时应全面分析项目的技术、经济、管理特征,以及项目的功能、规模、质量、价格、进度、服务等需求目标,依据有关法律法规、技术标准,结合市场竞争状况等科学合理地制定招标方案。

招标方案包括合理确定招标组织形式、依法确定项目招标内容范围和选择招标方式等等,一般应包含以下内容:
(1) 项目概况、特征与需求分析;
(2) 招标项目范围、实施条件、项目质量、进度、价格等需求及其目标;
(3) 招标组织形式和招标方式;
(4) 合同结构与标段(标包)的划分;
(5) 投标人资格条件;
(6) 招标程序及时间计划;
(7) 专业力量安排、工作责任分解;
(8) 招标工作目标与保证措施、可能发生的风险和解决预案;
(9) 其他相关内容。

8.3 资格审查

资格审查是指招标人对资格预审申请人或投标人的经营资格、专业资质、财务状况、技术能力、管理能力、业绩、信誉等方面评估审查,以判定其是否具有参与项目投标和履行合同的资格及能力的活动。资格审查既是招标人的权利,也是招标项目的必要程序,它对于保障招标人和投标人的利益具有重要作用。

资格审查除遵循招标投标的"公开、公平、公正和诚实信用"外,还应遵循科学、合格和适用原则。

8.3.1 建设工程全过程咨询的资格要求

资格审查分为资格预审和资格后审两种办法。

资格预审是招标人通过发布资格预审公告,向不特定的潜在投标人发出投标邀请,由招标人或者由其依法组建的资格审查委员会按照资格预审文件确定的审查方法、资格条件以及审查标准,对资格预审申请人的经营资格、专业资质、财务状况、类似项目业绩、履约信誉等条件进行评审,以确定通过资格预审的申请人。未通过资格预审的申请人,不具有投标的资格。资格预审的方法包括合格制和有限数量制。

资格后审是在开标后由评标委员会对投标人进行的资格审查。采用资格后审时,招标人应当在开标后由评标委员会按照招标文件规定的标准和方法对投标人的资格进行审查。资格后审是评标工作的一个重要内容。对资格后审不合格的投标人,评标委员会应否决其投标。

(1) 申请人应具备承担本标段(包)的资格条件、能力和信誉等。一般有资格条件、项目负责人资格、其他要求(含财务要求、业绩要求、信誉要求等)。

(2) 如为联合体投标的,应遵守以下规定。

① 联合体各方必须按资格预审文件提供的格式签订联合体协议书,明确联合体牵头人和各方的权利义务;

② 由同一专业的单位组成的联合体,按照资质等级较低的单位确定资质等级;

③ 联合体各方不得再以自己名义单独或加入其他联合体在同一标段(包)中参加资格预审;

④ 资格预审后联合体不得增减、更换成员。

(3) 申请人存在下列情形之一的,相关申请均无效。

(1) 为招标人不具有独立法人资格的附属机构(单位);

(2) 与招标人存在利害关系且可能影响招标公正性。

8.3.2 合格投标人的审查内容

招标中的资格要求根据招标的性质和类别不同,会有不同的要求,一般资质要求的内容包括:

1. 企业营业执照(有效期内的)

2. 企业资质

(1) 勘察资质

根据《建设工程勘察设计管理条例》和《建设工程勘察设计资质管理规定》,工程勘察资质分为三个类别。

① 工程勘察综合资质(指包括全部工程勘察专业资质的工程勘察资质);

② 工程勘察专业资质[包括:岩土工程专业资质、水文地质勘察专业资质和工程测量专业资质,其中,岩土工程专业资质包括岩土工程勘察、岩土工程设计、岩土工程物探测试检测监测等岩土工程(分项)专业资质];

③ 工程勘察劳务资质(包括:工程钻探和凿井)。

(2) 设计资质

根据《建设工程勘察设计管理条例》和《建设工程勘察设计资质管理规定》,工程设计资质分为四个序列。

① 工程设计综合资质(指涵盖 21 个行业的设计资质);

② 工程设计行业资质(指涵盖某个行业资质标准中的全部设计类型的设计资质);

③ 工程设计专业资质(指某个行业资质标准中的某一个专业的设计资质);

④ 工程设计专项资质(指为适应和满足行业发展的需求,对已形成产业的专项技术独立进行设计以及设计、施工一体化而设立的资质)。

(3) 工程监理资质

根据修订后的《工程监理企业资质标准》执行,工程监理企业资质分为综合资质、专业资质和事务所三个序列。综合资质只设甲级。专业资质原则上分为甲、乙、丙三个级别，并按照工程性质和技术特点划分为 14 个专业工程类别（房屋建筑工程、冶炼工程、矿山工程、化工石油工程、水利水电工程、电力工程、农林工程、铁路工程、公路工程、港口与航道工程、航天航空工程、通信工程、市政公用工程、机电安装工程）；除房屋建筑、水利水电、公路和市政公用四个专业工程类别设丙级资质外，其他专业工程类别不设丙级资质。事务所不分等级。

3. 财务状况

提供经会计师事务所或者审计机构审计的财务会计报表，包括资产负债表、损益表、现金流量表、利润表和财务状况说明书扫描件。

4. 类似项目业绩（承担过类似项目的业绩和经验）

5. 企业信誉

（1）近年内未被列入"信用中国"网站失信被执行人、重大税收违法案件当事人（以投标截止当日查询结果为准）。

（2）投标人及拟派项目总负责人近年内在中华人民共和国最高人民法院裁判文书网上无行贿犯罪记录（以投标截止当日查询结果为准）。

6. 项目总负责人

拟派的全过程工程咨询项目总负责人须具备与工程项目相适应的下列国家注册执业资格证书中任意一项资格条件：国家注册监理工程师、注册咨询工程师（投资）、注册一级造价师、注册一级建造师、注册一级建筑师、注册结构工程师等工程建设类注册执业资格；同时具有工程类或工程经济类高级及以上职称，并可兼任一项专业负责人。

如为联合体投标，项目总负责人必须为联合体主体牵头人员，且不得同时在两个或者两个以上单位受聘或者执业；

7. 全过程工程咨询项目组其他成员要求

（1）项目管理负责人：须具备工程建设类相关注册证书。

（2）决策咨询负责人：须具备注册咨询工程师（投资）执业资格。

（3）工程勘察咨询负责人：须具备注册土木工程师（岩土）执业资格。

（4）设计咨询负责人：须具备（等级）注册建筑师或（等级）注册结构工程师资格或市政类高级工程师资格。

（5）工程监理负责人：须具备（专业）国家注册监理工程师执业资格。

（6）造价咨询负责人：须具备国家一级注册造价工程师执业资格。

（7）招标采购负责人：须具备工程类或工程经济类中级及以上职称。

（8）运维咨询负责人：有运维类相关业绩。

（9）专项咨询负责人：有专项类相关业绩。

（10）其他人员要求：在投标人资质范围内的专业咨询项目，应配备符合现行法律、法规、与咨询项目相适应的专业负责人；不在投标人资质范围内的专业咨询项目，应配备具有工程类、工程经济类中级及以上职称的专业负责人。

8. 其他要求（如联合体等）

9. 投标人不得有以下情形

（1）为招标人不具有独立法人资格的附属机构（单位）；
（2）为本标段提供招标代理服务的；
（3）与本标段的招标代理机构存在单位负责人为同一人的；
（4）与本标段的招标代理机构存在相互控股或参股的；
（5）与本标段其他投标人存在单位负责人为同一人或者存在控股、管理关系的；
（6）法律法规规定的其他情形。

8.4　招标文件

8.4.1　招标文件的特点

招标文件也称为招标通知、招标公告、招标启事，是一种告知性文件。招标文件是吸引竞争者加入的一种文书，它具有相当的竞争性；招标文件要求在短时间内获得结果，因此，又具有时间的紧迫性。每个招标项目均具有一定的个性特点，需与招标人充分沟通，了解招标项目的特点和需求，包括项目概况、投资性质、审批或核准情况、项目总体实施计划等，并在项目招标方案的基础上，细化形成招标文件。

8.4.2　招标文件的组成与格式

招标文件是由招标人或其授权委托的招标代理机构根据项目特点编制的，是向所有投标人表明招标意向和要求的书面法律文件。它是招标人和投标人必须遵守的行为准则，是投标人编制投标文件的依据、是评标委员会评标的依据、是招标人回复质疑和相关部门处理投诉的依据、是招标人和中标人签订合同的依据、是招标人验收的依据。

8.4.3　招标文件的内容与编制

招标文件主要包括如下内容。
1）招标公告（或投标邀请书）
主要内容包括但不限于以下内容。
① 招标人的名称和地址；
② 招标项目的内容、规模、资金来源；
③ 招标项目的实施地点和工期；
④ 获取招标文件或者资格预审文件的地点和时间；
⑤ 对招标文件或者资格预审文件收取的费用（电子标除外）；
⑥ 对招标人的资质等级的要求。
2）投标人须知
在投标人须知中重点明确招标范围、服务期、资格条件、分包、报价方式、投标有效期等内容,以及不得参加投标的情形。

主要内容包括但不限于以下内容。

① 否决投标的情形;
② 投标人须知前附表;
③ 投标人须知正文部分;
④ 其他。

3)评标办法

建设工程全过程工程咨询招标一般采用综合评估法。评标因素包括投标报价、商务评审、技术评审。商务评审主要包括但不限于:企业业绩、服务承诺、特殊要求及加分项、财务状况、管理体系认证情况、获奖情况、项目总负责人、拟派人员情况等。技术评审主要包括但不限于:全过程工程咨询服务总纲、全过程工程咨询服务组织方案、质量控制方案、进度控制方案、投资控制方案、档案与信息管理方案、合理化建议等。

4)合同条款及格式

为了指导全过程工程咨询服务合同当事人的签约行为,维护合同当事人的合法权益,根据《中华人民共和国民法典》《中华人民共和国建筑法》《政府投资条例》以及相关法律法规,建设工程全过程工程咨询合同范本为《建设工程咨询服务合同示范文本（征求意见稿）》(以下简称《示范文本》)。

《示范文本》由工程咨询服务协议书、通用合同条件和专用合同条件三部分组成。

(1) 合同协议书。《示范文本》合同协议书是委托人与咨询人就合同内容协商达成一致意见后,相互承诺履行合同而签署的协议书。集中约定了合同当事人基本的权利义务,包括但不限于:项目概况、服务范围、委托人代表与咨询项目总负责人、服务费用、服务期限、合同文件的组成、双方承诺(如有)等重要内容,并约定了合同订立生效条件及合同订立的时间、地点和合同份数。

(2) 通用条件。通用条件是合同当事人根据《中华人民共和国民法典》《中华人民共和国建筑法》《政府投资条例》等法律法规和规章的规定,就全过程工程咨询服务的提供及相关事项,对合同当事人的权利义务作出的原则性规定。

具体条款分别为:词语含义、一般规定、委托人、咨询人、服务要求和服务成果、进度计划、延误和暂停、服务费用和支付、变更和服务费用调整、知识产权、保险、不可抗力、违约责任、合同解除、争议解决。前述条款安排既考虑了现行法律法规对全过程工程咨询服务的有关要求,也考虑了目前的各类工程咨询服务中的通常做法,具有较强的普遍性和通用性,是通用于全过程工程咨询服务的基础性条款。

(3) 专用合同条件。专用合同条件是指合同当事人根据法律法规和规章的规定,结合具体建设项目实际,通过双方的谈判、协商对相应通用合同条件的原则性约定进行细化、完善、补充、修改或另行约定的条款。在使用专用合同条件时,应注意以下事项:

① 专用合同条件的编号应与相应的通用合同条件的编号一致,并和通用合同条件按照同一编号的条款一起阅读和理解,当两者之间有不符之处,以专用合同条件为准。

② 在专用合同条件中有横道线的地方，合同当事人可针对相应的通用合同条件进行细化、完善、补充、修改或另行约定；如果不需进行细化、完善、补充、修改或另行约定，则填写"无"或画"/"。

③ 对于在专用合同条件中未列出的通用合同条件，合同当事人根据建设项目的具体情况认为需要进行细化、完善、补充、修改或另行约定的，可增加相关专用合同条件或附件。

5）发包人要求

发包人要求也是构成合同文件的组成部分。

6）招标文件其他资料

招标人根据招标项目的特点提供相关资料，便于投标人编制投标文件。

7）投标文件格式

投标文件格式的主要作用是为投标人编制投标文件提供固定的格式和编排顺序，以规范投标文件的编制，同时便于评标委员会评标。

8.5 投标文件

8.5.1 投标文件的组成

投标人应招标文件要求编制的响应性文件，一般包含商务文件、投标报价、技术文件、其他材料。

（1）商务文件包括但不限于投标人资质、业绩、财务状况、获奖情况、拟派人员配备情况等一系列内容。

（2）投标报价包括但不限于投标报价说明、投标报价表等。

（3）技术文件包括但不限于全过程工程咨询服务总纲、全过程工程咨询服务组织方案、质量控制方案、进度控制方案、投资控制方案、档案与信息管理方案、合理化建议等。

（4）其他材料。投标人认为需要提供的其他资料。

8.5.2 投标文件的编制

投标文件应按招标文件要求的"投标文件格式"进行编写，对招标文件有关履约期限、投标有效期、质量目标、发包人要求、招标范围等实质性内容作出响应。

（1）投标的语言。中文为投标文件使用的主导语言。除专用术语外，与招标投标有关的语言均使用中文。必要时专用术语应附有中文注释。

（2）计量单位。所有计量均采用中华人民共和国法定计量单位。

（3）投标保证金。投标人应提交一笔符合投标人须知前附表规定的投标保证金，未包含投标保证金的投标文件将被拒绝。未中标人的投标保证金将在投标有效期期满后规定时间内退还，中标人的投标保证金将在其签订合同并交纳了履约保证金后退还。当投标人在投标有效期内撤回投标或中标后未按规定签订合同并缴纳履约保证金时其投标保证金将被没收。

(4) 投标有效期。所有投标应从开标之日起,在投标人须知前附表中规定的投标有效期内有效。投标有效期的期限应能满足评标和签订合同所需时间。在特殊情况下,买方可要求投标人同意延长投标有效期,投标人可以拒绝这种要求而不被没收投标保证金。同意延长的投标人不能修改其投标文件,且要相应延长其投标保证金的有效期。

(5) 投标文件制作和签署(电子招标按当地规定执行)。

① 投标人按本招标文件的规定,编制投标文件正本和副本(文件数量以招标文件要求为准),并明确标明:"正本"和"副本"。正本和副本如有不一致之处,以正本为准。电子文件(文件数量以招标文件要求为准)以优盘或光盘形式提交。

② 投标文件的正本与副本均应使用不能擦去的墨水打印或书写,并由投标人或其正式授权人签署,授权书应以书面委托的方式出具,并附在投标文件中。有增加或修正的各项,都应由投标文件签字人签字证明。

③ 全套投标文件应无涂改和行间插字,除非这些删改是根据业主指示进行的,或者是投标人造成的必须修改的错误。在后一种情况下,修改处应由投标文件签字人签字证明。

8.5.3 投标文件的递交

(1) 投标文件的密封和标记。

投标文件的正本和每一副本都应分别包装,而且要求用内、外两层信封包装和密封。注明投标文件提交地点,并注明投标项目名称及开标之日前不得启封的字样。如为多标段招标,则投标文件按标段分别编制、装订、密封、标记和递交。

(2) 投标截止日期。

(3) 招标人收到投标文件的时间不得迟于投标邀请书中规定的截止时间。

(4) 在延长投标截止日期的情况下,招标人和投标人的有关权利和义务将顺延至新的截止日期。

(5) 迟交的投标文件。招标人将拒绝并原封退回在投标截止日期后收到的任何投标文件。

(6) 投标文件的修改和撤回。投标人可以修改和撤回已递交的投标文件,但招标人必须在投标截止日期之前收到书面通知,该修改或撤回通知书应按递交投标文件的有关规定编制、密封、标记和发送,并在内层信封上加注"修改"或"撤回"字样。在投标截止期后,投标人不得对其投标文件作任何修改;在投标截止期后,不能撤回投标文件,否则将被没收投标保证金。

8.6 开标与评标

8.6.1 开标

《招标投标法实施条例》第四十四条规定:招标人应当按照招标文件规定的时间、地点开标。投标人少于3个的,不得开标;招标人应当重新招标。投标人对开标有异议的，应当在开标现场提出，招标人应当当场作出答复，并制作记录。

依据以上规定，招标人按招标文件所规定的时间和地点公开开标。投标人的法定代表人或其委托代理人应当参加开标会，并在招标人按开标程序进行点名时，向招标人提交法定代表人身份证明文件或法定代表人授权委托书，出示本人身份证，以证明其出席。按规定提交合格的撤回通知的投标文件不予开封，并退回给投标人。未按招标文件要求密封的投标文件，招标人不予受理。

开标由招标代理机构主持；并对递交投标文件参加开标会的投标人的法定代表人或委托代理人点名，同时对其提交法定代表人身份证明文件或法定代表人授权委托书、身份证进行验证和核查。

由投标人检查投标文件的密封情况；经确认无误后，由招标代理工作人员当众拆封，并依据投标文件正本宣读投标人名称、投标价格和投标文件的其他主要内容。在招标文件要求提交投标文件的截止时间前收到的合格的投标文件，开标时都应当众予以拆封、宣读。

招标代理工作人员对开标过程进行记录，并存档备查。唱标结束后，投标人法定代表人或其委托代理人应进行签字确认。投标人对开标有异议的，应当在开标现场提出，招标人或招标代理机构应当当场作出答复，并制作记录。异议是指投标人提出的，开标现场可能出现的对投标文件提交、截标时间、开标程序、投标文件密封检查和开封、唱标内容、开标记录、唱标次序等的争议。

采用电子招投标的，招标人在招标文件规定的投标截止时间（开标时间）在"电子交易平台"上公开进行开标，所有投标人均应当准时在线参加开标。招标人通过互联网组织开标，投标人通过互联网在线参加开标。在投标截止时间前，招标人、招标代理机构和投标人使用各自的CA数字证书登录"电子交易平台"，进入项目进行签到；在开标时间后，按照"电子交易平台"的操作流程进行解密和唱标。

投标人对开标有异议的，应当在开标过程中提出；招标人当场对异议作出答复，并记入开标记录。本处所称异议是指投标人在开标过程中对投标文件提交、投标截止时间、开标程序、开标记录以及投标人和招标人或者投标人相互之间存在利益冲突的情形等提出的质疑。

8.6.2 评标委员会

评标由招标人依法组建的评标委员会负责。评标委员会由招标人授权代表，以及有关技术、经济等方面的专家组成。评标委员会成员人数以及相关专家的确定方式等应当在招标文件中明确。评标委员会技术、经济等方面的专家成员应当从主管部门建立的相关专业的专家库中随机抽取产生。

全过程工程咨询涉及建设工程全生命周期内的策划咨询、前期可研、工程设计、招标代理、造价咨询、工程监理、施工前期准备、施工过程管理、竣工验收及运营保修等各个阶段的管理服务工作。由于全过程工程咨询项目涉及专业广的特点，全过程工程咨询评标委员会一般至少由7位专家组成，其中招标人可以派2名代表参加评标，另外从专家库中随机抽取5名专家，其中至少包含1名经济类专家，其他4位随机抽取的专家依据招标范围来确定，可以是监理专业、勘察专业等。

在采用电子招标的项目中，还可以申请远程异地评标。远程异地评标是指利用网络技术和远程异地评标协调系统，共享评标专家资源，通过异地公共资源电子交易平台，共同完成抽取项目受理地专家和异地专家，组建评标委员会，利用"互联网＋"等信息化技术，实现评标专家在线评标工作的全过程。抽取跨市或跨省异地专家参与评标，充分利用网络技术优势，打破地域空间限制，可以解决地市县当地评标专家人数不足、专业受限的问题，同时还将投标人、评标专家从地域上实现物理隔离，进一步保障招标活动的公平公正。

8.6.3 评标

开标后，招标人将所有受理的投标文件，提交评标委员会进行评审。评审过程分为初步审查和详细审查。初步审查一般分为形式审查、资格审查和响应性审查三个环节。招标项目采取资格后审的，在评标前对投标人进行资格审查，审查其是否有能力和条件有效地履行合同义务。如投标人未达到招标文件规定的能力和条件，其投标将被拒绝，不进行评审。招标项目如果采用资格预审的，则在初步审查环节中跳过资格审查阶段，只进行形式审查和响应性审查。初步审查有一项不符合评审标准的，评标委员会应当否决其投标。

采用综合评估法的，初步审查合格的将进入详细评审环节，即评标委员会按招标文件规定的量化因素和分值进行打分，并计算出综合评估得分。综合评估法一般会对投标人的报价、商务资信业绩和技术方案进行评分。评分分值计算保留小数点后两位，小数点后第三位"四舍五入"。

投标报价有算术错误的，评标委员会按以下原则对投标报价进行修正，修正的价格经投标人书面确认后具有约束力。投标人不接受修正价格的，评标委员会应当否决其投标。（1）投标文件中的大写金额与小写金额不一致的，以大写金额为准；（2）总价金额与依据单价计算出的结果不一致的，以单价金额为准修正总价，但单价金额小数点有明显错误的除外。

评标委员会发现投标人的报价明显低于其他投标报价，或者在设有标底时明显低于标底，使得其投标报价可能低于其个别成本的，应当要求该投标人作出书面说明并提供相应的证明材料。投标人不能合理说明或者不能提供相应证明材料的，评标委员会应当认定该投标人以低于成本报价竞标，应当否决其投标。

为有助于投标文件的审查、评价和比较，必要时，评标委员会可以以书面形式要求投标人对投标文件含义不明确的内容作必要的澄清或说明，投标人应采用书面形式进行澄清说明，但不得超出投标文件的范围或改变投标文件的实质性内容。评标委员会不接受投标人主动提出的澄清、说明或补正。

8.7 定标与合同签订

8.7.1 定标

依法必须进行招标的项目，招标人应当自收到评标报告之日起 3 日内公示中标候选人,公示期不得少于 3 日。投标人或者其他利害关系人对评标结果有异议的,应当在评标结果公示期间提出。招标人自收到异议之日起 3 日内作出答复;作出答复前,暂停招标投标活动。如果中标候选人的经营、财务状况发生较大变化或者存在违法行为,招标人认为可能影响其履约能力的,将在发出中标通知书前报行政监督部门后,召集原评标委员会按照招标文件规定的标准和方法审查确认。

中标候选人公示结束后,没有异议和投诉,或异议投诉处理完毕,招标人确定中标人。招标人将中标通知书报招投标监管部门备案,在办理完中标通知书备案手续后,招标人将在招标文件规定的投标有效期内向中标人发出中标通知书,同时将中标结果以书面形式通知所有未中标的投标人。招标人发出中标通知书的同时将在招标文件规定的媒介发布中标结果公告。

在采用电子招标的项目中,评标结果公示期满后,投标有效期满前,招标人通过"电子交易平台"以书面形式向中标人发出中标通知书,同时将中标结果通知未中标的投标人。依法必须招标的项目,招标人在确定中标人的 15 日内应该将项目招标投标情况书面报告提交招标投标有关行政监督部门。

8.7.2 授予合同

《招标投标法实施条例》第五十七条规定:招标人和中标人应当依照招标投标法和本条例的规定签订书面合同,合同的标的、价款、质量、履行期限等主要条款应当与招标文件和中标人的投标文件的内容一致。招标人和中标人不得再行订立背离合同实质性内容的其他协议。招标人最迟应当在书面合同签订后 5 日内向中标人和未中标的投标人退还投标保证金及银行同期存款利息。

依据以上规定,招标人和中标人应当自中标通知书发出之日起 30 日内,按照中标通知书、招标文件和中标人的投标文件签订合同。合同的标的、价款、质量、履行期限等主要条款应当与招标文件和中标人的投标文件的内容一致。招标人和中标人不得再行订立背离合同实质性内容的其他协议。

签订合同时,中标人应按招标文件要求向招标人提交履约保证金,并依法进行合同备案。同时,招标人应未退回中标投标人的投标保证金。中标人无正当理由拒签合同或在签订合同时向招标人提出附加条件的,招标人取消其中标资格,其投标保证金不予退还;给招标人造成的损失超过投标保证金数额的,中标人还应当对超过部分予以赔偿。

排名第一的中标候选人放弃中标、因不可抗力不能履行合同、不按照招标文件要求提交履约保证金,或者被查实存在影响中标结果的违法行为等情形,不符合中标条件的,招标人有权取消中标决定并没收其投标保证金。在此情况下,招标人可以按照评标委员会提出的中标候选人名单排序依次确定其他中标候选人为中标人,也可以重新招标。

8.8 建设工程全过程咨询招标案例

8.8.1 项目概况

某医院新院区建设项目,新建公共卫生应急大楼 1 栋,综合住院楼 2 栋,后勤保障楼 1 栋，设置床位 1000 张。总建筑面积 166300 平方米，其中地上面积 107850 平方米，地下建筑面积 58450 平方米，设地下停车位 1285 个，主要建设门诊、急诊、住院、医技、保障系统、业务管理、院内生活等功能用房，配套建设给排水、电气、暖通、消防等公用工程和室外工程。

按照我国工程咨询行业原有的服务模式中，各个工程咨询服务的业务模块相互割裂，需要业主具备相当的工程相关专业知识，分别与各个单项工程咨询服务团队谈判对接。对于本项目的业主来说，以往没有建设大型项目的经验，工程建设专业知识有限。为避免较高的工作负担和较高的风险，项目业主决定采用全过程工程咨询服务，为项目决策、实施和运营持续提供局部或整体解决方案及管理服务。

根据项目的实际情况，最终确定本项目的招标范围为全过程工程咨询服务，包括项目管理、勘察（含地下管网物探）、监理、工程造价咨询等专业服务工作。

8.8.2 招标文件编制

项目采用资格预审的方式进行，其中招标文件主要内容如表 8-1 所示。

表 8-1 本案例有关招标文件内容简介

项目	要求	备注
资格条件	投标人必须是在中华人民共和国境内注册并合法运作的企业，持有效企业法人营业执照； 投标人须同时具备工程勘察专业类（岩土工程）甲级资质（或工程勘察综合类甲级资质）和房屋建筑工程监理甲级资质（或工程监理综合资质）	
财务要求	投标人须提供近三年会计师事务所出具的完整的财务审计报告（成立不足两年的单位提供成立以来所有年度财务审计报告； 成立不足一年的单位或自然人提供银行资金证明）	
业绩要求	申请人近 5 年（从申请截止之日起往前推算，以合同签订时间为准）具有投资额为 6 亿元及以上公共建筑项目的项目管理（或代建）业绩或监理业绩或勘察业绩或工程造价咨询业绩（投资额为 6 亿元及以上公共建筑项目的全过程工程咨询业绩中含有项目管理或代建或监理或勘察或工程造价咨询内容也可视为有效的业绩），须提供合同协议书，联合体牵头方或成员方满足均可	
信誉要求	（1）没有被依法暂停或取消投标资格； （2）没有被责令停产停业、暂扣或者吊销许可证、暂扣或者吊销执照； （3）没有进入清算程序，或被宣告破产，或其他丧失履约能力的情形； （4）在最近三年内没有发生重大工程质量问题； （5）在"国家企业信用信息公示系统"没有被列入严重违法失信企业名单； （6）没有被有关部门依法在"信用中国"网站列入信用联合惩戒对象名单或失信被执行人名单； （7）在近三年内投标人或其法定代表人、拟委任的项目经理没有行贿犯罪行为； （8）不存在投标人须知第二章第 1.4.3 项规定的情形	

续表

岗位		资格要求	数量	
项目负责人资格	项目总负责人	（1）下列国家注册执业资格证书中任意一项：①一级结构工程师；②一级建筑师；③造价工程师或一级造价工程师；④一级建造师（建筑工程）；⑤监理工程师（房屋建筑工程）。 （2）具有工程类或工程经济类高级职称。 （3）近5年（从申请截止之日起往前推算，以合同签订时间为准）至少承担过一项投资额为6亿元及以上公共建筑项目的项目管理（或代建）业绩或监理或勘察或工程造价咨询业绩（投资额为6亿元及以上公共建筑项目的全过程工程咨询业绩中含有项目管理（或代建）或监理或勘察或工程造价咨询内容也可视为有效的业绩），须提供合同协议书	1人	可兼任项目管理负责人
项目管理机构其他主要人员	项目管理负责人	具有下列国家注册执业资格证书中任意一项：①一级结构工程师；②一级建筑师；③造价工程师或一级造价工程师；④一级建造师（建筑工程）；⑤监理工程师（房屋建筑工程）	1人	
	勘察负责人	拟派勘察负责人（由承担工程勘察任务的单位委派）具备国家土木工程师（岩土）资格	1人	
	监理负责人	拟派监理负责人（由承担工程监理任务的单位委派）具备国家监理工程师（房屋建筑工程专业）资格	1人	
	工程造价咨询负责人	拟派工程造价咨询负责人（由承担工程造价咨询任务的单位委派）具备国家造价工程师执业资格证书或一级造价工程师职业资格证书	1人	
项目管理机构主要人员		项目总负责人可兼任项目管理负责人，其他专业主要负责人之间不得互相兼任		
施工机械设备要求		/		
其他要求		投标申请人（含联合体各方）、法定代表人（含联合体各方）、拟派的项目总负责人、项目管理负责人、勘察负责人、监理负责人、工程造价咨询负责人在"信用中国"网站有失信记录或被列入最高人民法院失信被执行人名单以及依法被限制投标资格的将被拒绝参加本次投标（提供信用中国和最高人民法院网上查询记录截图和承诺书）； 单位负责人为同一人或者存在控股、管理关系的，仅限一家单位报名（以递交资格预审申请书签到顺序为准），单位负责人为同一人或者存在控股、管理关系的单位可组成一个联合体参与投标； 拟派项目总负责人和各专业负责人须提供相关证书和申请截止日前一年内任3个月的社保证明		

招标文件的评审过程分为初步审查和详细审查。由于本项目已进行过资格预审，故在初步审查环节只进行形式审查、响应性审查两个环节。通过初步审查的投标人进入详细评审环节。本项目采用综合评估法，详细评审环节满分100分，其中投标报价得分10分、商务评审30分、技术评审60分，详细评分标准如表8-2所示。

第8章 建设工程全过程工程咨询招标采购

表8-2 项目评分标准表

2.2.1		分值构成（总分100分）		投标报价：10分 商务评审：30分 技术评审：60分 其他评审：/分 （没分时打"/"）
条款号	评分因素	各评分因素细分项	分值	评分标准
2.2.2（1）	投标报价	投标报价	10	（1）投标报价：招标人对招标的工程设置招标控制价，招标控制价作为招标人控制招标工程造价的最高限价，高于最高限价的投标为废标。 （2）基准价的确定办法：若有效报价多于5家（含）时，则去掉一个最高报价及最低报价，剩余投标报价的算术平均值为评标基准价；若有效报价少于5家时，所有投标报价的算术平均值为评标基准价。 （3）报价的得分为： ①投标报价等于基准价时为满分； ②投标报价低于基准价的，每低于1.0%扣0.1分，该项记分公式为：$C_p=10-[(Q-q)/Q]\times100\times0.3$ $(0\leqslant C_p\leqslant10)$； ③投标报价高于基准价的，每高于1.0%扣0.2分。该项记分公式为：$C_p=10+[(Q-q)/Q]\times100\times0.5$ $(0\leqslant C_p\leqslant10)$。 以上式中，$q$为投标报价，$Q$为基准价，得分数精确到小数点后2位（四舍五入）
2.2.2（2）	商务评审	投标人近5年类似工程业绩（联合体成员均认可）	15	投标人近5年（从申请截止之日起往前推算，以合同签订时间为准）承担过投资额为6亿元及以上的公共建筑项目的项目管理（或代建）或监理业绩或勘察业绩或造价业绩（投资额为6亿元及以上公共建筑项目的全过程工程咨询业绩中含有项目管理或代建或监理或勘察或工程造价咨询内容也可），每有一个得3分，最高得15分（须提供合同协议书，联合体牵头方或成员方满足均可）
		投标人荣誉	6	投标人近5年（从申请截止之日起往前推算，以获奖证书颁发时间为准）承担的项目获得国家级奖项的每项得3分；获得省级奖项的每项得1.5分；同一项目以最高获奖为准，本项最高得6分（联合体牵头方或成员方满足均可）
		全过程工程咨询团队	9	（1）项目勘察负责人有工程类高级职称的，得1分；每有一个工程类注册执业资格证书（资格条件要求的注册岩土工程师执业资格除外）加1分，最多加2分。 （2）项目监理负责人有工程类高级职称的，得1分；每有一个工程类注册执业资格证书（资格条件要求的注册监理工程师执业资格除外），加1分，最多加2分。 （3）项目造价咨询负责人有工程类（或工程经济类）高级职称的，得1分；每有一个工程类注册执业资格证书（资格条件要求的注册造价工程师或一级造价工程师执业资格除外，加1分，最多加2分。 （注：所有人员以相关证书扫描件为准，且均需提供社保证明）

续表

条款号	评分因素	各评分因素细分项	分值	评分标准
2.2.2（3）	技术评审	全过程工程咨询服务实施方案	12	对全过程工程咨询服务实施方案内容齐全性、结构完整性评审，是否重点突出、符合规范、针对性强，优的得9~12分，良的得5~8分，差的得1~4分
		勘察方案	12	对勘察方案的针对性、要点明确性、措施得当性评审，优的得9~12分，良的得5~8分，差的得1~4分
		项目管理方案	12	对项目管理方案的针对性、要点明确性、措施得当性评审，优的得9~12分，良的得5~8分，差的得1~4分
		监理方案	12	对工程监理方案的针对性、要点明确性、措施得当性评审，优的得9~12分，良的得5~8分，差的得1~4分
		工程造价咨询方案	12	对工程造价咨询方案的针对性、要点明确性、措施得当性评审，优的得9~12分，良的得5~8分，差的得1~4分

8.8.3 投标

本项目在W市公共资源交易平台招标投标交易系统发布了招标公告，公告期5天。至公告截止时间网上共有28家单位报名。本项目在W市公共资源交易电子平台组织了线上资格预审，共19家投标单位提交资格预审文件并签到，并于当天5位专家评委在公共资源交易中心进行评审，经评审小组审核，其中19家单位均通过审核。

随后，招标机构在电子交易平台上对通过审查的19家单位发布招标文件，招标文件下载时间为5天。本项目未组织现场踏勘。

本项目的最高投标限价为3251.49万元（其中项目管理费最高投标限价为987.25万元；工程监理费最高投标限价为1796.44万元；勘察费最高投标限价为321.22万元；工程造价咨询费最高投标限价为146.58万元）。

8.8.4 开标与评标

至递交投标文件截止时间共有8家投标单位按时在电子交易平台上递交了投标文件。招标人通过互联网在投标截止时间30分钟前，使用CA数字证书登录"市电子交易平台"，进入"网上开标大厅"选择本项目进行签到，做好开标的准备工作。

投标人在投标截止时间前，使用加密投标文件的CA数字证书登录"市电子交易平台"，进入"网上开标大厅"本项目进行签到，并实时在线关注招标人的操作情况。

本项目在网上开标室进行"不见面"远程公开开标，所有投标人均准时在线参加开标。开标由招标代理机构主持，主持人按下列程序在"市电子交易平台网上开标大厅"进行电子开标。

开标结束后，7位专家评委进场在电子平台上对8家投标单位的投标文件进行评审。经各专家评委认真仔细评判后，依招标文件规定的"评标办法"规定的方法、评审因素、标准和程序对投标文件进行评审，推荐了中标候选人。

8.8.5 定标与合同签订

本项目在"市电子交易平台"对评标结果进行了网上公示，公示期3天，公示期间未收到投标人或者其他利害关系人对中标结果公示的质疑和投诉，公示结束后，招标人依法拟确定D公司为中标人，中标价为人民币3101.5139万元。

中标公示期满后，招标人通过"市电子交易平台"发布中标结果公告的同时，向中标人D公司发出中标通知书，并将中标结果通知未中标的投标人。

本项目未要求中标人提供履约保证金。招标人和中标人在投标有效期内并自中标通知书发出之日起30日内，根据招标文件和中标人的投标文件订立书面合同。中标人投标函中大写投标总价为签约合同价。

8.8.6 项目整体分析与评价

项目严格按照法律法规及市电子交易平台的规定执行，资格预审文件和招标文件均采用电子交易平台发布的招标投标范本，程序合法有效。

项目选择采用全过程工程咨询方式招标，包含了项目管理、勘察、监理和工程造价咨询四个方面的内容，优化传统模式下冗长繁多的招标次数和期限，将原本需要进行的四次招标工作合并为一个招标项目，一次性完成四个项目的招标工作，大大加快了工作进度，缩短工期。

原本采用传统招标模式需要与四个中标人签订四份合同，招标人需对应四家单位进行工作沟通，采用全过程工程咨询方式只有几家单位组成联合体投标，招标人只用和联合体单位签订一份咨询合同，工作和联合体牵头方进行对接，简化合同关系、优化项目组织，提高了效率。

同时，将工程造价咨询列入招标范围，便于造价工程师实现全过程造价控制。项目设计阶段开始进行造价咨询服务，造价工程师可以辅助设计人员实现限额设计工作，并在招标、施工、竣工结算等各个环节掌握投资变化情况，实现造价动态控制。

总之，本项目采用全过程工程咨询对项目业主来说是一次成功的尝试，达到了预期的目的，取得了较好的效果。

第 9 章 电子招标投标实务

近几年,互联网信息技术在招标投标活动中得以迅速、广泛地推广运用,有效促进了电子信息技术与招标投标制度的紧密融合,创造了以电子信息为载体的招标投标形式,对传统纸质形式的招标投标全过程各个环节进行了创新改革。

互联网技术在生成、传输、发布和存储信息具有广泛、快捷、经济、留痕,可透明、可共享、可追溯等特点,这与招标投标活动应当遵守公开、公平、公正和诚信的原则,打破地区和行业封锁,依法规范市场竞争秩序的要求高度契合。

与传统招投标相比,电子招标投标在提高采购透明度,节约资源和交易成本,利用技术手段解决弄虚作假、暗箱操作、串通投标、限制排斥潜在投标人等突出问题方面具有独特优势。为此,中央惩防体系规划、工程专项治理工作以及国务院关于做好招标投标法实施条例贯彻实施工作,均对完善电子招标投标制度,推行电子招标投标作出明确部署。

充分利用电子招标投标系统,实现招标投标市场信息集中动态和立体对称共享,对于有效发挥社会公众的监督作用,转变和规范招标投标行政监督方式,减少和取消前置行政审批,促进市场主体的诚信自律,从而进一步建立健全招标投标市场的统一开放、透明规范、公平公正、经济高效的现代市场竞争机制,将发挥历史性的积极作用。

据此,2013 年 5 月,国家发展改革委会同有关部门在总结实践的基础上制订了《电子招标投标办法》及其技术规范。主要阐明了电子招标投标的定义及电子招标投标系统的组成。

9.1 电子招标投标基本概念

9.1.1 电子招标投标

《电子招标投标办法》第二条中明确了"电子招标投标活动"的定义,是指以数据电文形式,依托电子招标投标系统完成的全部或者部分招标投标交易、公共服务和行政监督活动。

同时按照《电子招标投标系统技术规范》描述,电子招标投标是指根据招标投标相关法律法规规章,以数据电文为主要载体,应用信息技术完成招标投标活动的过程。

9.1.2 数据电文

数据电文是指以电子、光学、磁或者类似手段生成、发送、接收或者储存的信息。电子招标投标中的数据电文一词源于《中华人民共和国电子签名法》的规定,主要是指在电子招标投标活动中生成、发送、接收和储存的各类电子数据及其形成的各类文档,包含招标公告、资格预审公告或者投标邀请书、资格预审文件、资格预审申请文件、招标文件、投标文件、评标报告、中标通知书、合同等电子数据文本。

《电子招标投标办法》第二条规定，数据电文形式与纸质形式的招标投标活动具有同等法律效力。

9.1.3 电子招标投标系统

电子招标投标系统是指应用互联网信息技术依法建设运营能够生成、交互和存储数据电文，并以此为载体完成招标投标交易活动、实现交易信息共享和支持行政及公众监督的信息基础设施。

电子招标投标系统根据功能的不同，分为交易平台、公共服务平台和行政监督平台。

交易平台是以数据电文形式完成招标投标交易活动的信息平台。公共服务平台是满足交易平台之间信息交换、资源共享需要，并为市场主体、行政监督部门和社会公众提供信息服务的信息平台。行政监督平台是行政监督部门和监察机关在线监督电子招标投标活动的信息平台。

9.1.4 全部或部分电子招标投标活动

鉴于全国范围的电子招标投标系统因受各方面条件限制尚未建立健全，以致招标投标活动既可能实现了交易全过程、交易信息交互共享以及行政监督的全部电子化，也可能仅仅实现了招标投标部分交易环节的电子化。为了促进电子招标投标活动的逐步规范发展，无论全部或部分的电子招标投标活动均适用《电子招标投标办法》，且必须在项目招标文件中事先约定招标投标活动是全部还是部分采用电子形式，以及采用电子形式的是否仍然需要同时使用纸质形式辅助完成招标投标活动。为了保证招标投标活动的公平性，维护当事人的合法权益，招标投标过程中不能随意变更形式。

《国家发展改革委等部门关于严格执行招标投标法规制度进一步规范招标投标主体行为的若干意见》（发改法规〔2022〕1117号）中要求"除交易平台暂不具备条件等特殊情形外，依法必须招标项目应当实行全流程电子化交易""对实行电子招标投标的项目，取消招标文件备案或者实行网上办理"。

9.2 电子招标投标系统

电子招标投标系统由各交易平台、公共服务平台、行政监督平台三大平台按照统一标准相互对接构成。三大平台分别由不同主体建设运营，在电子招标投标活动中各自承担不同的角色任务，发挥着相互不可替代的功能作用，唯有三者相互结合和协同运行，才能依法有效完成电子招标投标交易活动。

电子招标投标系统三大平台必须共同遵守统一的技术标准和数据接口规范，全面开放和公布数据接口以及实现方式，这是实现电子招标投标系统各个平台互联互通，信息交互共享的必要条件。

9.2.1 公共服务平台

为满足各交易平台之间电子招标投标信息对接交换、资源共享的需要，并为市场主体、行政监督部门和社会公众提供信息交换、整合和发布的信息平台。公共服务平台具有招标投标相关信息对接交换、发布、资格信誉和业绩验证、行业统计分析、连接评标专家库、提供行政监督通道等服务功能。

公共服务平台是实现各交易平台之间对接互联，动态交换和集中公开共享招标投标市场信息资源，并为招标投标市场主体、行政监督部门、监察部门和社会公众依法履行招标投标权利、义务、责任，提供市场公共服务的信息交互枢纽平台。通过建立全国电子招标投标公共服务平台体系及其信息交互机制，才有可能打破地方分割和行业封闭，联通各信息孤岛，才能在全国范围内实现不同行业、不同地区、不同主体以及不同时间、不同空间、项目建设不同阶段立体对称、动态共享和相互印证全面客观的招标投标市场信息，以此可以充分发挥社会公众监督作用，转变和规范行政监督方式，为相关行政部门实现综合并联和事中事后及阳光监督执法创造条件，逐步消除弄虚作假、违法干预和以权谋私现象滋生蔓延的土壤和空间，有效促进市场的统一开放、公平竞争和主体诚信自律。这是借助电子招标投标力量克服和解决传统招标投标分割管理体制弊病的主要核心价值目标。

公共服务平台的功能作用主要体现五个方面：

（1）按照统一技术标准连接分散独立的各个专业交易平台，整合链接各级人民政府及其部门平台网站信息，实现招标投标交易信息和相关行政许可监管信息的集中动态交互共享。

（2）招标投标市场提供各类交易项目需求登记发布，以及交易主体身份资格、业绩和信用的注册验证、查询和发布共享服务，有效促进市场主体诚信自律。

（3）行政监督部门、市场主体和社会公众动态观察、综合监督和调控招标投标交易市场秩序提供集中公开和定向交互招标投标交易信息的服务。

（4）招标投标全行业从业人员学习招标投标法律法规和专业知识，提高职业素质提供服务。公共服务平台的公益性原则决定了对于依法必须公开的信息应当向社会无偿提供；公共服务平台为特定对象提供的服务以及对其运营的数据资源进行二次研究开发的定制产品可以实行有偿服务，以维持公共服务平台的可持续运行。

（5）公共服务平台由国家、省和设区的市人民政府发展改革部门会同有关部门按照政府主导、共建共享、公益服务的原则，推动建设本区域层级的公共服务平台并按规定与上一层级公共服务平台对接交互信息。国家招标投标公共服务平台于2015年10月建成运营，各省人民政府根据实际情况可以实行省、市公共服务平台统一合并建设，其服务终端覆盖全省各市、县。公共服务平台可以同时集中建设多个行政监督窗口供招标投标行政监督部门租赁使用，或者受行政监督部门委托代为建设行政监督平台。

9.2.2 交易平台

交易平台是指招标投标当事人通过数据电文形式完成招标投标交易活动的信息平台。交易平台主要用于在线完成招标投标全部交易过程，编辑、生成、对接、交换和发布有关招标投标数据信息，为行政监督部门和监察机关依法实施监督、监察和受理投诉提供所需的信息通道。

交易平台是以数据电文形式完成招标投标交易活动，并通过对接公共服务平台，实现交易信息交互共享和支持行政监督的交易信息载体的基础设施。交易平台应当具有在线完成招标投标全部交易过程以及能够编辑、生成、对接、交换和发布有关招标投标交易信息的数据处理功能。

依法设立的招标投标交易场所、招标人、招标代理机构以及其他依法设立的法人可以按行业、专业类别，建设和运营电子招标投标交易平台。交易平台应当按照标准统一、互联互通、公开透明、安全高效的原则以及市场化、专业化、集约化方向建设和运营。各类符合条件的交易平台按照专业化和市场化要求，依法平等竞争运营。交易平台必须依据《电子招标投标办法》及其技术规范的要求建设运营，选择任何一个公共服务平台对接注册，满足交易数据交互共享和行政监督的要求，并通过电子招标投标系统检测认证，才能投入运行。交易平台的市场化竞争和专业化服务定位，要求政府及其交易场所投资建设的交易平台应当与公共服务平台及行政监督平台必须完全实现物理分离，独立建设运营；现已合并建设运营的，应当逐步分离规范，以避免破坏交易平台平等竞争、优胜劣汰的市场规则。同时，互联网络无界，招标人或招标代理机构可以跨地区、跨行业自主选择与招标项目专业需求特点匹配的交易平台，招标投标行政监督部门和公共资源招标投标交易场所不得垄断或者指定交易平台。

9.2.3 行政监督平台

行政监督部门和监察机关在线监督电子招标投标活动并与交易平台、公共服务平台对接交换相关监督信息的信息平台。行政监督平台应当公布监督职责权限、监督环节、程序、时限和信息交换等要求。

行政监督平台是招标投标行政监督部门和监察机关通过公共服务平台对接多个相关交易平台，实现在线并联监督电子招标投标交易活动的信息交互平台。行政监督部门通过行政监督平台受理投诉举报和下达行政处理决定，通过对接公共服务平台交互的大数据分析，观察市场现状动态，预判行政调控监督政策措施的可行性及可靠性，并实现事中、事后监督执法，以行政监督的电子化推动招标投标全流程的电子化。行政监督平台可以由招标投标行政监督部门自行建设，也可以委托公共服务平台一并建设运营或者租赁使用公共服务平台的监督窗口。

9.3 电子招标投标实务特点

组织实施电子招标投标除了遵守招标投标的基本程序外，还应当注意以下实务操作特点。

9.3.1 选择电子交易平台

1. 选择电子交易平台

采用电子招标投标的，除政府依法规定使用的电子招标投标交易平台外，招标人或其招标代理机构可以自主选择符合规定建设运营的电子招标投标交易平台（以下简称"电子交易平台"）。

电子交易平台应与招标项目专业特点和采购需求相匹配，并按照有关标准通过检测认证。

按照交易平台的建设方不同，可以选择以下三种电子交易平台：

（1）招标人或招标代理机构自行或联合建设和运营交易平台。这一方式比较适合招标人或几个联合的招标代理机构具有稳定集中采购和重复采购的一定规模数量，且专业分工比较清晰的招标采购项目。

（2）招标人或招标代理机构租赁使用第三方交易平台。对于一次性专业采购或采购规模小、采购频率低的项目，招标人或者招标代理机构不适宜自行投资建设和运营交易平台。为此，市场产生了第三方主体建设和运营的专业化交易平台，包括第一种方式的交易平台，可以为招标人或招标代理机构组织电子招标采购活动提供市场专业交易服务。第三方主体建设运营交易平台有利于社会化专业分工，平等竞争、优胜劣汰，有利于促进电子招标投标服务的市场化、专业化发展，共享资源，降低社会交易成本，提高电子招标投标交易服务效率和水平。因此，鼓励招标人或招标代理机构积极选择使用第三方交易平台。

（3）招标投标交易场所建设的交易平台。目前，各地政府主导建立的公共资源交易中心或工程招标投标交易中心大多数自行建设运营交易平台，此类交易平台具有一定的先发优势，地方政府大多规定，依法必须进行招标的项目既必须进场交易，又必须使用公共资源交易中心自行建设运营的交易平台。按照电子招标投标制度和整合公共资源交易平台的要求，此类交易平台应当重新规范改造，与相关公共服务平台和行政监督平台分离建设运营，把交易平台中内置的行政管控功能剥离成为外置连接的行政监督功能。同时，要合理选择专业化交易范围，与市场主体建设运营的交易平台公平竞争，允许招标人或招标代理机构自主选择与招标项目匹配的交易平台。

2. 签订电子交易平台使用合同

招标代理委托合同中应当同时明确实施电子招标投标的范围，选择使用的电子交易平台或者电子交易平台选择的权利，电子交易平台使用费用标准、支付人和支付方式，以及双方需要约定的其他权利义务。

招标人如果选择招标代理机构以外的主体建设运营的电子交易平台，招标代理机构应当协助招标人与电子交易平台运营机构签订使用合同，约定相关服务工作范围、服务质量、服务费用和支付方式等三方权利义务和责任划分，并对相关信息的产权归属、保密责任、存档等依法作出约定。

招标人或招标代理机构选择使用第三方交易平台，应该与交易平台运营机构订立平台租赁使用合同，约定各方的权利、义务和责任。电子招标投标与传统纸质招标投标有许多流程和操作上的差别，由此也产生了许多以前不存在或容易发生争议的权利、义务及责任边界。为此，在交易平台租赁使用合同中需要就交易平台服务的范围、质量、使用费用以及相关信息的产权归属、保密、存档等权利、义务和责任，与交易平台运营机构依法明确约定。其中，交易平台运营服务费和支付方式也应事先合理约定。实践中，交易平台服务费用既可以由招标人或其招标代理机构支付，也可以由投标人支付。只要交易平台建设运营能够平等竞争，招标投标各方承担交易平台服务费用必然比纸质招标投标发生的招标文件与投标文件的制作、投标、开标、评标等合计费用要小。因此，交易平台使用方与平台运营机构应当本着合理分担成本和分享效益的原则，根据交易项目的规模、复杂程度和使用时间，结合平台经营模式，自主协商确定交易平台运营服务费和支付方式，涉及投标人支付费用的，应在招标公告和招标文件中载明投标人应支付交易平台运营服务费的数额和支付方式。

3. 电子招标投标运用范围

根据电子交易平台提供的服务内容，招标代理机构应当在项目招标文件中事先约定全部或部分采用电子招标投标交易形式，约定是否需要同时使用纸质形式辅助完成招标投标活动，以及纸质文件和数据电文的优先次序。

招标人和招标代理机构在招标投标过程中不得随意变更事先约定采用电子招标投标交易形式的范围和其他相关事项。

4. 工作职责划分

招标代理机构应当在招标项目组中配备能够熟练运用电子交易平台完成招标采购交易活动全过程的工作人员，并按照与招标人约定的职责范围负责电子招标活动的相关业务操作。

9.3.2 用户注册

1. 招标人/招标代理机构注册

招标人或者其委托的招标代理机构应当在其使用的电子交易平台注册登记，如实递交有关信息，并经电子交易平台运营机构验证。招标人或者其委托的招标代理机构应当对其所提交的资料信息的真实性负责。

注册完成后，招标人或招标代理机构可通过电子交易平台对自身信息完善和维护，主要包含代理机构代码、代理机构名称、负责人、国别/地区、资质类别、资质等级、营业执照号码、CA证书编号、组织机构代码、税务登记号、开户银行、基本账户、注册资本、信息申报责任人、联系电话、联系地址、邮政编码、电子邮箱等信息。

2. 投标人注册

投标人在线参与招投标项目，应当按照项目资格预审公告、招标公告或者投标邀请书载明的电子交易平台注册登记，如实递交有关信息，并经电子交易平台运营机构验证。投标人应当对其所提交的资料信息的真实性负责。

注册完成后，投标人可通过电子交易平台对自身信息完善和维护，主要包含投标人代码、投标人名称、负责人、国别/地区、资质序列、资质等级、资信等级、奖惩记录、营业执照号码、CA证书编号、组织机构代码、税务登记号、开户银行、基本账户账号、注册资本、注册资本币种、信息申报和变更责任人、联系电话、联系地址、邮政编码、电子邮箱等信息。

3. CA办理

招标代理机构应当在其使用的电子交易平台进行企业CA证书办理，包括并不限于企业CA锁、法人CA锁、项目经理CA锁等。CA锁是通过国家有关部门认可的电子认证服务机构基于PKI技术签发、认证和管理的数字证书。具有数据电文交换中身份识别、电子签名、加密解密等功能。

招标投标活动中的下列数据电文应当按照《中华人民共和国电子签名法》和招标文件的要求进行电子签名并进行电子存档，以确保数据电文的完整性和不可抵赖性，电子签名应用的数字证书应采用合法的电子认证服务机构颁发的CA证书。

(1) 资格预审公告、招标公告或者投标邀请书；
(2) 资格预审文件、招标文件及其澄清、补充和修改；
(3) 资格预审申请文件、投标文件及其澄清和说明；
(4) 资格审查报告、评标报告；
(5) 资格预审结果通知书和中标通知书；
(6) 合同；
(7) 国家规定的其他文件。

电子招投标参与各方主体，应在注册的电子交易平台办理相应的CA企业证书。

招标人、招标代理机构CA企业证书主要用于企业身份认证、公告公示、澄清答疑变更等信息的确认及发布，采用CA企业证书电子签章的方式保证文件的防篡改和防抵赖。

投标人CA企业证书主要用于投标文件的电子签章、加密递交、开标解密等环节，保证投标文件不被泄露，不被篡改。

9.3.3 项目立项

1. 项目立项

招标项目作为项目中组织实施一次招标投标全流程的基本单位，一个招标项目可以包括一个或多个标段（包），由招标代理工作人员创建，招标项目与项目和标段有关联关系。

招标人独立或委托代理机构建立和递交项目相关信息，包括项目编号、项目名称、项目地址、项目法人、联系人及其联系方式、项目行业分类、资金来源、项目规模等。

招标人独立或委托代理机构建立和递交招标项目相关信息，包括项目名称、招标项目编号、招标项目名称、招标人代码、招标代理机构代码、招标内容与范围及招标方案说明、招标方式、招标组织形式、附件等。

2. 招标委托合同

招标代理承接委托招标项目后，招标代理机构按照招标人要求以及招标代理委托合同约定的要求依法编制并提交招标项目计划，一般是用于指导和组织招标实际工作的执行文件。

3. 招标计划

招标项目计划主要包括招标项目编号、招标项目名称、范围、招标方式、招标组织形式、主要工作内容、标段（包）编号、时间进度、工作任务计划、项目团队成员组成及其职责分工等的编制、报审、下达、调整。

9.3.4 发标阶段

1. 公告编制（含招标公告、预审公告、投标邀请书、变更公告）

招标人或者其委托的招标代理机构应当在资格预审公告、招标公告、投标邀请书中载明潜在投标人访问电子交易平台的网络地址和方法。依法必须进行公开招标项目的上述相关公告还应当在电子交易平台和国家指定的招标公告媒介同步发布。

依法必须招标项目的资格预审公告和招标公告，应当载明以下内容：
(1) 招标项目名称、内容、范围、规模、资金来源；

(2) 投标资格能力要求，以及是否接受联合体投标；
(3) 获取资格预审文件或招标文件的时间、方式；
(4) 递交资格预审文件或投标文件的截止时间、方式；
(5) 招标人及其招标代理机构的名称、地址、联系人及联系方式；
(6) 采用电子招标投标方式的，潜在投标人访问电子交易平台的网址和方法；
(7) 其他依法应当载明的内容。

附录：招标公告范本格式

招标公告名称
（招标编号：_____）

招标项目所在地区：<u>招标项目所在行政区域</u>

一、招标条件

本招标项目名称（招标项目编号：<u>招标项目编号</u>），已由项目审批/核准/备案机关批准，项目资金来源为<u>资金来源</u>，招标人为<u>招标人名称</u>。本项目已具备招标条件，现进行<u>公开招标/邀请招标</u>。

二、项目概况和招标范围

项目规模：<u>项目规模</u>

招标内容与范围：本招标项目划分为<u>标段（包）数量</u>个标段，本次招标为其中的：

<u>标段（包）编号后三位＋标段包名称</u>：

<u>标段（包）内容</u>

……

三、投标人资格要求

<u>标段（包）编号后三位＋标段（包）名称</u>：

<u>该标段（包）中投标人资格能力要求</u>

……

本项目<u>允许/不允许</u>联合体投标。

四、招标文件的获取

获取时间：<u>获取招标文件的开始时间——截止时间</u>

获取方法：<u>招标文件获取方法</u>

五、投标文件的递交

递交截止时间：<u>投标文件递交截止时间</u>

递交方法：<u>投标文件递交方法</u>

递交地址：<u>投标文件递交地址</u>

六、开标时间及地点

开标时间：<u>开标时间</u>

开标方式：<u>开标方式</u>

七、其他公告内容

<u>公告内容文本</u>

八、监督部门

本招标项目的监督部门为<u>监督部门名称</u>。

九、联系方式

招　标　人：_____

地　　　址：_____

联 系 人：_____
电 话：_____
电 子 邮 件：_____
招标代理机构：_____
地 址：_____
联 系 人：_____
电 话：_____
电 子 邮 件：_____

招标人或其招标代理机构主要负责人（项目负责人）：_____（签名）

招标人或其招标代理机构：_____（盖章）

特别注意：电子交易平台将项目招标公告交互到国家指定的招标公告媒介时，其附件必须加盖招标人或其招标代理机构公章以及招标人或其招标代理机构主要负责人（项目负责人）签名。

2. 招标文件编制

招标项目办理注册登记、策划招标方案以及编制招标文件，应当通过交易平台的专用文件制作模块，科学设定和准确录入：项目身份注册编号、项目名称与地址、项目行业分类代码、项目法人名称和注册身份编码、项目规模与资金来源，招标项目名称与代码、招标代理机构名称与代码以及委托代理权限、招标内容范围以及招标方式、招标组织形式等招标方案要点，标段（包）内容名称与数量、分类代码、及其与招标项目的关联关系、投标人资格条件，投标文件合成工具，投标文件加密、解密方法以及CA证书约定，评标办法、合同计价类型，招标工作目标计划与招标项目团队人员的工作职责等相关要素信息。据此，可以有效组织实施和控制招标投标程序及标准，编制、生成招标公告、招标文件，选择投标文件合成、开标、评标标准模块，可以统一共享要素标准，提高了招标文件制作的标准及效率，降低了招标文件制作成本，有效避免了招标的失误与差错。

招标方案、招标公告和招标文件的数据电文可以在招标人或招标代理机构内部的ERP或OA系统内完成会审定稿后，交互到交易平台进入招标投标交易程序。其中，招标公告应当通过交易平台交互国家指定的招标公告媒介以及公共服务平台实现同步发布。因此，资格预审公告、招标公告或投标邀请书中应载明潜在投标人访问登录交易平台的网络地址和方法，使潜在投标人能快捷搜索到交易平台，并通过网络迅速地在交易平台完成约定的费用支付后，下载获取资格预审文件或招标文件，由此大幅度提高了资格预审文件和招标文件发售的效率，并降低了资格预审文件和招标文件发售的成本。

资格预审文件和招标文件的澄清、修改文件仍应通过原文件发售的同一交易平台的门户网站专门醒目位置发布通知，并以有效方式通知所有获取文件的潜在投标人在该交易平台自行下载获取，而不是类似传统纸质形式逐个送达潜在投标人。

3. 在线发售/领购招标文件

（1）方式一：当投标人在电子交易平台提交了报名申请，并交纳资格预审文件/招标文件费用后，招标代理在线审核报名资料及缴费信息，应及时给予确认通知投标人，并开通下载资格预审文件/招标文件功能。

（2）方式二：当投标人在电子交易平台提交了报名后，即可下载资格预审文件/招标文件，确认报名后，可通过网上支付系统缴纳资格预审文件/招标文件费用，并收到报名成功回执码。

4. 招标文件中的电子化条款

资格预审文件和招标文件在常规编制环节，还应特别注意文件中部分条款的电子化要求，例如澄清答疑的发出、接收及确认环节应通过电子交易平台进行，投标文件的递交份数、格式等要求需符合对应电子交易平台的要求标准模式；文件中要求的签章签字部分，需使用电子交易平台对应的 CA 数字证书进行办理操作等。

除上文梳理的主要环节外，在招标文件中整个项目招标投标环节流程，都应按照电子交易平台的要求对应编写相应电子化条款内容，明确告知投标人必须严格响应。

各电子交易平台功能和要求不尽相同，在实践应用中应该注意理解并编制在招标文件内（本章案例中有部分展示）。

9.3.5 投标阶段

1. 投标文件编制（扩展：编标工具）

投标人应当通过资格预审公告、招标公告或者投标邀请书载明的电子交易平台递交数据电文形式的资格预审申请文件或者投标文件。投标人应当按照招标文件和电子交易平台的要求编制并加密投标文件。投标人未按规定加密的投标文件，电子交易平台应当拒收并提示。

投标人利用资格预审公告、招标公告或者投标邀请书载明的交易平台及其提供的投标文件编制工具，采用数据电文的形式制作并递交资格预审申请文件和投标文件。

投标人可以选择在线或离线编制投标文件。在线编制文件不利于投标文件的信息保密。离线编制投标文件具有以下优点：一是投标文件编审过程不受交易平台入口和功能限制，通过投标人个性化管理流程的 ERP/OA 系统，满足投标人相关部门责任人员的研究会审和审批签署；二是有利于投标文件编制过程中信息保密，防止在线泄密。

投标文件编制合成应当采用交易平台提供的专用工具软件，严格按照招标文件约定的内容与格式编制合成投标文件以及相应分段或整体加密、解密方法，并采用交易平台统一规定的 CA 证书。以此满足交易平台接收投标文件、分标（包）开标、使用"双信封"开标或者"开标一览表"开标、满足评标对比分析等业务需求。否则可能造成交易平台拒收投标文件，或者校验投标文件主要数据项内容和格式时不响应而造成投标文件无法解密，导致投标无效。

2. 电子签章、加密

投标人应当按照招标文件的要求对投标文件进行加密和解密。数据电文形式投标文件的加密与解密相当于纸质投标文件的密封和拆封。交易平台应该提供不同的加密与解密方法供招标人根据实际情况选择。电子招标投标实践中通常有三种加密与解密方法：一是投标时由投标人使用自己的 CA 证书及其密钥加密，开标时由投标人自己远程在线解密；二是招标人或交易平台运营机构使用自己的 CA 证书及其密钥加密与解密；三是招标人或交易平台运营机构和投标人双方各自使用同一个 CA 证书的不同密钥分别进行双层加密与解密。招标人或招标代理机构应当根据三种方法的利弊，结合招标项目需求特征，与所选择的交易平台共同约定合适的投标文件加密与解密方法以及CA证书，并在招标文件中明确告知投标人必须严格响应。

3. 投标文件递交、修改、撤回

投标人将数据电文形式的投标文件通过互联网递交交易平台且自动接收。交易平台在投标截止时间前收到的投标文件，应当自动即时向投标人发出回执确认通知，并妥善保存投标文件。在投标截止时间前，除投标人补充、修改或者撤回投标文件外，任何单位和个人不得解密、提取投标文件。

投标人应当在投标截止时间前完成投标文件的传输递交，并可以补充、修改或者撤回投标文件。投标截止时间应使用具有法律效力的国家授时中心标准时间。投标截止时间前未完成投标文件传输的，视为撤回投标文件。投标人未按规定加密递交的投标文件和投标截止时间后送达的投标文件，交易平台应当具有自动拒收功能并提示。

资格预审申请文件的编制、加密、递交、传输、接收确认等同样适用上述要求。

4. 费用管理

各交易平台一般通过与第三方支付平台、银行系统对接，实现标书费、平台服务费、评委费、保证金等交易费用的支付结算。第三方支付平台本身具有开放性，但无法满足保证金实时到账的基本要求。与银行系统对接，虽可解决资金的实时到账问题，但各银行系统的限制，给跨行结算带来挑战。

在实践中，通常由电子交易平台发起，通过招标代理机构、电子交易平台、银行三方签订商业支付协议，电子交易平台与银行业务系统对接交互，电子交易平台作为业务请求端，提供招标项目供应商数据，银行业务系统作为服务端，双方采用加密通信方式，设立项目专户，从而实现保证金缴纳、清退等交易费用的自动结算需求。

9.3.6 开标阶段

1. 签到

电子开标应当按照招标文件确定的时间，在电子交易平台上公开进行，所有投标人均应当准时在线签到，参加开标。

实践中，常规的签到方式有两种，一种为系统签到，在系统规定的签到环节，投标人登录系统后，系统检测到投标人登录，即可完成签到流程。还有一种为人工签到，在系统规定的签到环节，投标人登录系统后，需进入到开标系统，插入CA数字证书进行身份校验后，点击签到按钮完成签到流程。

2. 解密

开标时，电子交易平台自动提取所有投标文件，提示招标人和投标人按招标文件规定方式按时在线解密。解密全部完成后，应当向所有投标人公布投标人名称、投标价格和招标文件规定的其他内容。

因投标人原因造成投标文件未解密的，视为撤销其投标文件；因投标人之外的原因造成投标文件未解密的，视为撤回其投标文件，投标人有权要求责任方赔偿因此遭受的直接损失。部分投标文件未解密的，其他投标文件的开标可以继续进行。

电子开标是通过互联网以及连接的交易平台，在线完成数据电文形式投标文件的拆封解密，展示唱标内容并形成开标记录的工作程序。电子开标时间应当严格按照招标文件约定，在投标截止时间的同一时间进行；开标地点是通过互联网在交易平台的虚拟空间，没有物理空间限制；电子开标要求所有投标人代表应当准时参加开标并操作解密投标文件。在传统纸质招标投标情形下，招标人有邀请所有投标人参加开标的义务，投标人有不参加开标的权利。除招标文件有特别约定外，投标人不参加开标不影响其投标文件的有效性。但是，《电子招标投标办法》规定，投标人应当准时登录交易平台在线参加开标。主要原因是：首先，投标文件加密与解密方法，实践中主要采取投标人自行加密与解密的方式，投标人如不在线参加开标并操作解密，任何其他单位和个人都不能解密投标文件；其次，电子开标时，需要所有投标人在线签到并通过电子签名确认开标记录。

3. 开标流程

（1）招标人或招标代理机构事先通过交易平台指定专职人员主持开标。主持人只能根据交易平台事先设定的流程和权限操作开标。

（2）参加开标的投标人代表通过互联网在线办理签到。

（3）开标时间到达，交易平台按照事先设定的开标功能，自动提取投标文件。

（4）交易平台自动检测并向主持人和监标人显示投标文件的数量。投标文件少于3个的，交易平台自动提示主持人是否继续开标。主持人根据实际情况和有关规定，决定继续开标或终止开标。

（5）交易平台检测并显示投标文件不被启封状态及其投标时间的记录。

（6）主持人按招标文件规定的解密方式发出指令，要求招标人和（或）投标人准时并在约定时间内同步完成在线解密。当出现解密失败情形，主持人发出指令提醒投标人启动招标文件规定的补救方式。

（7）开标解密完成后，交易平台向所有投标人展示已解密投标文件的开标记录信息，包括招标项目、标段（包）号、投标人名称、投标报价、工期（交货期）、投标文件递交时间、投标保证金数额以及到账时间等招标文件约定的开标信息。

（8）投标人对开标过程有异议的，应当通过交易平台即时提出，主持人应当通过交易平台即时答复，并在开标记录中记载异议及答复相关信息。

（9）交易平台生成开标记录，参加电子开标的投标人代表通过CA证书在线电子签名确认。

（10）开标记录经电子签名确认后向所有投标人发布，并通过交易平台同步交互到其注册的公共服务平台向社会公众公布，以此促进招标投标信息的进一步公开和公众监督。依法应当保密项目的开标记录不应当对外公布。

4. 解密补救

目前电子招标投标实践中，为了防止网络设施和操作失误造成投标文件未能在投标截止时间前在网络完成递交或者在线开标解密失败，大多数招标人和交易平台要求同时递交纸质的投标文件和电子光盘，发生意外情形时，可作为补救备用。然而，这些传统救济办法使得电子招标投标的功效无法充分发挥，不仅增加了招标投标成本，还引发了许多纠纷。

由于投标人和招标人双方的主客观因素导致开标解密失败,取消投标资格,甚至导致招标失败的现象屡见不鲜,给投标人和招标人都带来了不同程度的损失。

《电子招标投标办法》规定,招标人可以在招标文件中明确投标文件解密失败的补救方案,投标文件应按照招标文件的要求作出响应。

为此,针对在线投标和开标解密可能发生的失败情形,各地第三方交易平台也提供多种的解密补救办法,为投标文件递交和解密失败提供有效补救,招标人可自愿选择运用并在招标文件中约定投标人响应。这将有效建立和完善电子招标投标的保障机制,大大提高电子招标投标的成效。但是不同的解密补救方式也存在着弊端,需要谨慎选择使用。

方式一:电子交易平台提供"平台保存投标文件密码"方式,开标解密环节,投标文件解密失败,投标人可以选择输入备用密码进行解密,弊端在于密码不同于密钥等物理介质,易于复制流出。

方式二:投标人不参与解密,由电子交易平台定时集中解密,此方式避免了投标人自身问题可能导致的解密失败问题,弊端在于交易平台如没有极强技术安全管理,不能保证投标文件有可能被提前解密或泄露。

方式三:电子交易平台提供投标文件直传功能,开标解密环节,投标文件解密失败,招标代理可选择邀请投标人进行在线直传投标文件,但此文件须经电子交易平台系统校验,必须为原始投标文件且未改动,方可递交成功,弊端在于增加了开标时间,且可能受投标人自身设备网络影响。

5. 扩展:语音唱标

自动语音唱标是采用国内领先的计算机语音通信、语音合成(TTS)技术,配合电子交易平台开标系统实现的,在开标过程中,利用电子化网络自行对投标人提交的投标文件予以审核确认,公开显示投标人、投标保证金等内容;然后,由电子化网络利用语音唱标系统自动宣读投标报价、投标保证金缴纳、项目经理、工期(交货期)等内容,唱标结果由系统自动生成确认,实现开标过程系统语音唱标,替代原有的人工唱标,过程中语音标准、信息准确、时间紧凑、程序规范,是招投标智能化建设的一项创新,完全改变传统费时费力、过程烦琐、容易出错的人工唱标模式,更好地为招投标主体服务。

9.3.7 评标阶段

1. 评标委员会(组建、抽取、通知)

(1)评标委员会组建

招标代理机构通过电子交易平台提交专家抽取申请,预先设定好抽取人数、抽取比例、抽取专业、规则,平台将自动进行专家抽取,并将抽取出来的专家加密保存。

(2)专家抽取

专家抽取采用电脑随机抽取、电话语音通知。系统按照预先设定的抽取人数、专业需求和回避要求,进行抽取,抽取出来的专家的编号、姓名、电话等关键字段采用加密方法存储,确保通过数据库无法查看专家名单,专家名单不泄密。

(3) 专家通知

专家抽取完成后，自动进入语音通知阶段，系统采用数字电话（或模拟电话）自助拨打专家手机，询问专家某天是否可以参加评标，专家可以按"1"键同意，也可以按"9"键拒绝。对于同意参加的专家，系统可以自动发送短信进行通知，短信内可告知专家具体的评标地点、时间。

(4) 专家请假

系统提供专家请假功能，如担任评标委员会成员的评标专家因故不能参加评标活动，可于评标前一个工作日内的工作时间通过系统进行请假申请。

(5) 补抽功能

系统提供补充抽取功能，可以自动统计专家数，如未抽取到足够专家或已抽取到足够专家，但专家进行了请假操作的，导致评标人数不足设置要求，系统可以自动进行专家补充抽取。

(6) 专家抽取表打印

系统可以设置打印专家名单的时间，支持评标时间开始后方可打印，打印的专家抽取名单具有电子交易平台水印，可进行防伪验证。

2. 评标表单

招标代理机构应在评标开始前，通过电子交易平台导入或填写评标过程表单内容，评标过程中评标专家按照预定的表单进行评标及评分。

常见的评标表单有初步评审表（形式、资格、响应性）、详细评审表（商务、技术、报价）等表单，评标专家完成评审及评分后，系统可自动生成及汇总项目表单并提供专家签字及下载导出功能。

3. 评标流程

评标中需要投标人对投标文件澄清或者说明的，招标人和投标人应当通过电子交易平台交换数据电文。

电子评标是依法组建的评标委员会通过交易平台的电子评标功能模块，按照招标文件规定的评标标准和方法，客观、科学和公正地检查、分析和评审投标文件，推荐中标候选人及其排序，编写完成数据电文形式的评标报告的工作程序。评标过程的细节信息应当依法保密，保证评标委员会在相对封闭，不受外界干扰的保密环境下公正评标。评标委员会对投标文件提出需要澄清和说明的问题及投标人的澄清答复均应当通过交易平台交互数据电文；评标全过程进行摄像录音，影像资料存档期限为投标有效期结束之日起90日以上。

根据有关规定必须进场交易的招标投标项目并采用电子招标投标的，其评标工作要求进入依法设立的招标投标交易场所进行，但评标委员会评标使用的交易平台及其评标功能模块应当是招标人或招标代理机构原已使用的同一交易平台系统。为了安全保密，可以要求交易平台的电子评标功能模块独立分离在招标投标交易场所局域网内布置，评标结束后，再将评标功能模块的相关信息交互至交易平台。招标投标交易场所不得要求招标人或招标代理机构使用其指定的交易平台及其评标功能模块进行评标。

评标委员会完成评标后，通过交易平台编写和签署形成数据电文形式的评标报告，并通过交易平台提交给招标人。

4. 评标报告

评标委员会完成评标后,应当通过电子交易平台向招标人提交数据电文形式的评标报告。

在评审报告环节,系统可自动调取项目发布及评审过程数据,按照预设的范本,自动生成评审报告,评审报告一般需包含以下 8 部分内容。

(1) 项目发布的基本信息:发布时间、领购时间、领购单位名称及数量、开标时间、递交投标文件单位名称及数量;

(2) 评标委员会组成及人员名单;

(3) 签到情况及评审过程情况记录;

(4) 评审标准、评标办法或者评标因素一览表;

(5) 评审过程异常情况说明(如有,比如否决投标的情况、澄清说明事项等);

(6) 投标单位唱标信息,单位、报价、工期及质量等唱标内容;

(7) 报价得分情况、评审得分情况、汇总排名及推荐候选人情况;

(8) 招标代理机构、招标采购人信息。

5. 扩展:专家库管理

为了满足招标项目评标随机抽取专家和招标项目咨询的需要,招标人及招标代理机构期望可建立本单位专家库,电子交易平台可以通过系统,为招标人/招标代理机构提供自行组建专家库功能,并可对入库专家进行管理,具备专家信息建立和维护的功能。

在实践中,电子交易平台对于入库专家有相应的资格要求,入库专家至少应满足《评标专家和评标专家库管理暂行办法》相关规定条件,同时招标代理机构可以进一步细化相关要求,建立自己的专家库管理制度,符合条件者均可进入招标代理机构专家库。

通过系统入库的专家一般应提供以下信息内容,包括并不限于:专家编号、姓名、性别、身份证件类型、身份证件号码、出生年月、所在行政区域代码、最后毕业院校、最高学历、联系电话、通信地址、邮政编码、所在单位、是否在职、职务、工作简历、专业分类、技术职称、职业资格序列、职业资格等级、从业年限、奖惩记录等信息。

根据专家的入库信息,采购人/招标代理机构可以管理专家信息入库、变更和审核,可以设置专家回避情形和单位列表,可以按照地区、专业等随机抽取和记录抽取表单,还可对入库专家做培训、考核、暂停、退出等其他操作管理。

6. 扩展:音视频会议系统、录像系统

电子交易平台在开标或评标环节,通过设立一套嵌入电子交易平台的在线音视频会议系统,通过网站、独立客户端或手机 APP 方便使用,用于项目开标时代理单位与投标单位之间的语音在线沟通;评标时实时监督各地评审专家的实时评标画面,并用于各地专家之间进行语音、视频的交流和讨论,以及在线视频方式针对投标单位的评标澄清、谈判等功能。系统记录的视频和语音数据可自动进行备案保存,作为项目资料存储。

7. 扩展：清标工具、辅助评标工具

所谓清标就是通过采用核对、比较、筛选等方法，对投标文件进行的基础性的数据分析和整理工作。其目的是找出投标文件中可能存在疑义或者显著异常的数据，为初步评审以及详细评审中的质疑工作提供基础。

电子评标系统可自动记录投标用户硬件特征码，包括投标文件生成的计算机 MAC 地址、上传的 IP、工具软件及造价软件的唯一标识码等信息，然后进行比对分析，有效识别围标串标线索，辅助评委会分析围标串标现象，从而减少招标投标过程中的围标串标行为。

基于电子标书的可分析、可对比、可数据化性，电子交易平台还可提供多种智能辅助评审功能，实践中常见的功能如下。

（1）清单符合性检查：可以智能对比投标人投报的工程量清单与招标人制作的工程量清单之间的一致性，快速准确地发现任何不符合招标人要求的部分，并给予标识提醒。

（2）计算错误检查：系统自动检查投标报价的各种计算关系，自动判断并给出明确提示，自动汇总错误项的数量，提供评委作为参考。

（3）标书横向对比：可以将多个投标文件对应评审项章节进行提取，专家评审时可以按照评审项，针对特定评审项内容将多个投标文件对应章节进行提取，进行横向比较，更为高效地完成评审工作。

（4）标书雷同性分析：采用自然语言处理技术对各投标单位的投标文件进行文本采集与语义分析，实时地对各投标单位的投标文件进行交叉对比，将文本之间的相似度以各章节进行分割，按百分比进行展示。专家评标过程中可实时地进行查看比对结果。

（5）关键字定位查找：专家评审过程中可设置关键词进行搜索，可根据评审项，针对特定评审项内容快速定位到投标文件响应内容位置，提高专家评审效率。

8. 扩展：远程异地评标

目前，国内大部分地区都已经开展电子开标评标工作，并且运行稳定、效果良好，违规违纪现象得到明显改善。但是，很多造价较大的项目或需要特殊专业的项目需要抽取异地评委实行远程评标，现行的方法通常是将异地评委接到本地公共资源交易中心集中评标，这不仅增加了评标成本，降低了评标效率，同时也增加了评委与相关利益人接触的风险，使电子评标的优势大打折扣。

远程评标能够打破地域空间的局限，共享各地评标环境、设备、网络及专家资源，提高交易中心现有资源的利用率。远程评标扩大了评委的抽取范围及随机性，而且异地评委只需在其所在地公共资源交易中心参与远程评标，无须到项目所在地集中评标，隔断了投标人与评委直接的联系，有效杜绝了人为因素的干扰，保证评标的独立、客观及公正。

电子交易平台可通过远程评标协调机制，共享专家资源，实现异地评委的协调及远程电子评标，更加保证评标的公平、公正及高效。同时，通过全程视频监控，创新监督管理方式，确保远程评标过程得到有效监督。

9. 电子招标投标活动开标、评标、中标环节相关权利义务汇总（见表9-1）

表 9-1 电子招标投标活动开标、评标、中标环节相关权利义务

角色	权利	义务
招标人（代理机构）	部分未解密可以继续进行开标； 可以在招标文件明确补救方案	应当按时在平台开标； 依法招标项目中标候选人和中标结果在平台公示和公布； 通过平台发布中标通知书、签订书面合同； 对投标人的各类异议通过平台回复； 对法定存档文件电子签名并电子存档
交易平台		自动提取所有投标文件，并提示解密，并向投标人公布投标要约； 自动生成开标记录并公布； 保证评标有效监控和保密环境（也是招标人义务）
投标人	因投标人之外原因造成投标文件不能解密，投标人有权要求赔偿直接损失	开标准时在线； 相应补救方案； 对招标文本、开标、中标的异议通过平台进行
评标委员会		对依法评标项目在交易场所的平台评标； 澄清说明应在平台进行； 应当通过平台提交评标报告

9.3.8 中标候选人公示与中标

1. 中标候选人公示

依法必须进行招标的项目中标候选人和中标结果应当在电子交易平台进行公示和公布。

依法必须进行招标的项目，招标人或招标代理机构应在交易平台及其注册的公共服务平台上公示评标结果。公示信息包括招标项目名称、标段（包）编号、中标候选人名称、排序及其投标报价等信息。公示期不应少于3日。

投标人或者其他利害关系人对评标结果有异议的，应在公示期内通过交易平台向招标人提出。招标人根据中标候选人公示期内提起的异议、投诉以及行政处理情况，依法确定中标人。

2. 确定中标人

中标候选人公示期满，招标人可通过电子交易平台以数据电文形式向招标代理机构发出中标确认函，确定中标人。

3. 中标结果公告

依法必须进行招标的项目应当在交易平台及其注册的公共服务平台上公告中标结果。公告信息包括招标项目名称、标段（包）编号、中标人名称、投标报价、服务期等信息。

招标人确定中标人后，应当通过交易平台以数据电文形式向中标人发出中标通知书，并向未中标人发出中标结果通知书。

9.3.9 合同签订与履行

1. 合同管理

电子招标投标办法要求，招标人应当通过电子交易平台，以数据电文形式与中标人签订合同。

招标人和中标人不得商谈变更中标的内容范围、中标价格、工期（交货期）等实质性内容或另行订立背离中标实质性内容的其他协议。国有资金占控股或者主导地位的依法必须进行招标项目的合同文本应当交互至注册的公共服务平台公布和存档。鼓励相关主体和有关项目监督机构通过交易平台记录其合同价格、工期（交货期）、质量等合同履行结果的主要信息并交互至公共服务平台公布和存档，这将有利于招标投标交易行为监督和合同履行结果监督之间紧密结合，相互支撑，并通过大数据分析运用，有效规范公共资源招标投标市场交易秩序，推动市场主体诚信自律。

2. 履约互评

合同签订并执行过程中，招标人、中标人可在履约评价平台上进行履约互评，互评信息通过履约评价栏目公开，作为招标人定标择优、投标人投标决策的参考依据。互评内容主要包括招标人的费用支付、必要的配合工作等情况，和中标人的人员配备、设备投入、质量、安全、项目变更、协调配合与服务等情况。

3. 扩展：诚信体系及失信惩戒

电子交易平台上引入投标人诚信管理系统后，将涉及投标人参与的各个环节，其中的失信数据主要来源于招标门户网站发布的信息，这些信息数据与电子招投标平台实现共享，在涉及判定的关键环节会抓取相关的数据值，帮助招标人和招标机构实施失信行为的惩戒工作。

9.3.10 资料归档

《电子招标投标办法》规定，招标投标活动中的下列数据电文应当按照《中华人民共和国电子签名法》和招标文件的要求进行电子签名并进行电子存档：

（1）资格预审公告、招标公告或者投标邀请书；
（2）资格预审文件、招标文件及其澄清、补充和修改；
（3）资格预审申请文件、投标文件及其澄清和说明；
（4）资格审查报告、评标报告；
（5）资格预审结果通知书和中标通知书；
（6）合同；
（7）国家规定的其他文件。

招标投标活动完成后，招标人/招标代理机构可通过电子交易平台电子归档功能，将档案资料收集、整理，按程序及时归档。电子交易平台对电子交易中的采购需求、投标文件、开标评标等环节图文声像等资料，以电子形式实行一键归档、无纸化保存。此举不仅节省了档案存放用地，同时也方便索引查阅和接受监督。

实践中招投标资料除法定要求保存的资料外，还应包括：委托代理合同、项目审批及招标方案审批表、招标公告、招标文件、投标人报名材料、答疑纪要、开标各项记录表单、评标报告、中标公示、中标通知书、投标文件、合同、业主评价意见等。

9.3.11 其他

投标人或者其他利害关系人依法对资格预审文件、招标文件、开标和评标结果提出异议，以及招标人答复，均应当通过电子交易平台进行。

9.4 信息共享和行政监督

9.4.1 统一信息公开

建设全国统一大市场是构建新发展格局的基础支撑和内在要求，为从全局战略高度加快建设全国统一大市场，中共中央、国务院发布的《关于构建更加完善的要素市场化配置体制机制的意见》指明国家将从构建"全国统一大市场"高度加速推进电子招标投标的意志。深入推进招标投标全流程电子化，加快完善电子招标投标制度规则、技术标准，推动优质评标专家等资源跨地区跨行业共享。

实践表明，唯有充分公开的信息，才有充分公开的市场；唯有信息一体化，才有市场一体化；唯有突破市场信息的分割封闭，才有可能打破招标投标市场分割保护和封锁垄断。为此，充分利用信息技术和网络技术，推行电子招标投标交易，逐步建立招标投标市场信息一体化共享平台，才能真正实现招标投标市场信息客观、动态、立体公开和充分共享。

2013年国家发展改革委等八部委联合发文，鼓励招标投标活动当事人通过电子交易平台公布项目完成质量、期限、结算金额等合同履行情况。

电子招标投标办法指明电子招标投标公共服务平台应当按照电子招标投标办法和技术规范规定，开放数据接口、公布接口要求，与电子交易平台及时交换招标投标活动所必需的信息，以及双方协商确定的其他信息。

电子招标投标公共服务平台应当允许社会公众、市场主体免费注册登录和获取依法公开的招标投标信息，为招标人、投标人、行政监督部门和监察机关按照各自职责和注册权限登录使用公共服务平台提供必要条件。

为此，法律法规政策以及依法必须进行招标的项目交易全过程各个环节，包括招标投标交易主体、项目招标公告、招标文件、开标、评标结果、中标结果、合同签订和履行等信息应当通过电子招标投标公共服务平台体系集中整合和公开共享。这是建立和规范招标投标市场统一开放和公平竞争秩序，促进市场主体诚信自律的必要基础。

9.4.2 行政监督的履行

在传统招投标活动中，行政监督一般是通过现场监督和书面审批来实现。现场监督虽然可以直观地对招投标活动进行监督，可以及时纠正招投标活动中存在的问题，但相比于招投标活动规模日益扩大，行政监督机构的人力资源显得颇为有限，大规模的现场监督已经非常困难。而作为事后监督手段的书面审批，主要是通过对招投标全过程文件的梳理和检查，判断招投标活动的合法性以及潜在的违法行为，存在一定的局限性。

电子招标投标的网络化、无纸化等特点要求行政监督方式需要迅速转变。公共服务平台通过提供监督通道和监督窗口的方式，为行政监督提供统一的入口。行政监督部门的行政监督平台可以通过对接监督通道受理投诉、下达行政处理决定，通过对接本平台交互的大数据分析，观察市场现状和动态，预判行政调控措施的可行性及可靠性，并实现事中、事后监督执法。行政监督部门也可直接使用各地公共服务平台的监督窗口连接相关交易平台，满足不同层级的一个或多个监督机构对多个交易平台及其跨地区、跨行业和跨层级的招标投标交易项目实施集中和分类同步监督。

9.5 电子招标采购案例分析

9.5.1 电子招标采购案例分析一

1. 项目概况

项目名称：西安地铁1号线三期工程施工总承包2标工程自购物资采购。

项目概况：西安地铁1号线三期工程位于咸阳市秦都区，与1号线一期、二期共同构成了贯穿大西安东西向的轨道交通线网骨干线。1号线三期工程西起咸阳秦都高铁站，东至1号线二期工程起点站沣河森林公园站（不含），线路沿彩虹二路及世纪大道布设。三期工程线路全长10.604km，均为地下线，设7座车站，共设换乘站4座，其中宝泉路站、白马河路站与规划11号线换乘，中华西路站与规划19号线换乘，秦皇南路站与规划18号线换乘。1号线三期工程设停车场1座，位于珠泉路北侧永安堡村地块内，与秦都站接轨，并在秦皇南路站附近设主变1座。

本次采购项目分为14个包件，本次招标为其中的GD-01（杂散电流）、GD-02（高压电缆）、GD-03（低压电缆01）、GD-04（低压电缆02）、GD-05（化学锚栓）、JCW-01（化学锚栓）、JCW-02（隔离开关）、JCW-03（分段绝缘器）、XH-01（信号电缆）、TX-01（光缆）、TX-02（通信电缆）、TX-03（配线柜）、TX-04（镀锌线槽）、TX-05（塑合金栅格管道架），共14个包件。

2. 招标公告

招标人及招标代理单位于2022年5月1日通过×××平台进行项目立项，发布招标公告，并同步交互至"中国招标投标公共服务平台、采购与招标网"等法定公告媒介。其中招标公告中明确公示了项目通过电子交易平台发布，公示了电子交易平台的名称、访问地址、发售方式、CA办理方式、文件递交方式以及在线开标要求。

下附招标公告重点内容。

西安地铁1号线三期工程施工总承包2标工程自购物资第一批（一）招标公告

招标编号：/

项目所在地区：陕西省，咸阳市，秦都区

一、招标条件

本招标项目西安地铁1号线三期工程施工总承包2标工程，已批复。项目业主为西安市轨道交通集团有限公司，建设资金已落实，招标人为中国铁建电气化局集团有限公司西安地铁1号线三期工程施工总承包 2 标系统设备安装分部。本项目现已具备招标条件，现进行公开挂网招标。

二、项目概况与招标范围

2.1　工程名称：西安地铁 1 号线三期工程施工总承包 2 标工程。

2.2　线路概况：略。

2.3　招标内容：略。

三、投标人资格要求

略。

四、招标文件的获取

获取时间：从 2022 年 5 月 1 日 15：00 到 2022 年 5 月 8 日 15：00。

获取方式：

1. 本项目实行网上发售电子版招标文件，凡有意参加投标者，在×××平台（附平台登录网址 https：//www.×××.com）进行免费注册，购买并下载电子版招标文件。

2. 注册成功的潜在投标人，点击公告页面"投标报名"按钮，上传"投标人资格要求"中要求的项目准备资料（加盖单位公章的原件扫描件或复印件）进行报名。

3. 请投标单位考虑完成在线注册、审核所需的时间成本，确保在招标文件发售截止时间前成功注册、领取、下载招标文件（如有操作疑问请拨打。平台客服电话：××××××）。

4. 招标文件每包售价 500 元，售后不退。

5. 本项目采用全流程电子化方式，投标人在线上传加密电子版投标文件需办理 CA 锁。

6. 办理 CA 锁流程请登录×××平台"帮助中心"—"CA 相关帮助"仔细阅读说明。CA 锁的办理需要一定的时间，请潜在投标人高度重视。由于没有及时办理 CA 锁导致投标失败，后果由潜在投标人自行承担。

五、投标文件的递交

递交截止时间：2022 年 5 月 23 日 9：30。

递交方式：通过×××平台在线递交电子投标文件。

六、发布公告的媒介

中国招标投标公共服务平台（http：//www.cebpubservice.com）、陕西采购与招标网（http：//bulletin.sntba.com）、×××平台（https：//www.×××.com）上发布。

七、联系方式

略。

3. 招标文件要点

本项目招标方式为公开招标，在招标文件中进一步明确了电子招标各项要求，如表 9-2 所示。

表 9-2　电子招标各项要求

投标人要求澄清招标文件的方式和截止时间	投标人对招标文件有疑问的，应当在投标截止时间 10 日前，通过×××平台"要求澄清的问题"处提交疑问，并上传加盖投标人单位公章的扫描件，逾期不予接受
招标文件答疑发出的形式及时间	招标人/招标代理机构应当在投标截止时间 7 日前通过×××平台发布澄清/答疑内容，所有投标人均可查看，投标人注意及时浏览平台上发出的信息，因投标人自身原因未及时获知澄清内容而导致的任何后果将由投标人自行承担

续表

投标人要求澄清招标文件的方式和截止时间	投标人对招标文件有疑问的，应当在投标截止时间10日前，通过×××平台"要求澄清的问题"处提交疑问，并上传加盖投标人单位公章的扫描件，逾期不予接受
投标人确认收到招标文件澄清	招标文件澄清/答疑/修改发出的同时，×××平台以手机短信方式提醒投标人登录平台查看，投标人应当在通知发出后24小时内，在平台予以回执； 投标人注意及时浏览×××平台发出的通知信息，因投标人自身原因未及时获知信息内容而导致的任何后果将由投标人自行承担
投标保证金	投标人缴纳投标保证金后，须在×××平台上"投标保证金"功能栏目内如实填报缴纳信息并提交
投标文件份数及其他要求	电子版本一份 投标文件均采用电子版文件，电子版投标文件须包含全部内容（如有：资格审查文件、技术标及商务标含商务报价），所有文件转化为PDF格式后进行盖章，随后按照×××平台规定的方式压缩为zip文件进行加密上传； 投标文件应当按照平台提供流程进行加密上传，加密前的zip文件不得进行修改，原文件保留，以备解密失败时通过直传解密功能上传； 注：开标时解密失败需直传原文件时，因投标人自身原因未能上传投标文件原文件或上传的原文件有改动的投标人将不予受理
签字或盖章要求	投标人应按招标文件要求在指定位置使用CA数字证书加盖单位电子印章或法定代表人印章（电子签字）； 具体签字盖章操作详见×××平台［帮助中心］中的"CA操作说明"和"投标人操作说明"
递交投标文件方式及地点	投标人应通过×××平台，使用CA数字证书在线加密并递交电子投标文件
开标时间和地点	开标时间：2022年5月23日9：30 开标地点：×××平台在线开标，请于投标截止时间前60分钟内，登录×××平台，进入开标大厅进行签到，等待开标
中标候选人公示媒介及期限	公示媒介：招标公告发布媒介 公示期限：3日
是否采用电子招标投标	□否 ☑是，具体要求：潜在投标人应在×××平台注册并办理CA数字证书进行在线电子投标，详细操作说明见×××平台网站帮助中心

4. 开标

本项目为公开招标方式。依据招标文件规定，招标人及招标代理机构于2022年5月23日9：30召开了电子交易平台在线开标大会，购买招标文件的164家投标单位准在线签到并参与开标。

按照电子交易平台开标流程，首先进行开标会议议程发布，随后招标代理机构发起14个标段解密邀请，各标段投标人插入CA数字证书并进行解密操作，历时25分钟，全部标段解密完成。

电子交易平台自动进行电子唱标，逐一展示并语音播报投标人名称、报价、供货期内容，经各投标人确认、监标人确认后，在线开标完成，进入评标环节。

5. 评标

该项目的评标工作由招标人依法组建的评标委员会负责，评标委员会共7人，招标人2人,评标专家5人。评标委员会全部成员通过电子交易平台专家评审通道登录,在线签到,确认评审纪律,确定评标委员会组长。

依托电子交易平台清标功能,自动检查分析各个投标人电子投标文件生成的计算机MAC地址、上传的IP等硬件识别信息,未发现存在信息相同情况。

评标委员会通过计算机辅助评标工具,将多个投标人电子投标文件进行横向比对,评审项对应跳转展示,快速地完成对本项目标段初步评审及详细评审。详细评审打分完成后,电子交易平台自动生成评分汇总及排名,生成评审报告内容。评标委员会确认后,提交给招标人,本项目评标全部完成。

6. 招标整体评价

本项目为地铁物资采购,整体14个标段,投标单位164家,按照历史同类型线下招标项目比对,电子交易平台线上报名、澄清答疑、参与开标等环节有效节省投标人交通及人力成本按1000元/单位计,约164000元;线上递交投标文件降低打印费用按500元/单位计,约82000元。如果按照传统线下开标、评标模式,预计耗时2~3天,工作时30小时,通过电子交易平台,在线开标唱标,电子辅助评标,耗时缩减至6小时,减少会议室费用及专家费20000元。

整个电子招标流程合法合规,有效降低了采购各方主体的支出、提升采购效率,项目竞争充分,采购结果满足甲方预期,获得了招标代理机构及招标人一致好评。

9.5.2 电子招标采购案例分析二

1. 项目概况

项目名称:杨陵区卫生健康局紧急采购杨陵区疫情防控储备物资采购项目。

项目概况:因陕西省疫情防控需要,杨陵区卫生健康局需紧急采购一批疫情防控物资,用于应对疫情防控事宜。

2. 招标公告

招标人及招标代理单位于2021年12月24日通过龙标电子交易平台进行项目立项,发布招标公告。其中招标公告中明确公示了项目通过电子交易平台发布,公示了电子交易平台的名称、访问地址、发售方式、CA办理方式、文件递交方式以及在线开标要求。

下附招标公告重点内容。

杨陵区卫生健康局紧急采购杨陵区疫情防控储备物资采购项目询价公告

杨陵区卫生健康局紧急采购杨陵区疫情防控储备物资项目采购项目潜在的供应商可在×××平台(www.×××.com)获取采购文件,并于2021年12月30日14:30前递交响应文件。

一、项目基本情况

1. 项目编号:/

2. 项目名称:杨陵区卫生健康局紧急采购杨陵区疫情防控储备物资采购项目

3. 预算金额:1982000元

4. 最高限价:1982000元

A标段:290000元;B标段:750000元;C标段:108000元;D标段:324000元;E标段:510000元。

5. 采购需求:N95口罩、医用防护服、医用外科口罩等疫情防控储备物资1批,详见询价文件。

6. 项目概况：紧急采购疫情防控储备物资。

7. 简要技术要求、用途：疫情防控。

8. 合同履行期限：/

9. 本项目是否接受联合体投标：否。

二、申请人的资格要求

1. 满足《中华人民共和国政府采购法》第二十二条规定；

2. 落实政府采购政策需满足的资格要求：略。

3. 本项目的特定资格要求：略。

三、获取采购文件

1. 时间：2021年12月25日至2021年12月27日，每天上午8：30—12：00、下午14：00—18：00（北京时间），节假日正常上班。

2. 本项目实行网上发售电子版采购文件，凡有意参加投标者，在×××平台（https：//www.×××.com/）进行免费注册，购买并下载电子版采购文件。

3. 注册成功的潜在投标人，点击公告页面"领购标书"按钮，上传"投标人资格要求"证明文件资料（加盖单位公章的原件扫描件或复印件）进行报名。

4. 请投标单位考虑完成在线注册、审核所需的时间成本，确保在采购文件发售截止时间前成功注册、领取、下载采购文件（如有操作疑问请拨打平台客服电话：××××××）。

5. 采购文件每套售价0元。

四、采购文件的递交

递交截止时间：2021年12月30日14：30

递交方式：龙标电子交易平台线上递交

五、开标时间及地点

开标时间：2021年12月30日14：30

开标地点：陕西省××培训中心会议室（网上开标大厅）

六、其他

本次采购公告在×××平台（http：//www.×××.com）上发布。

七、公告期限

自本公告发布之日起3个工作日。

八、其他补充事宜

1. 平台使用费××元（可平台在线扫码支付，如有操作疑问请联系平台工作人员）。

2. 本项目采用全流程电子化方式，投标人在线上传加密电子版投标文件需办理CA锁。CA锁售价××元/（把·年）。

3. 办理CA锁流程请登录×××平台网站"帮助中心"—"CA相关帮助"仔细阅读说明。CA锁的办理需要一定的时间，请潜在投标人高度重视。由于没有及时办理CA锁导致投标失败，后果由潜在投标人自行承担。

4. 公告发布媒介：×××平台（https：//www.×××.com）。

九、凡对本次采购提出询问，请按以下方式联系。

1. 采购人信息：略

2. 采购代理机构：略

3. 项目联系方式：略

杨陵区政府采购中心

2021年12月24日

3. 采购文件要点

本项目招标方式为询价采购，在询价文件中进一步明确了电子招标各项要求（部分要求点与案例一相同，不再展示）。

评审：

（1）评审工作由采购代理机构负责组织，具体评审事务由询价小组负责。

（2）由于疫情防控要求，各评审专家具备计算机评审设备，无须聚集，居家通过×××平台在线评标系统、在线音视频会议系统参与评审。

4. 开标

本项目为询价招标方式。依据采购文件规定，采购人及采购代理机构于2021年12月30日14：30召开了电子交易平台在线开标大会，购买采购文件的45家供应商准时在线签到并参与开标。

按照电子交易平台开标流程，首先进行开标会议议程发布，随后招标代理机构发起项目解密邀请，各标段投标人插入CA数字证书并进行解密操作，历时13分钟，全部标段解密完成。

电子交易平台自动进行电子唱标，逐一展示并播报投标人名称、报价、供货期内容，经各投标人确认、监标人确认后，在线开标完成，进入评标环节。

5. 评标

该项目的评标工作由采购人依法组建的询价小组负责，询价小组共3人，采购人1人，评审专家2人。其中询价小组成员均因疫情防控要求，居家通过远程音视频会议系统参与在线评审环节。询价小组全部成员通过电子交易平台专家评审通道登录，在线签到，确认评审纪律，确定询价小组组长，开始进行评审。

初步评审完成后，经询价小组组长确认后，系统按照设定的评审办法自动生成汇总及排名，生成评审报告内容。询价小组确认后，提交给采购人，本项目评标全部完成。

6. 招标整体评价

本项目为疫情物资采购项目，为有效防范西安本轮疫情传播，同时满足疫情防控物资所需，杨陵区政府采购中心通过×××电子交易平台发布疫情防控物资紧急采购项目，并依托×××平台不见面开评标及在线音视频系统，圆满完成了本项目5个标包的定标工作。×××平台作为国内首批、陕西本土自主研发的全流程电子化交易平台，实现开标"零跑动"、评标"不见面"、业务"线上办"、监督"全方位"等特性，在传统的招投标形式受到限制的背景下，有效解决疫情防控期间招标投标"不能聚集"的难题，体现电子交易平台提升交易活动的便利化水平，保障疫情防控期间各个项目顺利交易。疫情常态化，×××平台积极发挥其功能优势助力多家招标单位完成诸多全流程电子化项目，平台的专业性、规范性以及自身高效快捷的服务获得项目参与各方主体的一致好评！

参考文献

［1］ 全国招标师职业资格考试辅导教材指导委员会．招标采购专业实务［M］．北京：中国计划出版社，2015．

［2］ 陈津生．建设工程总承包项目招标与投标操作实务［M］．北京：化学工业出版社，2021．

［3］ 尹志国．政府和社会资本合作（PPP）实务操作指南［M］．北京：人民邮电出版社，2020．

［4］ 陈辉．PPP模式手册：政府与社会资本合作理论方法与实践操作［M］．北京：知识产权出版社，2015．

［5］ 周兰萍．PPP项目运作实务［M］．北京：法律出版社，2016．

［6］ 王亦虹，潘敏，尹贻林．双赢之道·政府与社会资本合作（PPP）项目全过程咨询手册［M］．天津：天津大学出版社，2016．

［7］ 中国招标投标协会．政府和社会资本合作（PPP）项目社会资本方遴选工作指南［M］．北京：中国计划出版社，2018．